아마존은 옷을 입지 않는다

펴낸날	초판 1쇄 발행 2006년 11월 10일
	초판 3쇄 발행 2007년 1월 13일
지은이	정승희(글과 사진)
펴낸이	유중
펴낸곳	도서출판 사군자
주 소	서울시 마포구 신수동 448-6 한국출판협동조합
등 록	1999년 4월 23일 제 1-2482호
전 화	02-706-2596
팩 스	02-706-2597
이메일	SAGOONJA@netsgo.com
가 격	14,000원
ISBN	89-89751-25-X 03910

* 이 책의 내용을 저작권자의 허락 없이 복제, 복사, 인용, 전재하는 행위는 법으로 금지되어 있습니다.

* 파손된 책은 서점에서 바꿔드립니다

아마존은 옷을 입지 않는다

정승희 글과 사진

사군자

책.을.쓰.며.

 어깨에 놓인 묵직한 카메라 무게를 사랑하며 자연 속에서 살아있는 화면만 쫓아다니던 내가 책상 앞에 얌전히 앉아 매끈한 키보드를 두드리며 '글'이라는 걸 쓰겠다고 했을 때, 나를 아는 많은 사람들은 모두 '왜?'라고 물었다. 글쎄, 왜일까?
 그건 모두 지난 10여 년 간 촬영을 이유로 오지를 다니면서 내게 생긴 변화 때문이 아닐까.
 문명의 편리함은 때론 폭신한 베개처럼 편하기도 하지만 견딜 수 없는 빠른 변화의 속도감은 인간을 초라하게 만든다. 한 달이 멀다하고 신제품이 쏟아지는 휴대폰, 몇 달만 지나면 컴퓨터를 비롯해 각종 IT기기들은 '최신형'이란 이름으로 탈바꿈을 한다. 더 앞서가기 위해서 아침형 인간이 되라고 했다가 어느새 저녁형 인간을 권유하면서 처세술도 유행을 타고, 분 단위로 시간 관리를 해야 한다는 강박관념을 누구나 당연하게 생각하며 받아들이는 이곳이 나는 점점 숨이 막히고 적응하기 힘들어진 것이다. 그렇게 살아야지 하고 다짐하게 만들었던 각종 성공노하우와 승승장구하기 위한 처세술 요점정리가 갈수록 불편해졌고, 어제 같은 오늘, 오늘 같은 내일을 편하게 즐기는 인디오들의 물 흐르는 듯한 삶의 방식이 그리워졌다.

아마존 취재란 게 옷이 땀에 젖고 마르기를 반복해 소금으로 뒤덮일 때까지 며칠씩 정글을 헤매는 건 일상이고, 경비행기를 타고 가는 도중에 만난 천둥 번개로 혼비백산하는 일도 다반사다. 일하는 게 매번 이렇게 죽기 아니면 까무러치기여서 내가 어떻게 살겠냐고 투덜거리며, 에라 굶어 죽어도 이 놈의 아마존에 다시는 안 온다. 그래서 다시는 이 일 안 한다고 악을 쓰면서 돌아와 놓고 이틀만 한국에 있으면 다시 가고 싶어 안달을 하는 나. 또 그렇게 나를 못 견디게 하는 이곳을 보면서 나는 생각했다. 나를 참기 힘들게 하는 건 칙칙한 빌딩 숲과 찌든 공기가 아니라 문명이 원하는 삶의 태도가 아닐까하고 말이다.

온 나라를 들썩이게 하는 '웰빙열풍'은 인간들이 '자연'에서 떨어져 나온 부작용을 얼마나 심각하게 겪고 있는지를 반증하는 가장 좋은 예다. 그나마 사람들은 잘못 알고 있다. '웰빙'은 상품이 아니라 삶의 방식이다. 그런데 사람들은 삶의 방식을 바꾸지 않고 웰빙음식을 사먹고 웰빙상품을 구입하는 것으로 웰빙을 실천하고 있다고 여긴다. 그것은 '행복'을 살 수 있다고 생각하는 것과 똑같은 착각이며, '자연'에서 떨어져 나온 부작용을 치유하기 위해 '자연'으로 돌아가려는 것이 아니라 다시 문명의 처방전을 쓰는 식이다.

그래서 나는 이 글을 쓰기로 했다. 아마존에 가서 한 편 한 편 프로그램을 만들어오는 게 너무 힘들어서 매번 갈 때마다 10kg씩 빠지고,

10년을 넘게 아마존에 들락거렸으면서도 명색이 카메라감독인데 기념 사진 한 장 찍지 않아 사진다운 사진이라곤 채 10장도 안되지만, 내가 걸을 힘만 있으면 그토록 다시 가고 싶어하는 아마존이 그 해답이라고 생각했기 때문이다. 아마존이 내게 가르쳐 준 자연의 원칙과 자연스럽게 살아가는 삶의 방식을 내가 느낀 그대로, 또 내가 변해온 과정 그대로 이야기해주고 싶어서이다. 그리고 그것은 내가 바로 지금까지 아마존을 갔다 온 작은 사명감이란 생각이 들기도 했기 때문이다.

　야누마미족을 찾아 베네수엘라와 브라질의 국경으로 향할 때 본 검은 네그로 강의 물결과 붉은 솔로몬스 강의 물결이 극명한 물빛의 대비를 이루며 함께 흘러가는 모습을 나는 아직도 잊을 수가 없다. 함께 흘러가지만 전혀 다른 두 존재, 그것은 문명 속에 살지만 인디오처럼 변해버린 나와 그런 나를 이해하지 못하는 내 친구들의 모습이었다. 아마존에서 보낸 10여 년의 세월은 나에게 문명인의 껍데기 속에 끝없이 자연을 그리워하는 인디오의 영혼을 심어줬다. 한동안 나는 껍질에 어울리지도 않는 이 알맹이가 갖는 의미를 의심했고 거추장스럽게 여겼으나, 이제는 그것이야말로 나를 그토록 아마존 깊숙이 몰아 넣은 이유라는 것을 알 것 같다.

　세상을 살아가는 데 필요한 방법을 알려주는 글들은 많다. 매일 매일 스스로를 다그치게 하는 성공지향 기획물들 속에, 내가 터득하고 체험한 '자연스럽게 사는 법'을 내놓는다는 것이야말로 어쩌면 얼치기 웰빙건강식품보다 더 영양가 없는 일인지도 모른다. 하지만 나는 지난 10년 간 아마존이 내게 가르쳐준 '인간답게 사는 법', 그것이 가져다 준 마음의 평화, 그 힘을 믿는다.

지난 10여 년 동안 몸은 탈진할 만큼 힘들었으나 마음은 점점 평화로워졌던 나의 뒤에는 그 평화를 위해 마음 졸였던 가족들이 있다. 하나뿐인 아들 형주가 열두 살이 되도록 아빠와 가장 자주 간 곳이 공항이다. 아빠는 함께 있는 사람이라기보다 늘 배웅해야하고, 마중해야하는 사람으로 기억하게 만들었는데도 여전히 아빠가 들려주는 아마존 이야기를 가장 재밌어하는 아들과 촬영만 갔다 하면 피골이 상접해서 돌아와서는 며칠만 지나면 다시 엉덩이가 들썩이는 나를 묵묵히 받아준 아내에게 늘 고맙고, 미안하며, 사랑한다는 걸 말하고 싶다.

그리고 험난한 오지에서 함께 고생한 형제 같은 PD들과 리포터들, 특히 안창헌 PD에게 이 자리를 빌어 고마움을 전한다.

나는 이 책을 통해 아마존에서 내가 얻은 마음의 평화와 지난 10년간 아마존 오지로의 탐험을 강행하게 만든 내 의지의 한 조각을 나눠주고 싶다. 이 한 권의 책이 문명이 만들어 놓은 숱한 기준들과의 소통이 아닌 '세상' 과 '스스로' 와의 소통을 꿈꾸는 이들에게 작은 선물이 되길 바란다.

프롤로그　내 안에 아마존이 흐른다_ 14

1부_
아마존에서 '나'를 발견하다

인디오들은 나를 '충'이라고 부른다_ 30
한글로 문신을 새기다_ 37
나는 언제나 노팬티로 돌아온다_ 44
프론테라 호텔에서 엘가를 그리다_ 48
'죽음'을 뛰어넘으면 '삶'이 남는다_ 57
진짜 사랑은 아마존에 있다_ 64
진짜 잘못은 아마존에는 없다_ 70
인디오의 돈에는 표정이 있다_ 81
아마존 아래로 또 하나의 검은 강이 흐른다_ 85
20불에 자존심을 걸다_ 92

A.M.A.Z.O.N.

2부_
아마존에 중독되다

달콤 쌉싸름한 애벌레_ 104
Give & Take 말벌알 사냥_ 114
영혼의 울림, 분홍돌고래_ 118
흡혈귀 군단, 모기_ 123
뜨거운 남자만 노리는 털진드기_ 131
독을 이겨내면 약이 된다_ 138
'중독'이 필요 없는 '삶'_ 143
간통은 미친 짓이다_ 155
엔돌핀 순환장애의 특효약_ 158
사라지지 않는 침략의 증거, 혼혈_ 162
자연에서 생긴 병은 자연으로 치유한다_ 167
미스코리아, 손민지_ 175

3부_
아마존에서 산다는 것

뿌뚜마요 강가에서 만난 여자들_ 182
아마존, 아마조네스_ 196
우슈할머니가 전해준 아픈 기억_ 205
현실에서 과거를 돌아본다_ 210
야르보족, 아나콘다를 사냥하다_ 220
샤마꼬꼬족, 일그러진 인디오의 삶_ 229
천사의 집엔 바퀴벌레가 산다_ 239

A.M.A.Z.O.N.

4부_
인류 최후의 에덴동산, 싱구

진정한 파일럿, 쥬스티노_ 266
옷을 벗으니 인간이 보인다_ 271
권력보다 더 강한 '권위'의 힘_ 276
Everyday New Life, '히니'_ 281
인내라는 이름의 '성인식'_ 287
'욕심'이 없으면, '욕망'이 생기지 않는다_ 295
'놀이'와 '산업'의 차이_ 302
'죽음'과 '삶'이 축제에 녹아나다_ 307
주어진 것에 만족하라_ 323
수컷의 상징, 우까우까_ 333

에필로그   아마존이여 영원하라_ 340

프.롤.로.그.

내 안에 아마존이 흐른다

   지구의 마지막 오지, 살아있는 화석, 인류 최후의 에덴동산. 불행히도 '아마존'을 부르는 이런 수많은 수식어들은 결코 '아마존'을 다 표현하지 못한다.
   문명이 없는 '아마존'. 그 낯설고도 깊은 곳에 발을 내딛는 순간, 나는 지금까지 배우고, 익히고, 옳다고 생각했던 모든 것들이 '인간이 자연으로부터 떨어져 나오게 만든 문명의 말라비틀어진 껍질'임을 깨닫게 되었다.
   그 깨달음이 주는 해방감과 자유로움, 마음의 평화는 지독한 더위와 숱한 모기떼가 주는 불편함에도 '아마존'을 영원히 그리워하게 만든다.
   '아마존'은 우리 같은 문명인들이 '보호'해야 할 대상이 아니다. 비록 지금은 우리가 그들을 보호하고 있을지 몰라도 그들은 우리가 잃어버린 과거, 자연과 하나였기에 가능했던 평화로운 본능을 간직하고 있다. 그들은 끝없는 경쟁과 가치에 스스로를 맞춰가느라 지쳐버린 우리의 영혼에 그들의 평화를 나눠준다. 문명 속에서 인간 본연의 자연스러움을 잃지 않도록 말이다.

아마존에 첫발을 내디뎠을 때 내 머릿속을 가득 채운 질문은 다음과 같다.

'왜, 우리는 끊임없이 일하고, 경쟁하는데도 미래의 불안감에 잠을 못 이루고, 왜, 그들은 늘 웃고, 나누고, 즐기는데도 미래를 걱정하지 않는가?'

아마존은 말한다.

'생각이 바뀌지 않으면 복잡한 문명의 회로 속에서 억지로 눈을 감고 명상을 해도 마음의 평화는 쉽게 찾아오지 않는다고. 그것은 우리가 태초에 갖고 있었던 마음의 안식을 잃어버리고, 명상조차 '성공'을 위한 마인드 컨트롤로 이용하는 욕심을 버리지 못했기 때문이라고.'

그리고 또 아마존은 말한다.

'평화를 원하는가? 그렇다면 아무것도 원하지 마라. 평화 외에는.'
'자유를 원하는가? 그렇다면 자연으로 돌아가라고.'

아마존은 대자연 그 자체이다. 아마존을 처음 찾는 모든 사람들은 첫 대면에서 그 크기에 경악한다. 그 거대한 아마존은 인간이 상상할 수 있는 한계를 넘어선다.

안데스산맥에서 뿜어내는 물줄기가 흐르고 흘러 마라농 강, 우카얄리 강, 나포 강을 만들고, 이 강들이 합쳐져 아마존 강의 상류가 된다. 안데스의 만년설이 녹은 물과 브라질의 산악지대와 기아나에서 내리는 수많은 지류가 합쳐지면서 대서양을 향해 흐르는데, 그 길이가 6,760km이며 1,000개가 넘는 지류까지 합치면 80,000km로 지구 두 바퀴를 돌 정도이다.

아마존 강이 바다로 내뿜는 신선한 물의 양은 1초에 약 2천억cc로, 이것은 1초에 4억 명이 500cc씩 마시기에 충분한 양이며, 15초마다 전 세계인구 60억이 500cc씩 마실 수가 있다고 한다.

그 어느 곳과도 비교할 수 없을 만큼 다양하고 많은 수의 영장류도 살고 있는데, 셀 수없이 많은 수의 원숭이, 나무늘보, 따뻬르, 개미핥기, 안따(입은 코끼리, 몸은 코뿔소, 발은 맷돼지를 닮은 살아있는 화석이라 불리우는 야생 동물로 '맥'이라고도 함) 같은 육상척추동물의 보금자리가 바로 아마존이다.

곤충군은 더욱 풍부하다. 곤충의 종류나 수가 얼마나 엄청나면, 어느 생물학자는 아마존에 사는 곤충과 벌레의 무게를 합치면 아마존에 서식하는 척추동물의 무게를 능가할 것이라고 말할 정도이다.

아마존에는 과일을 먹는 어류가 있는가 하면, 조류나 포유류 동물들이 좋아하는 즙 많은 과일들이 있다. 몸집이 큰 설치류가 즐기는 딱딱한 열매가 있고, 박쥐들이 씨를 퍼뜨리는 과일, 심지어는 개미에 의해 씨앗이 퍼질 수 있을 만큼 작은 열매도 있다.

바로 그 대자연 속에서 수 천년 동안 아마존 인디오들이 살아온 것이다. 언뜻 눈에 띄지 않는 것들, 즉 수천 가지의 음영을 보여주는 초록빛 밀림 속에서 지금도 그들은 사냥, 수렵, 채취 생활을 하며 살고 있다. 문명인들이 말하는 소위 원시 공동체 생활을 하고 있는 것이다.

그 인디오들 역시 자연 그 자체이다. 그들은 자연의 아름다움에 대해서 말하지 않는데, 그들 역시 자연의 일부로 생각하기 때문이다.

아마존은 적도를 중심으로 위로는 블랑꼬 강에서 아래로는 싱구 강 하류까지, 북위 5도에서 남위 20도 사이에 위치한다. 브라질, 페루, 볼리비아, 콜롬비아, 베네수엘라, 에콰도르에 걸쳐 있는 아마존 밀림의 넓이는 780만 km2에 이른다. 이는 미국 본토만큼의 광활한 공간으로 '보름달 만한 크기의 숲(달의 반지름은 1,738km)'인 아마존은 지구삼림의 30%를 차지하며 지구 산소의 10분의 1을 공급한다.

아마존의 1년은 크게 우기와 건기로 나뉘어진다. 우기는 겨울로 11월부터 5월, 건기는 여름으로 6월부터 10월까지이며, 연 평균 기온은 28도이다. 우기에는 아마존의 모든 강 수위가 30m 정도 올라가고 밀림을 범람하면서 수계가 수십km 넓어지고 지류마다 뱃길이 열린다. 그래서 아마존 강을 '광대한 내륙의 바다'라고 일컫기도 한다.

하늘에서 본 아마존의 많은 지류 중의 하나인 아리노스 강.

바다 같이 거대한 강이 끝없이 펼쳐지는 아마존 강은 우리의 상상을 초월한다.

예를 들어 숲에서 웅장한 폭포를 발견했을 때, 우리는 벅찬 감동을 느낀다. 하지만 인디오들은 "그건 건너기 힘들어"라고 말할 뿐이다.

우리는 아름다운 꽃을 보면 감탄하지만, 인디오들은 그 꽃을 보며 "빨간색이군" 한다. 그것은 꽃이 아니라 몸을 치장할 때 사용할 빨간 염료일 뿐이다. 그들은 자연의 일부로서 같은 세계에 살고 있는 것이다.

수천 종의 물고기도, 곤충도, 과일도 그들에겐 그저 음식일 뿐이다. 그러나 인디오들은 '과잉'이란 없다. 자연의 섭리 속에서 하루 먹을 만큼만 취하면 족하다. 그래서 인디오들은 '소유'도 없다.

인디오들은 강을 생활터전으로 삼아 살지만, 그 강들을 소유하지 않는다. 비록 넓은 의미에서는 특정한 부족들 가까이 흐르는 강들은 그 부족에 속해 있다고 할 수 있지만 다른 인디오들도 그것을 자유로이 이용할 수 있다. 허가를 받을 필요가 없으며, 다만 단순히 그 강에 가서 낚시를 하겠다고 말하기만 하면 된다. 이런 일이 문명인들 사이에서 벌어진다면, 아마 전쟁도 불사할 것이다.

인디오들의 사회도 자연을 닮아 있다. 인디오들은 아무런 물리적 권력도 존재하지 않고, 누구도 명령을 내릴 권리가 없는 공동체에서 자유롭게 살고 있다. 인디오들의 삶은 본질적으로 균형을 이루고 있는데, 부족 공동체는 마치 각각의 나무들이 각기 다른 열매를 맺는 과수원에 비유될 수 있다. 인디오들은 각각의 나무이며 공동체 부족 안에서 완벽하게 독립된 인간으로 살아간다.

그래서 자유는 이들 문화의 기초이다. 아버지는 아들과 이야기할 때 감정적이지 않고 서로 존중하는 자세를 가지고 마치 어른처럼 대

인디오들이 낚시하러 가는 모습. 그들은 수천 가지의 음영의 초록빛 밀림 속에서 사냥, 수렵, 채취 생활을 하며 산다.

아침에 목욕하러 가는 모습은 인디오의 정지된 문화를 보는 듯하다. 이른 아침 안개를 헤치며 하는 목욕은 강물에 활력을 준다. 목욕을 한 후 여자들은 먼저 돌아가 아침 먹을 것을 준비를 한다.

인디오들의 한가로운 낮 생활의 풍경

한다. 아이는 부모가 꾸짖을 것을 두려워할 필요가 없다. 부모 누구에게도 체벌 받지 않을 것임을 알기 때문이다. 어린이가 실수로 마을을 불태울 수도 있는데, 마을사람들은 어린애라 그럴 수 있다며 그냥 웃을 뿐이다. 아무도 아이 아버지에게 가서 "아들 교육 좀 잘 시키세요. 아들이 마을을 태웠잖아요"라고 따지지 않는다. 이것은 절대 생각할 수도 없고, 일어날 수 없는 일이다. 기껏해야 마을사람들은 그를 '반딧불이 대장'이라며 놀릴 것이지만 절대 그를 꾸짖거나 벌하지는 않는다.

내가 들은 이야기 하나가 있다. 한 인디오 여자가 점토 그릇을 만들며 힘들여서 마지막 마무리작업을 하고 불에 구우려 할 때마다 어린아이가 완성품을 바닥에 내던져 버렸다. 그걸 지켜보던 한 이방인이 그녀에게 "아이가 다른 곳으로 가면 그릇을 만드세요. 항상 그릇을 완성하면 아이가 깨버리잖아요"라고 말했다. 하지만 그녀는 "아이가 그릇 깨는 것을 좋아하기 때문에 저는 그릇 만드는 것을 중단할 수 없어요. 그 애가 자리를 뜨면 중단하지요"라고 대답했다는 것이다.

내가 들은 이 이야기는 마치 선종의 가르침을 담고 있는 듯하다.

인디오들은 정지된 문화 속에서 살고 있다. 아마존에는 돌이 없기 때문에 석기도 없고, 기껏해야 토기를 사용할 뿐이다. 석기 시대, 철기 시대 같은 시대 구분도 무의미하다. 기술적인 측면에서는 원시적이라 할지 몰라도, 그들은 야망과 부의 축적이라는 무거운 짐이 없는 세계를 살고 있다. 아버지는 아이들의 보다 나은 미래를 보장하거나 자신이 죽은 후 재산을 남기기 위해 일할 필요가 없다. 그들은 자신의 인생이 행복하다고 믿고 있으며, 인생을 살면서 주워 모은 지식이라는 유산을 남겨줄 뿐이다.

그들은 미래의 두려움도 없기 때문에 종교도 없다. 시간에 대한 관념도 없기 때문에 그들에게는 언제나 오늘이며 현재일 뿐이다. 문명적으로는 원시적이라 할지 몰라도, 그들의 문화는 현대를 살아가는 우리보다 훨씬 자유와 평등을 누리며 살고 있다. 오히려 그들의 삶이 현대인들이 꿈꾸는 미래의 삶처럼 보인다.

인디오들은 나를 '충'이라고 부른다

내가 아마존과 인연을 맺게 된 것은 〈도전 지구 탐험대〉이다. 도전, 지구, 탐험. 내가 좋아하는 세 단어가 함께 모여 있는 프로그램 제목이다.

이 세 단어의 매력에 빠져 도전하지 않는 자는 자신과 소통할 수 없고, 탐험하지 않는 자는 세상과 소통할 수 없다는 생각으로 지난 10여 년 동안 나는 남미출장만 120번 이상을 다녔고, 해발 6,000미터 이상의 고산을 산악인도 아닌데 9번이나 올랐다.

이젠 꿈을 꿔도 남미 어느 지방이나 아마존 정글이 배경으로 등장할 만큼, 한 발짝 떼기도 힘든 정글로의 막막한 행군이 일상이 되어버렸고, 수많은 죽음을 목격하면서 죽음의 공포조차 둔감해졌다. 그렇게 내 여권이 몇 개째 너덜너덜해지는 동안 나도 변해갔다.

처음에는 '남미'에 대한 정보가 거의 없는 방송가에서 나름 '남미통'이 되어보자는, 나만의 전문분야를 가져보자는 야심찬 포부에서 시작된 일이었지만, 나는 아마존에서 '남미통'이라는 거창한 수식어보다 카메라 속에 '사람'과 '문화'를 담아 가는 내 직업을 사랑하게 되었다.

아마존 부족들이 사는 모습을 찍으면서 말을 배우게 되고, 말을 배우니까 마음이 보이게 되고, 마음이 보이니까 그들이 제대로 보이기 시작했다. '신기한 대상'이 아니라, 사람으로, 친구로 보이게 된 것이다.

그렇게 사람이 좋아지니까 아무리 힘들어도 자꾸 가게 되고, 그들의 뒷모습에 묻어나는 감정까지 보일 때가 되니 이제 멈추기가 힘들겠다는 생각이 들었다.

'오지'를 촬영할 때 겪는 극한의 어려움보다 돈 몇 푼을 더 받기 위해 거짓말을 하는 가이드가 훨씬 더 나를 견디기 힘들 게 했다. 이것은 상징적인 말이지만 잘못은 저질러도 언제나 자신의 잘못을 인정하는 인디오들처럼 나도 단순해졌던 것이다.

사람은 거짓말을 하기 시작하고, 자신을 포장하기 시작하면서 삶이 복잡하게 꼬이는 것이다. 마치 문명이 스스로를 과대 포장하면서 수많은 부작용을 품고 있는 것처럼 말이다.

〈도전 지구 탐험대〉는 내게 나를 그저 하나의 '인간'으로 보는 법을 가르쳐준 프로그램인 셈이다. 일요일 오전 수많은 시청자들이 오지의 풍경과 그 속에 숨은 독특한 문화들을 보면서 한국과 문명이라는 좁은 세상에서 그 시간만큼은 탈출하기를 바랬던 것처럼.

나는 도전, 탐험 그리고 아마존을 통해 조건 빼고, 배경 빼고, 진짜 사람을 보고 진짜 사람을 느끼는 법을 배웠다. 세상 누구의 눈보다 정직한 카메라 렌즈처럼 말이다. 그러다 보니 어느새 인디오들과 친해진 나를 발견하게 되었다.

　인디오들은 나를 '충' 이라고 부른다. 까마라그라포(카메라감독), 충. 벌레가 연상되기도 하지만 내가 성인 '정' 을 영어로 'Chung' 이라고 쓰다보니 그렇게 됐다. 그리고 내가 맨 처음 인디오들을 만났을 때만 해도 동양인이라는 이유로 나를 '하뽄, 하뽄' 이라고 불러댔다. 그러나 이것만은 결코 지나칠 수가 없었다. '하뽄' 이란 그들의 언어로 일본을 지칭하기 때문이다.

　아마존 사람들은 아무리 오지에 살고 있더라도 '하뽄' 이란 말을 안다.

　그들이 일본을 아는 이유는 단순히 그들이 예전에 받은 선물 때문이다. 1970년대부터 일본 NHK에서는 아마존 지역을 돌면서 촬영을 하기 시작했는데, 그 때 NHK가 촬영에 대한 보답으로 부족들에게 선물한 것이 4~5천 불쯤 나가는 일본제 야마하 보트모터였다.

　항상 아마존 강을 따라 이동을 하는 부족들에게 이러한 고가의 모터는 분명 더없이 고마운 선물이었을 것이다. 그래서 부족들은 '하뽄' 을 잊지 않고, 또한 '아리가또' 라는 말까지도 기억하고 있다.

　그렇다면 그들은 아무것도 선물하지 않은 '꼬레아노' 에 대해서는 어떻게 생각할까? 여기서 매우 잘 알 것이라고 답을 하는 사람은 분명 항상 낙천적으로 살아왔거나, 인생을 날로 먹으려는 허황된 꿈을 꾸는 사람일 것이다.

　누구든 처음 만나는 인디오들은 날보고 싱글싱글 웃으며 '하뽄' 이라고 외치는데, 그때마다 '이봐, 난 꼬레아노라구!' 하고 열심히 설명을 하지만 잘 먹히지 않는다. 심지어 고개를 끄덕이는 소수의 사람들도 실상 알고 보면 어이없이 '오호, 하뽄을 다른 말로 꼬레아노라고도 부르는구면' 이라고 생각하는 것이다.

매번 이런 일을 당하고 어찌 울화통이 터지지 않을까. '메이드 인 코리아' 라고 온통 도배가 되어있는 더 커다랗고 값비싼 헬기모터라도 선물하고 싶지만, 아쉽게도 돈이 충분치 않다. 하지만 뜻이 있는 곳에 길이 있다고, 돈이 전부는 아니지 않은가?

그래서 내가 헬기모터 대신 우리나라를 알리기 위해 택한 것이 바로 라면이다. 사실 아마존 인디오들에게 라면은 먹는 음식 이상이다. 그들에게는 라면봉지가 굉장히 유용하게 쓰이기 때문이다. 크기 면에서나, 밀봉 면에서나 라면봉지는 작은 열매들을 집어넣거나 코카차 가루를 담아 걸어두기에 안성맞춤이다.

해서 나의 목표는 십수 년 전 일본 취재진이 스쳐간 부족마다 걸어 놓여져 있는 이찌반라면 봉지를 모두 삼양라면으로 바꾸어 놓는 것.

물론 그러한 과정에는 세계 최고의 맛을 자랑하는 우리의 라면을 그곳 부족들과 함께 나눠먹는 신성한 의식이 필요하다.

이렇게 라면을 나눠먹으며 내가 가장 먼저 하는 일은 일본과 우리나라의 역사와 문화적 차이에 대한 설명이다. 아무리 다른 일이 급해도, 이 일만은 반드시 하고 넘어간다.

다행히 부족들은 우리 라면의

아마존 정글에서 김치도 없이 먹지만 라면맛은 최고다.

1부_ 아마존에서 '나'를 발견하다 33

아마존 인디오들에게는 라면봉지가 굉장히 유용하게 쓰인다. 크기에서나, 밀봉에서 라면봉지는 작은 열매들을 집어넣거나 코카차 가루를 담아 걸어두기에 안성맞춤이다.

맛을 너무너무 좋아한다. 부족들이 나의 역사 강의까지도 좋아하는지는 잘 모르겠지만, 여럿이 모여 앉아 라면을 끓여 먹으며 대화를 하고 있으면, 어느새 부족들은 꼬레아노가 하뽄과 다르다는 것은 확실히 알게 된다.

그리고 이것이 끝이 아니다. 다음날엔 어김없이 끓여먹은 라면 개수만큼 집집마다 라면 봉지가 대롱대롱 매달리게 되는 것이다.

더욱 감격스러운 것은 몇 년 후 다시 그 부족들을 찾아갔을 때, 집집마다 '삼양라면' 봉지가 여전히 대롱대롱 매달려 있는 것을 발견하는 것이다. 한국사람이 뉴욕의 타임스퀘어 중앙에서 LG나 삼성 로고를 발견했을 때 큰 감동을 느낀다고들 하는데, 그것이 오지에서 내가 남긴 우리나라 라면봉지를 발견하는 감동보다 더할까.

말이 나온 김에 라면에 대해서 좀 더 이야기하자면, 라면은 이런 소박한 국위선양 외에도 나 같은 오지 탐험가들에겐 없어서는 안될 더 없이 고마운 식품이다.

메이나꾸 부족마을에서 바퀴벌레 수만 마리의 습격에도 끝까지 살아남은 것이 삼양라면 5개였으며, 신기하게도 세상 그 어떤 오지에 사는 이들도 엄지를 치켜올리며 맛있다고 칭찬해주는 음식이 바로 라면이기 때문이다.

지난 120회 오지촬영 동안 매 회 라면 100개씩은 족히 먹었으니,

생각해보면 지금까지 촬영 때에만 무려 12,000개의 라면을 먹어 치운 셈이다. 이 정도면 라면 홍보대사를 해도 괜찮지 않을까.

솔직히 말하면 라면으로 국위 선양한다고 잘난 척 하려는 것이 아니라 인디오들과 둘러앉아 먹는 그 라면 맛을 잊을 수가 없기 때문이다.

음식을 나눠먹는 것, 그 나라의 맛을 알리는 것이 그만큼 사람을 가깝게 하고, 서로 이해하게 만드는 큰 힘이라는 걸 나는 아마존을 촬영하면서 절감했다.

세상엔 값비싸고 맛있는 음식이 헤아릴 수 없이 많지만, 내겐 역시 아마존 정글 속에서 김치도 없이 인디오들과 낄낄거리며 나눠먹던 그 라면 맛이 최고다.

물론 지금은 그들은 나를 당연히 '꼬레아' 까마라그라포, 충이라고 부른다.

한글로 문신을 새기다

'나누어 피는 담배 연기 속에 우정이 싹튼다'란 말이 있다. 음식만큼이나 낯선 사람 사이에 가까워질 수 있도록 도와주는 것이 바로 담배다.

하지만 인디오들에게 담배를 나눠주면서 괜스레 울화통이 치민다. 도대체 한국 담배라는 것들이 한국에서 태어나기만 했지, 이름도 영어요, 표기도 영어요, 한글로 적혀있는 것이라고는 피우면 죽는다는 경고문구뿐이니, 이것이 어찌된 노릇인지. 이래서야 한국 담배랍시고 나눠주면서 정을 쌓고 한국을 알릴 수 있을런지.

담배를 피우는 사람들은 대부분 담배의 이름이나 디자인에 관심을 갖기 마련이다. 가뜩이나 하뽄과 꼬레아를 자꾸 헷갈려 하는 인디오들에게 이게 바로 한국 담배인데 어쩌고 하며 말머리를 열려고 하면 영어투성이인 담배갑이 눈에 들어와 도무지 낯이 서질 않는다. 수출을 하기 위한 것이라도 그렇지 우리 담배에 뜻 모를 국적불명의 남의 나라 문자가 왜 그리도 많은지 이유를 모르겠다.

한 나라의 문화를 이야기할 때 언어나 문자만큼 대표성을 지닌 것도 드물다. 그래서 우리처럼 확실한 고유문자와 언어를 갖고 있는 나라는 그것이 얼마나 고맙고 자랑스러운 민족적 지적 자산인지 자랑하고 자부해야 하지 않을까.

더욱이 우리 한글은 미적인 감각도 뛰어나서 요즘에는 어디를 가나 한글의 뛰어난 디자인에 반하는 사람들이 많다는 것은 이제는 잘 알려진 일이다.

얼마 전에도 '독도는 우리땅' 이라고 적혀있는 티셔츠를 몇 장 가지고 나갔다가 글자가 너무 예쁘다며 너도나도 달라는 통에 애를 먹기도 했다.

아마존은 물론 중남미를 다니다 만난 현지인들이 나를 보면 첫 번째로 묻는 것은 바로 꼬레아의 말과 글자가 치나(중국)나 하뽄과 같냐는 질문이다.

아시아 동쪽에 근접해있는 세 나라 중에 가장 세가 약할 테니 기본적인 문화도 중국과 일본에게 침식당해 있지 않을까 생각하는 것이다.

그 생각은 어느 정도 이해하나, 용납하고 넘어갈 수는 없다. 아무리 바빠도 설명할 건 설명하고 자랑할 건 자랑해야 한다. 아내와 자식 자랑이 팔불출이던 시대도 지났는데, 하물며 해외에 나와서 제 나라 자랑 좀 한다고 팔불출이 되랴.

해서 일단은 '너희가 아는 스시와 사시미도 오리지날은 꼬레아이고, 세계 최고의 발효식품인 김치를 들어는 봤나? 조류독감도 무서워 도망가는 건강식품인 김치도 오리지날은 꼬레아야. 삼성, LG가 꼬레아 꼼빠니아(기업)인 건 물론 알고 있었지?' 라고 잽을 날린다. 그럼 일단은 놀라서 휘둥그레지는 상대방의 눈을 볼 수 있다.

그 다음 '꼬레아는 세상에서 가장 과학적인 문자를 갖고 있는데 금붕어도 1주일이면 깨칠 수 있어' 라고 카운터 펀치를 날리려는 순간, 무의식적으로 '자, 봐봐' 하고 셔츠 주머니에서 담배를 꺼낸다.

"디스 플루스?"라고 상대가 비교적 정확한 발음으로 영문을 읽는 순간, 좌절.

"아니, 그것말고 그 밑에 작은 거." 이러는 사이 맥이 딱 풀린다.

"뭐라고 써있는 건데?" 라고 물으면 문화민족의 중후한 역사와 빛나는 지혜로 쓰여진 '흡연은 암 발생률을 높이고…' 를 그대로 읽어줘야 하나, 입은 웃지만 속은 씁쓸하다.

한 때는 양담배라고 해서 외국 담배 피는 사람을 무슨 매국노 취급할 때도 있었는데, 이제는 공부라도 해두지 않으면 어떤 것이 외국 담배고 어떤 것이 한국 담배인지 구분하기도 힘들다.

아무리 그 잘난 영어가 세계 공용어인양 잘난 척을 해댄다고 해도 우리가 만들어서 우리 돈 주고 사 피는 담배까지 세계 공용어의 껍데기를 뒤집어쓰고 있을 필요는 없지 않나 싶다. 그것이 우리나라 담배갑에 대한 나의 작은 건의사항이다.

물론 나 역시 아마존 인디오들을 만나면 그들의 언어를 깨우치려고 노력한다. 뜻대로 잘 되지 않아 어눌하지만 인내심을 갖고 배우다보면 재미도 있다. 아마존에 가장 널리 퍼져 있는 언어는 아루와크어, 카리브어, 투피어, 게어 등 주로 네 가지이다.

아루와크어는 남서브라질의 푸르스 강 상류와 페루 동부의 우카얄

리 강 일대까지 문화는 서로 조금씩 다르지만 비교적 많은 부족들이 사용하는 언어이다.

카리브어는 일반적으로 기아나 북부해안 지대에 주로 분포되어 사는 카리브족이 사용하는 언어이다. 카리브족은 특이한 전쟁 양식과 식인풍습이 있던 부족으로 알려져 있기도 하다.

투피어는 주요 강인 아마존 강 주변과 오리노코 강, 파라과이 강 상류에 분포되어 사는 부족들이 사용하는 언어로 우리가 잘 알고있는 파라과이의 종족인 과라니족의 말도 여기에 포함된다.

게어는 싱구 위 북부브라질의 게족이 주로 사용하는 언어인데, 게족은 철저한 모계사회의 혼인풍습을 지닌 부족이기도 하다.

아마존 인디오들은 생김새가 우리와 똑같아 조상의 뿌리가 같지 않나 싶을 정도다. 태어날 때 우리가 몽고반점이라고 부르는 시퍼런 멍을 엉덩이에 갖고 태어나는 것도 그러려니와, 특히 게족은 갓난아이들이 하는 옹아리도 우리가 하는 '엄마 아빠'와 흡사하다. 장례 의식도 우리와 비슷해 삼일장을 치르며 곡하는 소리 또한 아주 비슷하다.

이웃사촌 같은 인디오들과 이야기하다, 나는 불쑥 땅바닥에 한글을 써 보인다. 문자가 없는 그들로서는 신기해하는데, 아마존의 한 젊은 추장은 그것을 보더니 거기 있는 글씨로 문신을 하고 싶다며 너희 나라 추장 이름을 써달라고 졸라댄 적이 있다. 짓궂게 '위대한 광개토대왕만세'라며 한참 길게 땅바닥에 휘갈겨 줬는데, 다음날 아침 한쪽 어깨 위부터 팔꿈치까지 새까만 도마뱀 한 마리가 꿈틀거리는 듯한 문신을 새기고 으스대며 나타나자, 내가 '졌다' 하며 뒤집어진 적도 있다.

이때 큼직한 한글 제목이 박혀있는 담배 한 갑씩을 나눠주며 어깨를 으쓱할 수 있었다면 얼마나 좋을까.

나는 언제나 노팬티로 돌아온다

한때 유행했던 대중가요 가사 중에 '알몸으로 태어나 옷 한 벌은 건졌으니 남는 장사' 라는 말이 나온다. 하지만 이것은 아마존을 여행할 때의 나에게는 통하지 않는 이야기다. 왜냐하면 긴 아마존 탐험 여정의 끝 무렵이 되면 항상 나는 노팬티 신세가 되기 때문이다.

그렇다고 내가 원래 속옷 입기를 싫어하는 에로틱한 습성을 가지고 있다거나, 아마존의 무지막지한 더위를 참을 수 없어 자발적으로 노팬티가 되는 것은 결코 아니다.

물론 아마존의 정글은 '덥다' 는 말로는 결코 설명이 불가능한 천연 야외 사우나이긴 하다. 하루 종일 물을 4리터 이상씩 마시고도 한번도 소변을 안 봐도 될 만큼 땀으로 몸의 모든 수분이 배출되어 버린다고 하면 어느 정도인지 짐작이 될지 모르겠다.

그래서 잠시라도 쉬는 틈에는 땀이 밴 속옷을 빨아서 햇볕에 널게 되는데, 바람에 나풀대는 속옷을 물끄러미 바라보며 담배라도 한 가치 피우다 보면 어느새 꼭 지나가던 누군가가 다가와 나에게 말을 건다.

이런 장면에서 우리가 상상할 수 있는 것은 고작 '담배 한 가치만 빌립시다'. 또는 '실례지만 불 좀…' 정도이지 내가 빨아 널어놓은 속옷을 가리키며 '저, 속옷 하나만 얻읍시다'는 아닐 것이다.

만일 서울에서 이런 일을 당했다면 남이 입던 속옷 따위나 모으는 변태 취급을 하며 한바탕 난리라도 벌였을지도 모른다. 게다가 일본에서 인기 절정이라는 여고생 팬티도 아니고 나 같은 중년 남성의 팬티를 탐내는 사람이라면.

하지만 여기서는 이야기가 다르다. 그 지나가는 인디오는 정말로 내 작은 옷가지가 가지고 싶은 것이다. 남이 입었던 것이라서 내키지 않는다거나 하는 속옷에 대한 일반적인 선입관은 애초부터 없는 것이다.

실은 나도 누구나 가지고 있는 속옷에 관한 고정관념 때문에 입던 속옷을 남이 입는다는 생각을 하면 맘이 편치 않다. 하지만 해맑은 표정으로 내 팬티를 가리키고 있는 모양을 보면 도저히 안 줄 수가 없다.

할 수 없이 가져가라고 고개를 끄덕이다가 옆을 둘러보면 스텝이나, 리포터도 모두 사정은 나와 마찬가지다. 인디오들이 자기 체격과 비슷한 사람에게 가서 팬티를 달라고 하는데, 홍일점인 여성 리포터에게는 부족 여자들이 모조리 몰려가서 조르는 통에 난감해 하는 모습이 우습기도 하다.

이렇게 한 두 개씩 팬티를 나눠주다 보면 돌아올 때쯤 나는 어느새 팬티는 한 장도 남지 않는 신세가 된다.

왜 아마존 사람들은 유독 팬티를 좋아할까?

그렇지만 아마존 사람들은 팬티 이상의 것을 바라지는 않는다. 물론 워낙 더운 지역이라 인디오들이 갖고 싶은 문명의 옷가지라고 해봐야 팬티 정도가 가장 알맞다는 생각도 든다. 그 더운 곳에서 거추장스러운 꽉 끼는 청바지며 알록달록 예쁜 티셔츠가 무슨 필요가 있겠는가.

이런 연유로 아마존에는 아직도 내가 준 팬티를 즐겁게 입고 다닐 부족 사람들이 꽤 많을 것이다. 내가 입던 팬티를 입은 한 무리의 사람들이 지나가는 것을 머릿속에 상상해보니 조금 우습다.

내 덩치만한 친구가 내 팬티를 입고 있다.

솔직히 티셔츠 따위를 나눠 입은 것보다 팬티를 나눠 입는 것이 더 끈끈한 형제애를 느끼게 하지 않을까?

항상 돌아올 때마다 팬티가 십여 장씩 없어지는 통에 아내는 늘 팬티 값 때문에 등골이 휘어진다고 야단이다. 나는 웃어 넘길 뿐이다. 바람났다고 의심하지 않는 것이 다행이다.

입던 팬티까지 나눠 입을 수 있는 가족 같은 인디오 친구들이 있는데, 그깟 팬티 값이 문제이며, 그깟 노팬티 신세가 문제겠는가.

단지 귀국 길에 좀 끼는 청바지를 입었을 때, 어느 방향으로 정리할지 조금 고민이 될 뿐이다.

프론테라 호텔에서
엘가를 그리다

 국경에 있다고 호텔이름이 프론테라 호텔. 콜롬비아의 아마존 거점도시 레티시아에 있는 프론테라 호텔은 호텔 정문에서 엎어지면 손끝이 브라질에 닿는다.
 대체로 국경지역이 위험하다는 말은 있지만, 특히 콜롬비아와 브라질의 국경 지역인 이곳은 마약 운반책들이 수시로 드나들 뿐만 아니라, 게릴라들도 간혹 출몰하곤 한다. 그래서 아무리 호텔 투숙객이라고 해도 두 다리 쭉 뻗고 잘 수는 없는 곳이다.
 이곳의 사정이 이리도 위험하다 보니 밤이 되면 호텔 앞에는 이중 철창이 내려지고 철창 사이로 1.5리터 콜라병 하나가 겨우 빠져 나갈 만한 구멍만을 남겨두게 된다.
 이 구멍은 가끔 호텔로 맥주와 론(RON, 사탕수수 술) 같은 것들을 사러 오는 사람들에게 물건을 팔기 위해서다.
 우리가 흔히 접하는 '호텔'이라고 불리는 곳들과는 비즈니스 방법이 다소 다르지만, 어쨌든 이 호텔에서는 사람이 오면 철창을 살짝 열어보고 믿을 만한 사람이면 맥주 값을 받고 맥주를 그 틈 사이로 밀어주는 식으로 밤새 영업을 한다. 밤 10시만 되면 가게는 문을 닫아버리고 술집은 워낙 술값이 비싸기 때문에, 집에 가서 한 잔 하려는 사람들은 밤새 영업을 하는 이 호텔을 찾을 수밖에 없다.

엘가는 이 위험하기 짝이 없는 프론테라 호텔에서 일하는 22살짜리 내 오랜 친구이다. 천성이 순박하고 사람이 좋은데다 서로 알고 지낸지도 꽤 오래되어 내가 가면 삼촌이라도 온 냥 반겨준다.

그 날도 내 친구 엘가는 프론테라 호텔에서 야심한 밤을 지키고 있었다. 밤 12시경 내가 호텔 정문을 들어서니 엘가는 라디오에서 나오는 음악에 맞춰 고성방가를 하다 멈칫하며 인사를 했다. 평소에는 얌전한 녀석이 그날 따라 무엇이 그렇게 좋은지 싱글벙글 흥분되어 있길래 혹시 마약이라도 한 것이 아닐까 의심이 생겼다.

쳐다보다가 미심쩍어 "너 약 먹었냐"고 물어

프론테라 호텔
옆으로 콜롬비아, 브라질 국기가 보인다. 그 오른쪽이 브라질의 따바띵가다.

보니 녀석은 단호하게 아니라고 손사래를 치지만, 못미더운 마음은 가시지를 않는다. 그래도 젊은 친구가 그냥 기분이 좋다는데 더 이상 시비 걸 일도 아닌 것 같아 피곤한 몸을 뉘러 방으로 들어갔다.

한 시간쯤 잤을까. 문을 부수기라도 할 듯이 두드리는 소리에 놀라

콜롬비아의 레티시아는
브라질의 아마우스, 페루의 이키토스와
더불어 아마존의 관문이라 할 수 있는
3대 거점도시 가운데 하나이다. 이곳은
좌우로는 페루와 브라질 국경이 있고
아래로는 아마존강이 흐르고 있다. 3개국이
겹쳐져 있는 터라 인근나라로 쉽게 오갈 수
있는 동선의 편리성이 있는 곳이다.

콜롬비아 레티시아와 브라질의 따바띵가와 사이에는 국경임을 알리는 사인이나 초소, 심지어 대충 그어진 노란색 금 하나 없다. 콜롬비아 쪽으로 '라 프론떼라' 호텔과 파라솔 걸린 책상하나 달랑 놓고 앉아있는 몇 개의 환전소 정도가 전부다. 육류나 농수산물은 브라질에서 사야 더 싸고 싱싱한데 반해 공산품이나 옷가지는 콜롬비아가 가격은 비슷하지만 질이 좋다. 손님 술상에 거북이 스프를 올리려면 오토바이로 휑하니 브라질의 따바띵가에 가서 정글거북 한 마리 사고 콜롬비아 레티시아에서 비에호 론 한 병 사오면 되는데, 2개국을 왔다갔다 쇼핑하는 시간이 달랑 5분이면 충분하다.

눈을 떠보니 방탄복에 기관총으로 무장한 경찰들이 현관을 꽉 메웠다.

'아닌 밤중에 홍두깨?'

무슨 일이 생겼는지 생각할 틈도 없이 새까맣게 몰려온 브라질과 콜롬비아의 연방경찰들이 다짜고짜 엘가를 아느냐고 묻는다.

그렇다고 했더니 그럼 같이 내려가서 확인 좀 해줄 것이 있다며 나를 일으켜 세운다. 아래층으로 내려갈수록 피비린내가 콧속을 꽉 메우는데, 피비린내는 가까워지면 가까워질수록 역하다기보다 코끝이 찡해온다.

1층의 한 객실, 침대 위에 엘가가 널브러져 쓰러져 있고 매트리스와 바닥까지 온통 피바다다. 쓰러져 있는 엘가의 얼굴은 마지막까지 무얼 본 것인지 아직도 눈을 부릅뜨고 있다.

내가 엘가가 맞다고 확인을 해주자, 어제 마지막에 본 것이 언제냐고 경찰이 물어본다. 12시가 좀 넘은 시간이니까 12시 15분쯤 같다고 얘기를 하는데 갑자기 소름이 온몸을 덮친다.

내가 꿈도 안 꾸고 한 시간 곤히 자는 동안 이 친구는 끔찍한 죽음을 맞은 것이다. 그것도 바로 아래층에서. 한시간 전까지도 웃으며 농담을 주고받았는데.

경찰은 범인들이 엘가를 벽에 붙여 세워놓은 채로 머리에 총을 쏜 것이라고 말했다. 벽에 뚫려있는 어린 아이 주먹만한 구멍이 자세하게 당시의 상황을 설명해 주고 있었다. 범인은 두 명 이상으로 추정되고 철창을 열어줄 정도였으니 면식범이거나 아니면 처음부터 흉기로 위협했을 강도거나 둘 중 하나라고 했다.

모든 것을 알고 있을 엘가는 눈만 뜬 채 입은 열지 못하고, 살아남은 자들은 가장 끔찍했던 엘가의 마지막 상황을 추측하느라 여념이 없다.

엘가의 죽음을 신고한 사람은 새벽 1시쯤 맥주를 사러 온 손님으로 철창이 열려 있는 걸 보고 안에 들어와서 엘가를 찾다가 발견한 모양이다. 엘가를 죽인 사람들은 겨우 우리 돈으로 110만원 정도를 훔쳐 갔다. 만약에 그 돈이 부족하다는 생각에 한 층만 더 올라왔으면 나도 돈 몇 푼에 저리 허망한 죽음을 당했으리라.

그 때 프론테라 호텔에는 엘가와 나, 리포터 단 세 명이 있었는데, 정말이지 아무도 총소리조차 듣지 못했다. 만약 그 때 내가 깨어 있었다면 내가 뭘 할 수 있었을지 모르겠지만, 그 시간에 총소리도 못 들을 정도로 편안하게 잠들어 있었다는 사실이 이상한 허탈감으로 다가왔다.

죽음이란 저토록 생생하게 자신의 존재를 내보이고 있는데, 나는 아무런 느낌도 없이 그 언저리에서 피곤에 지쳐 자고 있었을 뿐이라니.

범인은 곧 밝혀졌다. 마약을 잔뜩 한 엘가의 친구들이었다.

"이봐, 엘가. 우리 술도 부족하고 한데, 호텔 돈 좀 슬쩍 쓰면 안 돼?"

실강이 끝에 그 놈의 마약 기운이 친구에게 총을 겨누게 하고, 엘가는 그렇게 눈도 감지 못한 채 죽었다. 그렇게 가려고 그렇게 기분이 좋았던 건가 싶어 마음 한 켠이 계속 울렁거린다.

두 녀석은 죄책감에 여관에서 꼼짝하지 않고 술만 마셔대며 괴로워

했다고 한다. 이 모습을 수상히 여긴 여관 주인이 신고한 바람에 범인들은 금방 잡혔지만, 아마 그들은 '마약'을 복용한 상태였다는 것이 정상참작이 되어 길어봐야 10년 정도 갇혀 있으면 될 것이라고 한다.

우리나라라면 '마약'을 복용한 상태였다는 것 때문에 가중처벌이 될 테지만 희한하게도 이 곳은 '마약'을 했기 때문에 그런 짓을 저질렀을 거라고 정상참작을 해준다.

억울하게 죽은 엘가를 생각하면 뭐가 옳고 그른가에 대한 고민은 산 자들의 말장난 같이 느껴진다.

엘가의 장례식도 치러지고 이제 남은 것은 엘가의 피가 흥건하게 묻어 있던 매트리스와 벽에 남은 구멍이다.

그 매트리스와 구멍은 어떻게 됐을까? 나는 사실 사건 당일, 옥상에 그 매트리스를 가져가서 말끔하게 씻어내고 있는 아주머니들을 보고 기겁을 하며 그걸 세탁해서 어쩔 셈이냐고 물었다. 빨아서 버릴 거라고 말은 하지만, 도저히 믿음이 가는 표정이 아니었다.

저토록 깨끗하게 세탁해서 버릴 생각이라니, 남미 사람들에게 그런 결벽증은 어울리지 않는다. 그것도 엘가와 일면식조차 없는 일용직 아주머니들이 저렇게 땀을 흘리며 피를 씻어낼 이유는 절대 없다. 하지만 나는 아주머니들의 그 말을 믿고 싶어서 더 이상 캐묻지 않은 채 프론테라 호텔을 나섰다.

그리고 1년 후, 내가 다시 프론테라 호텔을 찾았을 때, 나는 입구부터 '훅' 하고 끼치는 피비린내에 움찔 뒷걸음질을 쳤다.

그 뒤로 더 이상의 살인사건은 일어나지 않았고, 그 때 내가 봤듯이 피는 흔적도 없이 깨끗이 씻어냈는데, 기억이란 그토록 신기한 것이다. 그 기억이 프론테라 호텔 앞에 온 내게 그 때의 피비린내를 생생하게 재현해주고 있는 것이다.

그 피비린내를 맡는 건 나만이 아니었다. 프론테라 호텔의 주인은 그 후로 1년을 매일매일 피비린내에서 벗어날 수가 없었다고 말했다. 주인을 위로하며 내가 제일 처음 한 일은 모든 방의 침대들을 살펴보는 거였다.

깨끗하다. 심지어 엘가가 죽어있던 그 방의 침대조차 당연하겠지만 너무나 깨끗하게 정리되어 있고 벽에 남은 구멍 앞에는 액자가 걸려있다. 액자를 들춰보니 어설프게 메꿰놓은 흔적이 그대로 남아있어 가슴이 서늘해진다.

벽을 보고 나니 그 매트리스가 어딘가에 놓여져 있을 거라는 추측이 확실해지면서 도저히 침대에 누울 수가 없게 된 나는 프론테라 호텔에 갈 때마다 바닥에서 잠을 잔다.

스텝들은 넓은 침대를 마다하는 날 보고 고마워하기도 하고 의아해 하기도 하지만 왜 그러는지 이유를 말하진 않았다. 그러다 모두들 바닥에서 자게 된다면 촬영지에서의 피곤함을 어떻게 씻겠는가.

떠나지 않는 피비린내와 딱딱한 바닥에서 잘 수밖에 없는 곳이지만, 나는 그래도 프론테라 호텔에만 간다.

그저 피곤에 지쳐 잠 속에만 빠져 있던 나를 죽는 순간까지 지켜준 엘가가 고마워서, 그 마지막 순간에 무심했던 내가 미안해서 엘가를 잊을 수가 없기 때문이다.

영화 같은 죽음은 스크린 속에서만 존재한다. 영화 같은 죽음이 현실 속에서 일어나고, 그 현실이 내 현실과 마주치면 그것은 절대 영화가 아니고 삶에 아프게 새겨지는 기억일 뿐이다.
  엘가의 명복을 빈다.

'죽음'을 뛰어넘으면 '삶'이 남는다

아마존을 촬영하며 나는 정확하게 세 번 '죽음'을 눈앞에서 마주했다. 한번은 모이나부족 촬영을 끝내고 아마까자꾸 강을 역류해 되돌아오는 밤중에 칠흑 같은 강물에 빠져 1시간을 떠다니다 피라냐의 밥이 될 뻔했고, 샤마꼬꼬 부족을 촬영하러 갔다가 추장아들의 칼에 찔려 죽을 고비도 넘겼다.

어차피 태어났으니 삶이라는 게 죽음으로 가는 여정이겠지만, 그래도 눈앞에서 살짝 비켜 가는 죽음을 목격하는 것은 결코 유쾌한 일도 아니고, 그저 잊혀지는 일상도 아니다.

하지만 나는 내 눈앞에 오재미 던지듯 툭툭 죽음의 공포를 던져놓는 그 아마존에 자꾸만 간다.

처음에는 사람들이 물었고, 이제는 내가 내 스스로에게 묻는다. 그 해답을 나는 그돈느족을 촬영하러 가면서 세 번째 죽음의 문턱에서 얻었다.

그 날 나는 새벽 6시 50분 페루 리마에 도착했다. 공항에서 짐을 찾고 세관을 통과하니 시간은 이미 오전 여덟시를 지나고 있었다.

그 때의 촬영일정은 콜롬비아의 초레라라는 작은 마을에서 시작하는 거였다. 한국에서 미국을 경유하지 않고서는 콜롬비아까지 가는 비행기편이 없는데, 당시 촬영에 참여하는 리포터가 미국비자가 없는 바람에 우리는 캐나다를 경유해 페루로 그리고 인접국인 콜롬비아로 가야했다.

그래서 우리는 페루 리마에서 이키토스로 이동하고 거기에서 다시 수상 경비행기를 타고 산타로사(페루의 국경지역으로 이곳을 넘으면 콜롬비아)까지 이동해야 하는 복잡한 상황에 놓여있었다.

복잡한 만큼 우리는 1분 1초라도 아껴야 했다. 왜냐하면 해외 촬영에서의 시간은 바로 제작비와 직결되기 때문이다.

그래서 일반적으로 수도에 이른 시간에 도착하게 되면 그 날 무조건 국내선을 타고 목적 도시에 들어간다. 어차피 이동하는 날은 촬영이 불가능하기 때문에 움직일 때는 무조건 몰아서 움직이는 게 몸은 축이 나든 말든 시간을 버는 유일한 방법이다.

AD를 시켜 이키토스행 국내선 스케줄을 알아보도록 했다. 리마에서 이키토스로 가는 비행기는 하루에 세 번이 있는데, 아침 8:00, 그리고 12:45, 16:30 라고 한다.

다행히 푸칼파를 경유하는 12시 45분 이키토스행 비행기가 있어서 표를 사오도록 하고 기다리고 있는데 이상하리만큼 무거운 피곤이 몰려온다. 마치 지금까지 살아온 내 인생의 무게가 모두 눈꺼풀로 내려앉는 듯한 기이한 느낌이다.

아까 타고 온 비행기내에서도 꿈인 듯 생시인 듯 몽롱한 내 눈앞에

10여 년 전에 돌아가신 어머님이 나타나셨다. 한 치 앞도 보이지 않는 안개 속에서 어머니의 말씀이 이어진다.

"어머니, 뭐라고요?"

명확히 들리지는 않았지만 분명히 언짢으신 얼굴로 내게 호통을 치고 계시다는 느낌만이 생생했다.

막연하게 어머니가 뭔가를 만류하고 계시다는 생각이 들었고, 나는 줄을 서 있는 AD를 불러 출발을 내일로 미루자고 했다.

이해할 수 없었을 것이다. 몸이 아무리 아파도 카메라를 들 힘만 있으면 내 몸을 이유로 촬영일정을 미룬 적이 없었기 때문이다. 그리고 지금은 더욱이 움직여야만 하는 시간이었다. 당연히 AD는 촬영에 지장이 있다며 이키토스에 가서 쉬자며 몇 번이나 나를 설득한다.

"내일 출발한다."

누구에게도 이유를 설명하고 싶지 않아 좀 지나치다 싶을 만큼 단호하게 말했다.

아까 꿈에서 본 어머니의 얼굴이 자꾸 눈앞에 어른거린다. 하지만 이동을 미룬 건 단순히 어머니 때문만이 아니다. 내 전신을 누르는 묘한 느낌이 내 다리를 붙잡고 몸을 움직이지 말라고 충고하고 있다.

카메라만 들고 먼저 공항을 나왔다. AD와 리포터는 아직까지 어안이 벙벙한 듯 멈칫 멈칫 하더니 잠시 후 짐을 들고 내 뒤를 따라왔다.

호텔을 잡고 수년간 거래하던 여행사를 찾아갔다. 이 여행사에 있는 난시는 지방 미인대회 출신이라는 수식어에 걸맞는 미모에 변화무쌍한 촬영일정을 최선을 다해 도와주는 또 한 명의 스텝이다. 항상 날 반갑게 맞아주기 때문에 난시를 보면 여독이 곧 사라질 뿐 아니라 그

리마 여행사 직원 난시.
이 친구가 10년 동안 수없이 바뀌는 우리의 비행 스케줄을
불평 하나 없이 처리해 주었다.

녀가 내주는 알따마요 커피(페루의 고산지역에서 생산되는 커피) 한 잔은 기분까지 환기시켜 준다. 지구 여기저기에 이런 친구들을 두고 있다 보면, 내가 '지구인'이라는 게 실감이 난다.

알따마요 커피를 마시면서 난시에게 이러저러한 이유로 비행기를 포기했다며 내일 같은 시간의 비행기를 예약해달라고 했다. 어느새 나를 괴롭히던 기분들은 어디론가 사라진 후다.

다음날 새벽 여섯시, 느닷없이 전화벨이 울린다.

"난시?"

"뚜 에레스 무쵸 수에르떼!(정말 행운이야!)"

난시는 이미 엄청나게 흥분한 상태였다. 계속 격앙된 목소리로 나에게 '재수 좋다'라는 말을 되풀이하면서, 내가 예약한 그 비행기를 타려면 지금부터 서둘러야 한다고 했다.

도대체 무슨 말이야? 이 새벽에 자는 사람을 깨워서 내게 행운아라느니, 12시까지만 공항에 도착해도 충분히 탈 수 있는 비행기를 꼭두새벽부터 공항으로 가라니.

"난시, 뭔 일 있어? 제정신이니?"

난시는 그제서야 차근차근 설명해주었다. 어제 내가 타려다 포기한 그 비행기가 경유지인 푸칼파에서 추락했다는 것이다. 총 100여 명이 탑승했는데 살아남은 사람이 거의 없는 대형 사고였다.

흥분된 목소리로 난시가 계속해서 무언가를 이야기하는 동안 난 아무 말도 못하고 멍하니 수화기에 귀를 대고 있었다. 살아있지만, 몸은 붕 떠있는 듯한 느낌. 온몸은 후들후들 떨리는데 정신은 이상하게 명료해지는 느낌이 이어진다.

만약 어제 그 비행기를 탔었다면 어찌 되었을까? 불현듯 꿈속에서 나에게 계속해서 무언가를 말씀하셨던 어머니의 얼굴이 떠오르며 온몸에 소름이 돋는다. 겨우 입을 떼고 놀란 얼굴로 날 쳐다보는 AD에게 말한다.

"야, 우리 어제 그 비행기 탔으면 다 죽었어. 그 비행기 떨어졌대."

내 말을 들은 AD 재훈이의 표정이 사색이 된다. 우리는 죽음의 선을 건넌 것이다.

난시가 계속해서 이야기를 한다. 평소 같으면 12시까지만 가도 탈 수 있는 비행기지만, 오늘은 어제 추락한 비행기의 유가족들로 공항이 엄청나게 혼잡하기 때문에 새벽부터 서두르지 않으면 비행기를 탈 수 없다는 것이다. 수화기를 내려놓고, 짐을 챙기며 나는 생각한다.

'죽음'이 눈앞에서 스쳐 가는 경험을 여러 번 하고 나면, 사람은 '나는 절대 죽지 않아' 라는 막연한 기대를 버리게 된다. 다만 왜 죽음의 신이 나를 자신의 손아귀에 잠깐 쥐었다 놓아줬을까. 내가 그 비행기에 탄 100여 명의 사람들과 함께 죽지 않은 이유는 무엇일까 생각하게 된다.

'나는 왜 살아있는 것일까?'

그 물음을 머릿속에서 떨쳐버리지 못한 채 촬영을 하는 동안 나는 점점 해답을 찾아간다.

아마존 인디오들. 몇 컷만 찍는데도 땀이 비 오듯 흐르는 아마존의 정글을 헤치며 못 먹어서 한번 촬영할 때마다 몸무게가 쭉쭉 빠지는데도 인디오들의 웃음과 슬픔, 무욕과 무소유, 자유와 평화, 자연과 생태를 담으며 내 스스로를 치유해 가는 나를 보며, 나는 아마존 인디오들의 삶을 통해 문명의 치유제를 만들어야 한다는 뜻인지도 모른다는 생각을 한다.

세상을 바꾸는 다큐멘터리나 퓰리처상에 빛나는 한 컷의 사진은 아닐지라도 문득 보는 화면으로 내가 여기서 느끼는 상쾌함을 나눠줘야 하는 건 아닐까 하고.

서울에 살든, 미국에 살든, 어쩌면 죽음은 시시각각 우리를 피해가고 있는 것인지도 모른다.

아마존 정글이라고 죽음이 더 가까이 있는 것이 아니라는 걸, 나는 음주운전자들이 활주하는 밤의 도로를 운전하면서 느끼는 잠깐씩의 섬뜩함 속에서도 깨닫는다.

테러와 불특정 다수를 향한 살인사건, 신문과 뉴스의 사회면을 장식하는 모든 사건 사고들 역시 내 주위를 스쳐 가는 죽음의 그림자임에 틀림없지만, 누구도 자신의 주위에서 그 일이 일어나지 않으면 마치 4차원의 세계 속에서 일어난 전설처럼 여기기 마련이다.

물론 아무래도 상관없다. 다만 내가 말하고 싶은 건 죽음의 선을 넘나들면서도 내가 아마존의 정글을 다시 찾는 이유는 그곳이 내가 죽어야할 이유가 아니라, 내가 살아야 할 이유라는 걸 깨달았기 때문이다.

　세 번의 죽음을 눈앞에서 마주한 이후, 나는 매일 내가 죽음의 선을 폴짝 폴짝 줄넘기하듯 넘어간다고 느낀다.

　인생이란 어차피 죽음으로 가는 여정이지만, 죽음의 고비를 폴짝 폴짝 줄넘기 넘듯 넘나들면서도 중력의 법칙 때문에 내 몸이 다시 땅으로 내려오듯 또 살아남아 다시 아마존을 갈 수 있는 오늘을 살고 있다는 사실이 즐거워진다.

　무더위와 수억 마리의 모기떼가 우글거리는 아마존 밀림마저 껄껄 웃으며 즐기게 되는 것이다.

　살아남은 이유를 알게 되면 삶을 더 가치 있게 살 수 있는 방향이 떠오른다. 이것이 '죽음'이 내게 가르쳐 준 교훈이다.

추락사고가 조종사 실수로 밝혀져 TAME항공사는 망했다. 사진은 그후 새로 생긴 와이라페루 항공사 비행기다.

진짜 사랑은 아마존에 있다

남미에서 가장 흔한 이름은 호세다. 멕시코나 페루에서 큰길을 걸어 가다가 심심하다면 '호세, 이 새끼'라고 욕을 한번 해보시라. 함께 길 가던 호세 수십 명에게 둘러싸여 집단 구타를 당할지도 모른다.

호세라면 우리도 익히 알고 있는 이름이라 그러려니 하겠지만, 인디오들 가운데 호세만큼 흔한 이름이 부르기도 우스운 '왈떼'라고 한다면 조금 신기할까?

이제부터는 그 흔하고 우스운 이름을 가진 아주 특별한 두 명의 내 친구 '왈떼' 이야기를 하려고 한다. 아무리 흔한 이름도 그 사람마다의 특별한 향기를 갖고 있는 것처럼 두 왈떼 이야기도 그 둘만의 특별한 사연이 녹아있다.

한 왈떼를 처음 만난 것은 유꾸나 부족을 촬영하면서였다. 유꾸나 부족은 남자들이 깃털을 머리에 두른 채 발목에 방울을 달고 추는 발춤이 유명한 부족이다.

반으로 자른 통나무를 깔아놓고 발로 통나무를 구르면서 춤을 추는데, 나무의 울림과 발의 울림 그리고 발에 달린 방울의 울림이 함께 내는 그 소리와 리듬감은 여러 사람이 일사불란하게 한소리를 만들어서 더욱 멋지다. 오페라 전용하우스에서 최고의 오페라를 최첨단 음향시설로 듣는 것보다 감동의 공명은 더 크다.

이 춤을 출 때는 그 커다란 말로까(인디오들의 공동 움막) 전체가 덩덩하고 울린다. 고개를 숙인 십여 명의 남자들이 어깨동무를 하고 이 춤을 추는데, 힘차게 발을 내디딜 때마다 매혹적으로 떨리는 허벅지의 잔 근육은 과묵한 눈빛과 잘 어울리며 보는 이의 가슴을 찡하게 만든다.

다른 부족에 비해서 유독 말수가 적은 이 부족 남자들과의 촬영이 끝나고 나는 묘한 결투현장을 보게 되었다.

남편과 사별하고 나서 혼자 살고 있는 여자 하나를 두고 왈떼와 발데미르가 목숨을 걸고 맞짱을 뜬 것이었다. 내가 보기에도 그녀는 그 때까지 만난 어느 인디오 여자보다 아름다웠다. 훤칠한 키에 매끈한 피부와 서글서글한 표정까지.

흔히 마음 속으로나 말로는 얼마든지 너를 위해 목숨을 걸 수 있다

유꾸나 부족의 전통춤의 리듬은 오페라를 듣는 것처럼 감동의 공명이 크다.

고 할 수 있다지만, 이게 실제상황이라니. 흙먼지를 휘날리며 정오의 결투를 하는 서부극과 모습은 상당히 다르지만 내용만큼은 훨씬 더 진지했다.

추장이 지켜보는 앞에서 서로에게 마치에떼(정글칼)를 겨누고 있는 두 남자를 본다.

'여자' 때문에 전쟁이 나고 '여자' 때문에 역사가 바뀌었다고 역사 시간에 숱하게 들었어도, 또 여자 하나를 두고 목숨을 거는 남자들의 모습을 영화 속에서 지겹게 보았어도, 내 눈앞에 펼쳐지는 실제상황은 나를 놀라게 했다.

영화나 드라마 속 애절한 로맨스에 사람들이 열광하는 건 그것이 '꿈' 같은 이야기이기 때문이다. '목숨보다 더 사랑한다'는 말의 허망함이 일상처럼 각인되어 있는 현대인인 나에게 여자를 두고 목숨을 걸고 결투를 벌이는 두 남자의 모습은 무모해 보이면서도 부러운 장면이었다.

챙, 챙, 챙 ─ 순식간에 칼끝이 부딪치고 서로 상대방의 여린 살을 길게 찢어놓는다. 대나무 잎처럼 일직선으로 갈라진 틈으로 하얀 속살이 드러났다 순식간에 사라진다. 노련한 칼 솜씨는 목숨을 잃게 할 만큼 깊게 찌르지는 않는 듯했다.

순간 나는 사랑이란 어차피 이런 피비린내가 날 정도로 치열한 것이 아닐까 생각했다. 평화롭기만 한 사랑은 없다.

어차피 상처를 주고 받고, 계산하고, 더 나은 남자를 만나기 위해 조건을 높이고, 더 나은 여자를 만나기 위해 능력을 뻥튀기 하는 사람들이 존재하는 곳에서의 사랑도 목숨을 걸긴 마찬가지다.

하지만 이 곳에서 나는 피비린내는 현대인들이 사랑을 쟁취하기 위해 풍기는 돈 냄새보다 순수하다. 사랑을 위해 피를 흘릴 뿐, 영혼을 팔지는 않는다.

길게 찢어진 상처들을 남기고 결투는 끝났다. 왈떼는 거친 숨을 몰아쉬고 패배를 인정하기 힘든 듯 그렇게 상대를 거세게 노려보고 있었다. 긴 짝사랑, 짧은 결투, 왈떼는 온몸에 흉터를 남긴 채 그 자리를 떠났다.

그 결투를 보고 난 후, 나는 가끔씩 드라마 속에서 혹은 영화 속에서 여자를 위해 주먹다짐을 하는 남자들을 볼 때마다 왈떼를 떠올렸다.

대나무 잎사귀처럼 커다란 흉터를 온 몸에 달고 하루 2,000원을 벌기 위해 막노동을 하고 있을 왈떼. 흉터는 아물었겠지만 그렇게 목숨을 걸고 사랑했던 여자는 잊었을까? 아니면 또 다른 사랑을 만났을까? 또 결투를 청한 건 아닐까? 그렇다면 이겼을까, 졌을까? 먼 곳에서도 나는 왈떼의 사랑을 그렇게 응원하고 있었다.

4년 후, 나는 왈떼를 다시 만났다. 유꾸나 부족의 일원이지만 막노동을 하며 떠돌이 생활을 하던 왈떼는 이제 어엿한 가장이 되어 있었다.

소박한 움막도 하나 짓고, 그의 곁에는 이미 두 아이(다른 남자의 아이)의 엄마이자, 뱃속에 한 아이(이 아이도)를 키우고 있는 한 여자가 있었다.

나는 그 전이나 그 후로도 그렇게 행복한 사람의 얼굴은 본 적이 없다. 너무너무 행복해 보여서 보고 있는 것만으로도 구름 위를 나는 것 같은 기분이 들게 하는 왈떼의 표정.

연신 아내의 배를 쓰다듬고 파인애플을 따서 챙겨주는 모습을 흐뭇하게 보다가 나는 물었다.

"너의 아이냐?" 나의 말뜻을 알아챈 왈떼는 더 크게 웃으면서 말한다.

"아니, 하지만 나는 이 아이의 아빠가 될 거야."

뭐라고? 나는 이해가 잘 되지 않는다. 어떻게 자기 아이도 아닌 아이를 임신한 여자를 위해 저토록 정성을 들이고, 저렇게 사랑해주고, 그 여자와 아이들로 인해 저렇게까지 행복할 수 있는 것일까?

내가 사는 사회는 저렇게 단순하게 생각하고, 느끼고, 행동할 수 있는 곳이 아니다. 내가 좋더라도, 남의 시선을 신경 써야 하고, 내 배우자의 조건이 나의 레벨을 결정하는 중요한 기준이 되기 때문에 단순히 사랑만으로 결혼하고 같이 사는 것은 바보거나 지독한 아웃사이더가 아니면 하기 힘든 일이다.

정글도로공사에서 막노동을 하는 왈떼의 모습. 문명의 잦은 접촉으로 북부아마존 인디오들은 왈떼처럼 점점 도시 언저리를 맴도는 생활을 한다.

한 여자를 위해 목숨을 걸어보고, 한 여자의 모든 것을 사랑할 수 있는 왈떼. 비록 그는 문명의 침식을 받는 아마존 인디오로 하루 일당

몇 푼의 노동으로 고단한 일상을 이어갈 뿐이지만, 사랑해서 행복하면 그걸로 됐다고 축복해 주는 이 정글의 공정함이 그 속에서 마음껏 사랑하고 사는 왈떼가 부러워진다.

나는 저러지 못해서, 사랑으로 시작해서 사랑으로만 끝낼 수 없는 복잡한 사회에 살고 있어서, 사랑도 조건 봐가면서 시작해야하고, 사랑도 투자가 되고, 사랑도 과시가 되는 그런 사회에 살고 있어서, 내가 아는 순수한 사랑이야기는 그저 미디어가 양산해낸 재탕 삼탕의 이야기일 뿐이어서, 나는 왈떼가 부러웠다.

아마 왈떼가 서울에서 우리 식의 멜로 드라마를 본다면 피식 웃지 않을까? 너희는 왜 그렇게 복잡하게 사랑을 하냐고. 그저 서로가 행복하도록 지켜주면 되는 게 아니냐고.

그것이 힘든 나는 여전히 왈떼의 사랑 만들기를 뇌까리며 대리만족 중이다. 진짜 사랑은, 파리도 아니고 프라하도 아니고, 아마존에 있다고 중얼거리면서 말이다.

진짜 잘못은 아마존에는 없다

또 한 명의 왈떼는 아마존 부족들의 추장이 어떻게 '자존심'을 지키는지 보여준 녀석이다.

지금은 내가 촬영한 〈도전 지구 탐험대〉 Tape를 들고 다니며 자기가 세컨 디렉터였다고 동네방네 광고를 하고 다닌 덕에 아마존 작은 마을에 프랑스인들이 세운 간이대학에서 영상학과 교수까지 되었다고 하니, 내가 녀석의 꿈을 이뤄준 사수인 셈이기도 하다.

왈떼는 콜롬비아 위또또 부족 추장의 아들이다. 추장이 워낙 연로한지라 그가 대신 부족의 여러 가지 일들을 처리하면서 자연스럽게 추장대리가 됐다.

눈치 하나는 기가 막히게 빠른 친군데, 1년 반 정도 지역 방송국에서 카메라 조수로 일을 한 경력이 있다면서 촬영을 할 때마다 어찌나 설치며 나서 대는지, 부족사람들에게 으름장을 놓으며 표정연습까지 시키는 통에 일이 지연되기 일쑤여서 나에게 호되게 된소리를 듣기도 했다.

듣자하니, 예전에 프랑스 취재팀이 두고 간 8미리 캠코더를 들고 이 부족 저 부족 축제를 찍는다고 혼자 설치고 다녔다고 하니 어지간히 이 일을 좋아하는 것은 분명하다.

약삭빠른 왈떼는 나와 처음 인연을 맺고, 이후 4년 동안 아마존에서 내 조연출 역할을 누구보다 잘 해주었다.

새로운 부족을 만날 때마다 추장에게 무엇을 촬영할 것인지 조곤조곤 설명도 잘 해주고, 현지 인디오들만이 알 수 있는 게릴라 위험지역도 미리 알아봐 줄 뿐만 아니라, 그 계절에 촬영하기 좋은 부족풍습까지 시의 적절하게 알려주니 왈떼 덕분에 마치 홈그라운드처럼 편하게 촬영할 때도 있었던 셈이다.

그런데 이 왈떼 녀석의 유일한 문제점이라면 좀 분수없는 행동이다. 요즘말로 오버가 심하다. 왈떼와 함께 촬영한 모이나 부족이나 레이나 부족사람들은 왈떼가 PD라고 생각할 정도로 녀석의 오버 때문에 웃지 못할 해프닝이 많이도 벌어졌다.

사실 다큐멘터리라는 것이 드라마가 아닌지라 NG라고 할 것도 없다. 축제 장면을 좀 더 제대로 담기 위해 한두 번씩 더 해달라고 할 때마다, 이 녀석은 이게 NG라고 생각했는지 한 사람 한 사람 앞에 가서 몸을 굴려가며 제 딴에는 연기지도를 하는 것이다.

하지만 얼마 되지 않아 나는 왈떼의 분수없는 행동이 카메라 감독이 되고 싶은 열정의 표현이라는 걸 알게 되었다.

아무리 열정이 많고 성실하다고 해도 아마존 인디오들이 문명인들과 함께 뒤섞여 자기가 하고 싶은 일을 직업으로 갖고 살기가 얼마나 힘든지 알고 있기 때문에, 첫 날 이후 왈떼의 오버를 조금은 눈 감아주기로 했다. 꿈을 이루지 못한 젊음의 혈기가 이해가 되었기 때문이다.

위또또 부족처럼 문명인들과 접촉할 기회가 많은 과도기의 아마존 부족들은 언제까지나 부족 사회에서 살 수 없다는 사실을 알고 있기 때문에 돈에 대한 필요성을 절감하고 있다. 부족이 사라졌을 때 문명인들과 함께 살아가야 할 아이들을 위해 교육비가 필요하기 때문이다.

그래서인지 이런 부족에서 머물며 촬영할 때, 가끔 약간씩의 분실사고들이 발생하기도 한다. '약간' 이라고 말하는 것은 이상하게도 이곳 사람들은 돈이 있다고 해서 몽땅 훔쳐 가지는 않는다.

반드시 일부만 훔쳐 가는 걸로 보아 눈 가리고 아웅하는 식의 단순함이 그들에게 있는 건지, 아니면 다 훔쳐가기는 미안해서 그러는 건지 진짜 사정은 알 수 없지만, 10년 동안 아마존을 촬영하면서 전액이 몽땅 없어진 적은 단 한 번도 없었다.

왈떼와의 인연은 이렇게 부분도난(?) 사건에서 시작됐다.

위또또 부족을 촬영한 첫 날, 리포터가 말로까에 둔 손가방에서 70불이 없어졌다고 호들갑이다. 220불이 있었는데, 이상하게 50달러짜리 1장, 20달러짜리 한 장, 이렇게 해서 딱 70불만 없어졌다는 것이다.

돈부터 찾았으면 좋겠지만 힘들게 찾아와 겨우 촬영허락을 받은 마당에 범인 잡겠다고 분위기 흐릴 일이 아니라는 생각에 촬영이나 마치고 나서 따져 보기로 했다.

촬영을 마치고 나면 도와준 부족사람들에게 소정의 촬영협조 사례비를 지급한다. 약속한 금액을 추장에게 부족공동기금으로 지불하는 것이 관례지만, 도시와 인접한 부족의 경우에는 부족원 개개인의 입지가 강해 성과급 식으로 차등을 두어 개인별로 지불하게 된다. 단지 촬영 전에 합의 본 금액 범위 내에서.

늘 제작비 사정이 여의치 않기 때문에 그들이 원하는 것만큼 주지는 못하고 깎아달라고 사정에 사정을 거듭하지만, 촬영이 끝난 후에는 할 수 있는 한 조금이라도 돈을 더 얹혀 주려고 노력한다.

위또 부족때도 마지막 날 헤어지는 장면을 찍고 나서 촬영에 참여한 부족사람들을 모아놓고 일일이 돈을 나눠줬는데, 왈떼는 추장급이기도 하고 워낙 내 옆에 껌같이 붙어서 열심히 도와준 터라 다른 사람들보다 두 배로 돈을 지급했다.

일이 워낙 만족스럽게 마무리되었고, 홀가분한 기분에 우리의 머릿속은 '얼른 도시로 돌아가 샤워하고 시원한 쿠스케냐 맥주나 한 잔해야지'로 꽉 차 있어서 없어진 70불은 까맣게 잊어버리고 말았다.

프론테라 호텔에서 노곤한 몸을 달래가며 쉬고 있는데, 밖에 누가 날 찾아왔다는 것이다. 아니, 여기까지 날 찾아올 사람이 도대체 누굴까? 궁금해하면서 나갔더니 위또 부족의 '미린다'였다.

얼굴이 눈물 범벅이 된 게 뭔가 단단히 일이 난 모양이다. 지금 이곳에 나타나려면 우리가 떠난 지 얼마 되지 않아 지나가는 배를 잡아타고 10시간 가까이를 왔다는 건데. 도대체 무슨 일일까? 그렇게 다급하게 날 찾아온 이유가.

미린다는 눈물을 계속 훔치며 하소연했다. 우리 배가 떠나자마자 왈떼가 사람들을 모아놓고는 "'충'이 가면서 70불을 잃어버렸다고 했다. 이제야 말하지만 말로까에 있던 가방에서 누군가 70불을 훔치는 걸 나는 봤다. 바로 너 '미린다'다. 얼른 70불을 내놓지 않으면 부족의 법으로 다스릴 것이다."

이렇게 윽박질러 사례비로 받은 70불을 빼앗겼다며 마침 왈떼가 말한 70불과 자기가 '충'에게 받아 갖고 있던 돈의 액수까지 정확하게 맞아서 변변히 항의도 못한 처지였다고 한다.

아, 이제야 알겠다. 누가 리포터의 돈을 훔쳐갔는지. 리포터의 돈을 슬쩍한 것도 모자라 남들보다 두 배의 돈을 받아놓고도 남의 돈까지 뺏다니, 고얀 놈!

왈떼가 어찌나 괘씸한지 사람을 시켜 당장 불러오라고 했다. 내가 화가 났다고 하면 눈치 빠른 녀석이 따라나서지 않을 테니까, "'충'이 선물 줄 걸 깜빡 했으니 와서 받아 가십쇼." 이렇게 말하라고 뱃사공한테 일렀다.

남편이 도시로 도망가는 바람에 미린다는 혼자 두 갓난쟁이를 키우는 보잘것없는 처지라 늘 부족 내에서 약자의 위치에 있다. 그게 안 돼 보여 남들보다 조금 더 돈을 살짝 챙겨준 것이 화근이었다. 하필 그 금액이 70불일 줄이야.

그나저나 일이 커지면 미린다는 막강한 왈

혼자 두 갓난쟁이를 키우며 사는 미린다.

때 패밀리 등살에 부족 내에서 살아가기가 만만치 않을텐데, 자신의 아이들을 위해 꼭 필요한 그 돈을 찾겠다는 일념으로 목숨을 걸고 여기까지 날 찾아온 것이다.

내겐 한 달 담배값조차 되지 않는 돈 때문에 추방당할 각오로 허겁지겁 달려온 미린다를 보고 있으니, 돈이 없어도 잘 살 수 있는 아마존 부족들에게 돈이 너무나 필요하게끔 만든 문명인임이 새삼 미안해졌다.

다음날 이른 아침 드디어 왈떼가 3명의 호위대를 데리고 나타났다. 얼굴에 연신 미소가 넘치는 걸 보니 선물도 챙기고, 돈도 두둑하니 나온 김에 시장도 둘러보고, 이래저래 기분이 화창한 봄날이다. 녀석을 불러 온 뱃삯만도 벌써 500불이니 나는 손해를 봐도 엄청 본 셈이다.

직격탄을 날렸다. 나는 돈을 잃어버렸다고 말한 적이 없을 뿐만 아니라 네가 미린다에게 훔쳤다고 한 금액이 말로까에서 리포터가 잃어버린 돈 액수와 일치하니 분명 왈떼 네가 범인이다.

"어떡할꺼냐? 미린다에게 돈을 돌려주고 한 대 맞을래, 아니면 연방경찰 부를까?"

추장대리를 할 정도로 머리가 비상한 녀석인지라 왈떼는 금방 사태를 파악했다. 한 대 맞을 테니 자기가 데려온 세 녀석은 방에서 내 보내는 걸 허락해 달란다. 왈떼를 따라온 청년들은 보통 추장들이 공무상 외지를 나들이할 때 붙는 일종의 경호원인 셈인데, 명색이 경호가 임무인 녀석들 앞에서 도둑질한 벌로 맞는 자신의 모습이 끔찍했겠지. 그리고 추장으로서의 권위가 추락할 것임이 틀림없기 때문이었다.

"안 돼." 나는 단호하게 얘기했다.

강물 위로 무지개가 보인다.
미린다는 무지개를 찾아 10시간이나 배를 타고 나를 찾아왔다.
인디오들의 미래에 무지개가 비추기를 바란다.

왈떼를 망신주려고 불러들인 것도 아닌데 무슨 심통으로 안 된다고 했는지, 머리하고 가슴이 따로 놀고 있었다.

그때 왈떼의 눈에서 초록색 광채가 튀었다. 아마존 정글의 녹색을 닮은 그 푸른 빛. 순간 나는 멈칫했지만 왈떼의 왼쪽 뺨을 '짝' 소리가 나게 후려쳤다.

왈떼의 눈에 눈물이 살짝 비치더니 고개를 떨군다. 바지춤에서 꼬깃꼬깃해진 70불을 꺼내놓고는 금방이라도 달려들 기세로 날 노려보는 경호원들을 고갯짓으로 데리고 사라진다.

뒷모습을 보면서 '아, 괜히 그랬나' 하는 마음이 살짝 들기도 했지만, 우리를 만만하게 보고 저지른 도둑질이나 자신의 지위를 이용해서 불쌍한 미린다의 돈을 갈취한 괘씸죄를 도저히 묵과할 순 없어 그 후회는 금방 자취를 감췄다.

얼마나 지났을까. 갑자기 부르지도 않은 연방경찰들이 숙소로 들이닥쳤다. 영문을 몰라 어리둥절해 하는데, 그게 왈떼가 그 길로 곧장 나가서 나를 폭행죄로 경찰에 고소했다는 것이다.

'아하, 요 맹랑한 놈 보게.'

화가 머리끝까지 치밀어 오르는데, 왈떼로서는 그 방법밖엔 따로 묘수가 없을 거란 생각이 언뜻 머리를 스친다.

부족 남자들이 보는 앞에서 체면이 바닥에 떨어졌으니 상황을 역전시키긴 힘들더라도 사건을 무마하기 위해서는 나를 고소하는 수밖에. 무기력한 추장의 모습은 이후 왈떼의 삶 전체를 뒤흔들 것이니까.

경찰서 나무의자에 왈떼와 나란히 앉아 대질심문을 시작했다. 나 역시 살아나가려면 왈떼가 내 돈을 훔쳤다고 맞고소를 할 수밖에 없으니, 콜롬비아 연방경찰에서는 간만에 외국인이 관련된 희한한 사건 하나를 맡게 된 셈이다.

왈떼가 폭행죄로 나에게 합의금을 500불을 요구하고, 나는 왈떼가 훔쳐간 돈이 1,000불이라고 뻥튀기하는 식으로 지루하게 상황이 이어지는 동안 경찰들은 왈떼보다 내 말에 더 무게를 두게 되고 상황은 점점 내게 유리하게 흘러갔다.

내가 외국인이라는 점 외에도 국적이 한국이라는 것이 정황을 내 쪽으로 돌리는 데 결정적인 역할을 했다.

남미 쪽 사람들은 한국 사람이라고 하면 으레 누구나 태권도 유단자인 줄로 알고 있어 몇 번 지르기를 내 보이며 '태권도 아쇼?' 하면서 왈떼 말대로 내가 제대로 쳤으면 절대 저렇게 멀쩡할 리가 없다. 거의 사망이거나 얼굴이 피투성이가 됐을 거다. 이렇게 떠드는 허풍을 경찰들이 죄다 믿어주는 분위기에 풀이 꺾인 왈떼가 내심 측은해 보였다. 남미 어느 나라든 얼굴색이 하얀 관리들이 인디오들을 무시하는 일상이 여기에도 있었다.

일이 이쯤 되자 왈떼도 승산이 없는 싸움에서 돈이 어디 있다고 훔친 돈의 열 배가 넘는 돈을 물어낼 지도 모를 지경이 될 수도 있고, 이 정도 소란을 피웠으면 경호원들에게 면이 좀 섰다고 판단했는지 내 손을 덥석 잡더니 없던 일로 해 달란다.

어차피 나도 왈떼를 경찰에 넘길 생각은 없었으니까 맞고소 사건은 합의금 없이 마무리되었다. 경찰서 밖을 나오자 배고프니까 밥 좀 사 달란다. 그제서야 안심이 된 것일까. 나 역시 아까 괜한 치기로 나는 뭐가 그리 깨끗한 놈이라고 왈떼를 시험대에 올린 스스로가 부끄러워

둘이 같이 바나나 튀김을 사 먹었다.

바나나튀김을 한 입 우물거리던 왈떼는 주위에 아무도 없다는 걸 확인하자 그제서야 나에게 진심으로 사과를 했다.

나는 순간, 녀석이 정말 멋지다고 생각했다. 정말 비겁한 건 실수를 저지르는 것이 아니라, 그 실수를 돌이킬 용기가 없는 것이라는 말의 힘을 왈떼의 사과를 들으면서 느낀 것이다. 비록 추장의 권위를 위해 나를 고소하기는 했지만 상황이 이렇게 될 줄 알고 있었던 녀석의 비상한 머리보다 자신의 모든 비겁함을 진심으로 고개 숙여 사죄할 줄 아는 그 모습에 나 역시 미안하다고 말할 수밖에 없었다. 또한 이 모두가 문명의 옷을 입히려는 문명인들의 탓이라는 생각이었다.

그 후 딴 사람이 된 왈떼는 나와 둘도 없는 친구가 되어 콜롬비아 정글에 갈 때마다 만나고 있다. 함께 일하는 동안 가방 단속에는 각별히 신경을 쓰지만.

비록 월급 2만 원짜리 임시직이지만 간이 대학에서 영상에 대해 뭔가를 가르치고 있을 왈떼. 비록 카메라를 찍는 기술은 나보다 한참 아래지만 지켜야 할 것과 포기해야 할 것을 정확히 아는 왈떼의 태도는 순간 순간 비겁해지려는 내 자신을 붙잡는 큰 힘이 된다.

정글에서 약초를 캐러가는 왈떼의 모습은 순박하기 그지없어 보인다.

인디오의 돈에는 표정이 있다

인디오들의 돈은 마치 세월의 흔적이 골골이 새겨져 있는 노인의 주름 같은 표정을 보이기도 하고, 10년 만기 적금을 타 장성한 아들의 대학 등록금을 내러 가는 어머니의 뒷모습을 떠올리게도 한다.

방금까지 내 수중에 있던 무표정한 돈이라는 물건도 그들의 손에 넘어가는 순간 그렇게 애잔하고 숙연한 표정을 지닌 생물이 되는 것이다.

아마존의 부족들 가운데 '싱구 부족'들처럼 완전히 문명과 떨어져 자신들의 전통만을 지키며 살아가는 이들도 있지만, 문명과 인접해 있는 상당수의 부족들은 이어지는 문명의 침입으로 머지 않아 자신들 부족의 몰락을 감지하고 있다. 그래서 이들은 아이들만큼은 문명사회에서 살아갈 수 있도록 교육을 시키는 것이다.

아이들의 미래를 걱정하는 마음은 문명인이나 아마존 부족들이나 다를 바가 없다. 자연 속에서 자연스럽게 살기만 하면 되었던 인디오들의 삶이 이제 과거가 되고 시한부 인생처럼 '남은 인생을 어떻게 살아야 할까'를 고민하는 것을 보면 안타깝기 그지없다.

그러니 아이들의 옷가지를 살 수 있고 아이들을 교육시킬 수 있는 문명사회의 돈이란, 이들에게 단순히 소중하다는 말로 설명될 수 있는 문제가 아니다.

부족들을 촬영하고 나면 늘 출연료를 주게 된다. 물론 보통 생각하는 개념의 출연료라기보다 도와줘서 고맙다는 뜻의 사례비에 해당하는 돈인데, 이 돈을 부족사람들에게 나눠주고 인사를 한 다음 거점도시로 나와 쉬고 있으면 어김없이 그 다음날은 장을 보러 나온 그들을 볼 수가 있다.

가깝다고 해도 실제로 부족마을과 거점도시는 배를 타고 10~20시간을 가야하는 거리다. 우리와는 거리 개념이 전혀 다르다고 보면 되는데, 이들에게는 몇 시간이 걸리느냐는 것보다 갈 수 있느냐 없느냐만이 고려의 대상이 된다.

열시간이든, 이틀이든 배를 타고 나올 수 있으면 그걸로 됐다고 생각하지, 너무 멀다거나 힘들다거나 그런 생각은 전혀 하지 않는다. 시간은 시간일 뿐, 시간이 돈이 되지는 않는 게 인디오들의 삶이다.

어쨌든 내가 준 돈을 들고 시장에 나온 인디오들을 보고 있으면 멍하니 선 채 시선을 뺏기기 마련이다.

돈을 손에 꼭 쥐고 하루 종일 무엇 하나 마음 편히 사지 못하고 돌아다니는 뒷모습을 보고 있으면, 내가 달려가서 사 주고 싶은 마음이 들 정도로 안타깝다가도, 뭔가 결심한 듯 사탕이라도 몇 개 사는 걸 보면, 마치 엄청난 계약이라도 성사시킨 듯한 성취감이나 안도감이 밀려들기도 한다.

큰 맘 먹고 시장에 나왔다고 해도 부족 여인들이 사는 건 늘 정해져 있다. 할머니들이 좋아하는 과자 몇 개와 이 잡는 참빗, 아이들에게 줄 공책과 연필, 장화(아마존 정글에서의 장화 한 켤레의 가치란 우리 시골에서 소 한 마리 갖고 있는 것과 비슷하다), 가끔 환자들에게 먹이는 전지분유, 500원짜리 양은 후레쉬에 넣을 한국산 로케트건전지 정도다.

기호품이라고 해봐야 식구 수대로 다 돌아가지도 않는 사탕 몇 알이 전부인 이들의 가난한 장보기는 그렇게 하루 종일 이어진다.

보고 또 보고, 걷고 또 걷고, 비교하고 고민하는 그 온종일 인디오들의 손에 꼭 쥐어져 있는 돈은 주인의 마음을 그대로 반영한 표정을 갖게 되는 것이다.

홈쇼핑으로 물건을 주문하고, 신용카드 번호를 부른다. 그런 식으로는 돈이 가진 표정을 느낄 수 없다. 정치자금으로 케익 상자며 사과박스에 넣어져 이리저리 옮겨지는 돈 수십 억과

시장에서 장을 보는 인디오들을 볼 때면 왠지 마음이 무겁기만 하다.

오랜만에 오는 손주에게 용돈을 주려고 꼬깃꼬깃 액자 뒤에 숨겨놓은 할머니의 만 원짜리는 표정이 다른 것과 마찬가지다.

나는 인디오들의 뒷모습을 한참 쳐다보다가 내 주머니 속에 들어있는 지폐 한 장을 슬쩍 꺼내본다.

인디오의 돈이 운명적 사랑을 믿는 애틋한 로맨스의 주인공을 닮았다면, 내 돈은 '술을 먹는다는 사실이 부끄러워서 술을 먹는다'는 어린 왕자 속 술주정뱅이의 표정을 닮았다.

어쩌면 나는 마지막까지 조금 더 주지 못하고 온 것이 미안해서, '조금만 더 줬다면, 저 서성거림의 무게를 많이 덜어주었을 텐데' 하는 미안함에 그들의 뒷모습에서 눈을 떼지 못한다.

언제쯤 인디오들의 돈에도 편안함이 묻어날까. 나는 그것이 궁금하다.

아마존 아래로 또 하나의
검은 강이 흐른다

　아마존 아래로 흐르는 또 하나의 검은 강, 마약루트는 지금도 국경을 초월한 채 아마존의 물길을 따라 유유히 움직이고 있다.
　마약루트의 대부분은 브라질의 마나우스에서 페루의 이키토스를 잇는 물길을 따라 이어지고 있다고 추측되는데, 마약이 정글 어딘가에서 만들어진다는 것은 알지만, 그 위치를 알아낼 방법이 없다. 운반 루트 역시 우기가 되면 수백 개가 생겼다가 건기 때에는 싹 사라지는 지류를 이용하여 이리저리 옮겨다니기 때문에 찾을래야 찾을 수가 없는 것이다.
　특히 콜롬비아 지역은 마약산업이 콜롬비아 경제를 좌지우지 할 정도로 악명이 높다. 그래서 주변국들은 콜롬비아 접경지대에는 중무장한 공수부대들을 배치해놓고 자기나라 만큼은 마약에서 지키려는 노력을 한다.
　실제로 보고타에는 예전에 수입물건을 몰래 팔던 도깨비 시장처럼

이런 마약단속반 경찰차를 콜롬비아 어느 도시든 곳곳에서 볼 수 있다(위).
콜롬비아 정글 인근 도시에는 이런 초소를 쉽게 볼 수 있다(아래).

마약을 몰래 파는 시장들이 여기 저기 존재하는데, 마약상들은 그런 길거리 시장에 서서 호객행위로 은밀하게 손님들을 끌어들인다.

그러다 보니 그 시장 골목을 질러 나오거나 그 근처에서 돌아 나오는 택시나 승용차는 모조리 마약 단속반의 타겟이 된다.

이 마약단속반한테 두어 번 걸려본 이후, 나는 어찌나 치가 떨리는지 보고타에 갈 때마다 외출을 절대 삼가는데 어쩔 수 없이 나가야 할 때에는 자존심이고 체면이고 바닥에 다 팽개칠 각오를 단단히 하고 나간다.

보고타에서 택시를 타면 십중팔구 중간에서 중무장한 마약단속 경찰의 봉고차가 번개처럼 나타나 택시를 가로막은 다음, 손님이든 기사든 개 끌듯이 끌어내려 온몸을 샅샅이 수색한다.

영화에서 숱하게 본 장면이지만, 실제로 여자경찰이 나를 벽에 벽지 바르듯 찰싹 붙여놓고 기관총 총구로 사타구니 사이를 쿡쿡 찌르는 그 느낌은 당해보지 않고는 모른다.

그러는 사이 옆을 슬쩍 쳐다보면, 함께 있던 택시기사는 그대로 바닥에 납작 엎드려 검색을 당하는 꼴이 그래도 난 외국인이라 그나마 양반 취급을 당한다 싶다. 어쨌든 마약 검색 앞에서 사람 취급받기를 기대하는 건 애시당초 꿈도 꾸지 않는 것이 정신건강상 좋다는 소견이다.

그러던 어느 날 뜻하지 않게 일이 터지고 말았다. 콜롬비아 동부의 아마존 거점도시 미투(MITU). 근처에 마꾸나 부족을 취재할 요량이었다.

나는 도착해서 두문불출 호텔 안에 처박혀 있으리라 생각하고 방에 머무는데, AD 재훈이가 호텔 바에서 론주나 한 잔 하자며 꼬드긴다.

'그래 어차피 호텔 안인데, 뭐 어때!' 하는 생각에 둘이서 지하 바로 향했다.

둘이서 술을 한 잔 하고 있다 보니 옆 테이블에 금발에 잘 빠진 몸매가 드러나는 짧은 미니 스커트를 입은 미녀가 술에 취한 듯한 눈으로 우릴 쳐다본다. 나도 질세라 몇 번 눈싸움을 해 주었더니, 갑자기 벌떡 일어나 비틀비틀 우리 테이블로 다가오는 것이 아닌가.

비틀비틀 걸어오는 품은 꼭 술에 취한 모양새가 맞는데 가까이 다가와도 이상하게 술 냄새는 풍기지 않는다. 난 빤히 그녀의 얼굴을 쳐다보고 있었다. 빤히 쳐다보았다고는 하지만 내 머릿속에는 호기심, 긴장, 두려움 등 복잡한 감정이 지나가고 있었다.

쳐다보는 그녀의 얼굴이 점점 다가오더니 결국은 내 귓가 근처에까지 와서 머물렀다. 잔뜩 긴장을 하고 있는데, 나에게 술 한잔 사줄 수 있겠느냐고 이야기한다.

'물론이지.'

물론이다. 술을 한 잔 시켜줬다.

그래서 합석을 하긴 했는데 서로 대화는커녕 이 여자 몸을 제대로 가누지도 못한다. 물론 흑심이 있어서 술을 시켜준 것은 아니고 믿거나 말거나 전적으로 호기심 때문이었는데, 뭔가 느낌이 이상하다.

불안감이 스멀스멀 밀려들고 좋지 않은 예감이 머리를 스치는데, 언뜻 마약 운반책들이 관능미 넘치는 섹시한 여인들이라는 말을 들은 것도 같다.

'그래, 내 불안한 예감이 몰려올 때는 일단 피하고 보자.'

자리에서 일어나려는 찰나, 우당탕 소리가 들리더니 입구에서 연방 경찰복을 입은 사내들이 우르르 몰려 들어온다.

'까라초(젠장)!'

난 얼떨결에 관능미 넘치는 그 섹시한 여인과 한패가 되어 경찰서로 끌려갔다. 듣고 보니 콜롬비아 일대에 유명한 마약 운반책으로 머리 색을 염색으로 바꿔가며 몇 년 동안 이 바닥에서 이름 꽤나 날린 여자라고 한다. 거참, 이렇게 이름있는 미모의 여인과 한패가 되다니 기분이 좋아야 하나.

한바탕 경찰서에서 아는 사람들 다 불러모아 난리 법석을 떤 끝에 난 무혐의가 인정되어 풀려나긴 했지만, 아직도 그 때를 생각하면 이마에 식은땀이 흐른다. 하마터면 아마존 촬영은 하지도 못하고 캄캄한 지하 창살만 쳐다보다 올 뻔했으니. 아마존 지하 감방 촬영 스케줄은 아직 없는데 말이다.

보통 마약은 미모의 여인들이 몸에 품고 운반을 한다고 한다. 연방 경찰들이 남자들인지라 미모의 여인들을 보면 판단력이 흐려지는 것이 인지상정. 내가 판단력이 흐려져 얼떨결에 술을 한잔 사준 것과 마찬가지가 아닐까.

오늘의 교훈, 아마존에선 미모의 여인을 조심하라. 백날 떠들어봐야 미모의 여인을 조심하기는 어쨌든 힘든 일이지만.

덕분에 하기 힘든 경험을 했지만, 이렇듯 마약이 나와도 가까이 있다는 사실에 조금 씁쓸한 마음은 지우기 어려웠다.

내가 사랑하는 아마존 물길 아래에는 문명인들의 검은 욕망을 채워주는 마약 루트가 끊임없이 흐르고 있다.

깊숙한 정글에서 만들어지는
마약은 우기 때 거센 물처럼 아마존 지류를 따라 운반된다.

나는 문득 생각한다. 아마존 부족들 중에 마약에 취한 사람은 단 한 번도 본 적이 없다. 다만 문명인들이 아마존 정글을 마약을 만드는 은밀한 장소로 사용할 뿐이다.

정작 전 세계에서 가장 많은 마약이 만들어지는 곳에서는 마약을 필요로 하는 사람들이 없고, 그곳에서 만드는 마약은 전 세계의 불행한 사람들에게 팔려나간다.

왜 우리는 약이 필요할 만큼 행복하지 못한 걸까? 아마존의 물길을 더럽힐 만큼 그토록 많은 사람들이 마약을 필요로 하는 이유는 무엇일까? 아마존 강이 나에게 묻는다. 너희는 왜 자연을 떠나 그토록 불행한 것이냐고.

나는 모르겠다. 나 역시 어쩌면 이 아마존에 중독된 것일지도 모르니까. 불행할 때마다, 답답할 때마다 이 곳을 찾아 내가 살아있음을 느끼는 내가 그 물음에 어떻게 대답할 수 있을까.

어차피 문명인들이란 어딘가에 중독되지 않고는 살아가기 힘든 존재인 것을.

20불에 자존심을 걸다

한 치 앞을 알 수 없는 정글에서의 촬영이라는 것이 1분 1초 앞을 알 수 없는 스포츠의 세계와 비슷한지라, 나 역시 운동선수만큼이나 많은 징크스를 갖고 있다.

그 중에서도 나에게는 조상 대대로 내려온 100% 확률을 자랑하는 징크스 하나가 있다. 그것은 꽤 고전적이기도 한데, 바로 '거울이 깨지면 사단이 난다'는 것이다.

거울의 크기도 상관이 없고, 내가 깨든 다른 사람이 깨든, 저절로 깨지든 상관없이 무조건 거울이 깨졌다 하면 무사히 내 신상이 보존된 적이 한 번도 없다. 아무리 거울을 피해 다녀도 불길한 일이 생길 조짐이면 무슨 이유로든지 어김없이 거울이 등장한다.

비포장으로 10시간 걸려 들어가는 칠레의 오지에서 짚차의 실내거울이 난데없이 금이 가더니, 그 날밤 코디녀석이 220볼트 콘센트에 플러그를 불쑥 꽂아 배터리 충전기를 태워먹는 시키지도 않은 짓을 하는 바람에 일도 못하고 인근도시를 전전하며 3일 동안 헤맨 적이 있다.

또 볼리비아로 향하는 비행기 안에서 화장실을 나오다 '찌끈' 누군가 떨어뜨린 손거울을 밟았다. 어김없이 그 날 오후에 지방으로 내려가는 길에 택시강도를 만나 힘 한번 못 써보고 새가 됐다.

하나 더, 에콰도르에서 묶고있는 호텔주인 내외가 부부싸움 하다가 여자가 벽에 집어던진 화장품이 박살이 났는데, 쳐다보니 거기에도 작은 거울이 있을 줄이야. 산길에서 30m 벼랑 아래로 차가 곤두박질 쳐 머리를 12바늘 꿰매고 나서야 그 날을 마감할 수 있었다.

그래서 나는 언젠가부터 이 예시가 조상이 보내주는 무언의 경고라고 절대적으로 신뢰한다. 거울이 깨진 날은 무조건 비행기는 사절하고, 가능한 한 쉬어 버리는 식으로 부디 징크스의 효력이 사라지길 빈다.

싱구 부족들과 헤어지기 전 내가 반드시 하는 일 중에 하나가 다음에 올 때 그들에게 갖다줄 물품들을 받아 적는 것이다.

몇 개월 후가 될지 혹은 몇 년 후가 될지 모르지만, 그들이 나한테 주문하는 목록들을 적고 있을 때만큼 마음이 흐뭇할 때가 없다. 이때만큼은 촬영에 대한 스트레스나 긴장감 하나 없이 그저 웃고 농담하는 시간이다.

문명과 단절된 곳이라 유일한 교통수단인 비싼 경비행기를 불러 장을 볼 수도 없는 노릇이거니와, 100% 자연으로 사는 사람들이라 필요한 것이 없는 것이 오히려 당연한 일이지만, '털 뽑는 핀셋 10개, 낚시바늘 100개, 손톱깎기 5개 등 받아 적고 있는데, 한 친구가 허름하고 큼지막한 거울을 갖고 와서는 받치고 쓰라는 것이다. 누군가 이

곳을 방문한 사람이 주고 갔을 테지만, 하필 거울이란 말인가.

　그 때가 마침 쇼핑 목록 30가지 중에 26가지 정도를 쓰고 난 후라 됐노라고 사양하는데 자꾸만 고집을 부리는 통에 계속 거절할 수도 없어서 거울을 받아 뒤집는 순간, '짜작' 하며 한 귀퉁이가 손바닥만 하게 깨져 떨어진다.

　'아뿔싸.'

　내 심장은 거울이 깨지는 소리보다 더 크게 '쿵' 소리를 내며 내려 앉았다. 촬영도 다 끝나고 이제 돌아갈 일밖에 안 남았는데 무슨 일일까.

　하지만 오늘은 뱃길로 12시간 가량 지류를 타고 싱구지역을 벗어나는 일정이 있을 뿐인데, 모터엔진도 예비용으로 하나 더 있겠다, 잔잔한 물살에 배가 뒤집힐 리도 만무해 살살 움직여 보기로 했다. 진짜 더 큰 이유는 단파를 통해 우리의 거취를 계속 탐색하는 후나이가 추장을 많이 성가시게 해 눈치가 보인 탓이었다.

마을에는 후나이와 연락할 수 있도록 단파 안테나가 설치되어 있다.

싱구 부족을 촬영하기 위해서는 브라질리아에 있는 후나이본부에 인디오 보호기금과 취재기획서를 제출한 후 6개월에서 1년 정도 기다려 촬영허가를 받는 합법적인 루트와 나처럼 추장의 초대로 들어가는 방법

외에는 전혀 갈 수 있는 길이 없다.

하지만 후나이는 인디오 보호기금 운운하며 1억 이상의 거액을 요구하니 합법적인 루트는 사실상 어려운 노릇이다. 결국 나는 추장들과의 친분을 이용해 브라질 언론조차 취재하기 힘든 지역을 촬영해 온 셈이다. 그러다 보니 추장의 보호가 미치는 부족 마을만 벗어나면 후나이는 눈엣가시 같은 나를 추적까지 해가면서 괴롭힌다.

그래서 나는 후나이의 '후' 자만 들어도 머리가 지끈거리고 후나이들은 '꼬레아' 하면 미꾸라지처럼 빠져나가는 나를 생각하고 어느새 '충' 이냐고 물어본다.

특히 싱구 북부 쪽은 굉장히 엄한데 싱구로 들어가는 길이 유일하게 뱃길이라 후나이 지소는 항상 부족 마을 입구 물 위에 설치되어 있다. 게다가 24시간 지키니까 도저히 그 앞을 통과해서는 들어갈 수가 없기 때문에 1시간이면 배로 갈 길을 배를 대어놓고 정글길로 일주일을 걸어서 들어가는 일이 허다하다.

한번은 경비행기를 타고 약초부족인 카야포 부족까지 들어가자마자 후나이녀석들에게 가로막혀 한 컷도 못 찍고 카야포 부족 사람들의 안타까운 시선을 뒤로하고 쫓겨난 적이 있었다. 그 때는 정말 '후나이야 말로 내 인생을 가로막는 똥파리' 라고 생각했다. 이런 경험이 있다보니 부족에서 촬영을 하다가도 후나이 깃발의 배가 떴다하면 부족사람들이 미리 알려주고 나를 숨겨주는 등 007 영화가 따로 없을 정도다.

찝찝한 거울 생각이 떨쳐질 무렵. 우린 이미 강렬한 폭염 속을 반나절이나 달려와 있었다. 40여 분만 더가면 싱구지역 경계선에 닿게 돼 지긋지긋한 후나이의 영향권을 벗어날 수 있다.

그때 보트를 운전하던 녀석이 다짜고짜 저기가 처가마을인데 줄 것도 있고 잠시 들렀다 가면 안되겠냐고 묻는다.

'물론 안 되구 말구! 아직 징크스의 마력이 발효중이야.' 속으로 뇌까리며 곧장 가라고 소리쳤는데, 녀석은 해상반란이라도 시도하는 양 비장한 표정이 되어 뱃머리를 마을 쪽으로 돌린다.

하지만 어디 배가 사공 마음대로 가지 손님 마음대로 가는 것인가. 나는 지금이라도 키를 빼앗아 뱃길을 돌리고 싶었지만, 그것은 마음일 뿐 멍하니 이 상황이 주는 불길함을 바라보고 있었다.

뭔가에 홀려 빨려 들어간 마을 어귀에는 아니나 다를까. 눈빛부터 다른 세 남자가 악수를 청해 온다. 후나이였다.

"뭔 짓을 한겨?"

소리를 질러대는 내게 사공은 시선을 피하며 연신 어깨만 올렸다 내려놓는다. 아마 처음부터 여기로 나를 데리고 오라는 사주를 받은 것이 틀림없었다. 그 말을 듣지 않으면 앞으로 뱃일하기도 힘들 것이고, 마을에서 맘 편히 살기도 영 글렀을 테니 나를 유인해서 후나이 코앞에 상납한 것이다.

사공 입장은 대강 정리가 되는데, 나는 눈앞에 자유를 두고 여기서 걸려들었으니 이제 어떡하나. 방법은 떠오르지 않고 짜증과 불안만이 밀려온다.

후나이가 내주는 허가증이 없으니 이미 후나이는 내 카메라와 짐들을 모두 압수한 상태다. 그러면서 내가 불법으로 촬영을 했으니 10만 불을 내놓으라는 것이다.

이 때는 말도 안 통한다. 나는 무조건 드러누운 다음 티셔츠를 들어 올리고 배를 긋는 시늉을 하며 한국말로 "배 째!" 라고 소리쳤다.

배 째라는 동작은 만국공통어다. 오지 어디서든지 배 까고 긋기만 하면 무슨 뜻인지 또 꼴통들이 주로 사용한다는 것도 용케들 알고 있다.

후나이의 10만 불을 달라는 말과 나의 '배 째!' 라는 고함소리가 공허하게 오간다. 내가 배 째라는 말을 서른 번쯤 반복했을 때 가격은 5만 불 정도로 내려가 있었다. 물론 계속 이렇게 버티고 있으면 가격이 어느 정도 내려가긴 하겠지만, 한푼도 내지 않고는 무사히 돌아갈 수 없을 것이다.

어떻게 해서든 촬영한 테잎은 살려야 한다. 보트 구석에 숨겨놓은 테잎은 빼앗기지 않은 상태다. AD 재훈이가 보트 운전을 할 줄 아니까 여차하면 보트를 타고 싱구 경계선 근처의 간이 호텔까지 혼자라도 도망치라고 해야 했다.

나는 재훈이에게 귓속말로 '상황이 계속 안 좋아지면 너는 보트를 몰고 여기서 1시간 동안 직진하다 보면 강가에 불빛이 보일 것이고, 거기에서 내려 간이호텔을 찾아서 테잎을 맡겨라. 다시 오던 말던 그 다음은 네가 알아서 해' 라고 일렀다.

PD에게 애써 촬영한 테잎을 잃는다는 것은 며칠 동안 자유를 빼앗기는 것보다 훨씬 더 참을 수 없는 일이다.

테잎을 보내 놓고 나자 나는 이 상황을 어떻게 헤쳐 나갈 것인가에 집중하면 되었다. 아예 긴 의자에 대자로 누워 버렸다. 후나이들도 꼬레아 충이란 작자가 얼마나 골 때리는 인간이라는 건 수년 동안 들어서 잘 알고 있는 터다.

원래 강한 사람에게 약하고, 약한 사람에게 강한 인간보단 어디로 튈 지 모르는 개구리형 인간들이 협상하기엔 더욱 힘든 일이니까.

이것은 불법과 합법을 떠나 후나이와 나의 자존심 싸움이다. 이미 추장의 초대를 받고 후나이의 묵인 아래 촬영을 한 나를 뒤늦게 뒤통수치는 후나이 역시 공권력을 행사하겠다는 뜻보다 나를 괴롭히려는 것이다.

추장만 믿고 후나이를 무시하는 내가 그동안 얼마나 미웠겠는가. 후나이의 그 증오가 그 거울을 깨버렸는지도 모르지.

지루하고 처절한 협상은 몇 시간 동안 계속 이어졌다. 내 목도 쉬었지만 몇 푼 뜯겠다고 몇 십 번째 후나이 허가의 필요성을 반복하는 그 친구들도 지쳤다.

새벽녘에 재훈이가 돌아왔다. 보니 보트도 엉망진창이고 얼굴에는 물어보지 않아도 너무 힘들었을 지난 몇 시간의 구구절절함이 그대로 묻어나 있었다. 거 참, 테잎이 뭐 길래 생명도 없는 그것들에 우리 생목숨을 거는 건지 알 수가 없지만, 어쨌든 테잎부터 구하고 난 다음에 우리는 더 잃을 게 없다는 듯 대담해졌다.

그렇게 협상 아닌 협상을 하고 있는 동안 여기저기의 부족 추장들이 후나이에게 자기 친구니까 날 보내주라고 어찌나 단파를 넣어대는지, 배 째라고 누워 있는 동안 그래도 아마존 바닥에서의 내 인생이 그다지 서글프지 않았구나 하는 생각에 목 울대가 찌릿 아파왔다.

협상액은 2,000불까지 내려갔다. 이 정도 성적이면 협상 전문 에이전시 같은 걸 차려도 먹구 살겠구나 하는 객쩍은 농담까지 머릿속에 떠올리며 과연 이 친구들이 생각하는 협상금의 끝이 궁금했다.

"어이 친구들, 그냥 보내주면 안되겠니?"

적반하장으로 '날 잡아 잡슈' 식의 밑도 끝도 없는 나의 여유와 후나이의 한숨이 교차하는 순간, 녀석들 중의 상사가 큰 숨을 들이쉬더니,

"그럼, 500불! 그 이하는 절대로 안 돼! 그마저 안되면 내일아침 싱구 강 후나이 본부로 넘길테다."

오메, 겁나는 거. 그곳까지 뱃길로 족히 30시간은 넘게 걸릴 여정에다 기름값까지 내 부담일 테고.

싱구 본부까지 일이 확대되기엔 시간과 돈 그리고 체력까지 어느 것도 여유있는 게 없었다. 이들에게는 500불이 마지노선이다. 여기서 더 버티다간 정말 철창 신세를 면하기 힘들겠다는 생각이 들었다.

협상을 할 때는 최대한 상대의 시간을 많이 뺏는 게 중요하다. 상대는 자신이 시간과 노력을 많이 들일수록 그 협상을 자신의 선에서 어떻게든 마무리짓고 싶어하기 때문이다. 쉽게 시작한 협상은 깨지기도 쉽다. 그런 면에서 나는 이 후나이 친구들을 지칠 때까지 지치게 만들어 내 페이스에 말려들도록 만드는 데는 성공한 셈이다.

자 그럼, 여기서 마지막 내 자존심을 어떻게 지키느냐가 문제다. 나는 AD 재훈이에게 500불 중에 딱 20불을 빼고 달라고 했다. 재훈이가 허리 전대에서 꺼낸 땀에 젖어 눅눅해진 480불을 나는 당당히 후나이 코앞에 내밀었다.

"480불이 다야! 그냥 나를 20불 어치만 너희 본부에 넘겨!"

부패한 말단 정부기관에 맞서 나는 20불에 내 자존심을 지켰다. 아

후나이로부터 풀려난 후 썰렁한 분위기로 우리를 남은 목적지까지 데려다 주고 있는 보트운전수들.

니 그랬다고 생각한다.

　자존심이란, 지킬 수 있을 때 지키는 것이다. 상대가 누구든 상황이 어떻든 간에 자신만의 방법으로 지켜낸 자존심만큼 기분 좋은 게 또 있을까. 500불을 다 내놓기란 곧죽어도 내 자존심이 허락하질 않았던 것이다.

　그렇게 지긋지긋한 머리싸움을 하며 10여 년 간 쉬지도 않고 그토록 아마존을 들어갔던 이유는 딱 하나다.

　후나이가 그렇게 나를 쫓아내라고 할 때에 나를 친구라고 감싸준 수많은 인디오들이 있다는 것. 그 곳은 지긋지긋한 후나이의 땅이 아니라, 나를 기다려주고 나를 불러주는 내 친구들의 땅이기 때문이다.

2부 _ 아마존에 중독되다

달콤 쌉싸름한
애벌레

"에구머니나, 어떻게 벌레를 먹는대?"

TV를 통해서 애벌레를 너무나 맛있게 먹는 아마존 부족들의 모습을 본 시청자들의 첫 번째 반응이다.

아는 주변사람들을 만난 자리에서 나도 벌레를 먹어봤다고 하면, 그들은 또 백발백중 묻는 것이, "그래서 어떤 맛인데?"라는 것이다.

참 대답하기 힘든 질문이다. 이렇게 비유하자면 어떨지 모르겠지만, 과일이라고 해도 딸기와 포도와 복숭아가 그 맛이 다르지 않은가? 벌레들도 역시 달콤한 것, 새콤한 것, 고소한 것 등 모두 맛이 다르다.

이해하기 쉽게 개미를 예로 들자면, 개미를 입에 넣고 와작 하고 씹으면 꼭 오렌지 주스를 먹는 것 같은 새콤하고 달콤한 맛이 입안에 퍼진다. 그리고 이맛 저맛 틈새로 분명히 매콤한 맛도 섞여있다. 이 맛을 한 번 보고 나면 어느새 인디오들 틈에 앉아 개미의 허리 뒷 부분을 '콕' 하고 씹는 스스로를 발견하게 된다.

개미보다 훨씬 더 많이 먹는 애벌레들은 그 맛이 더 환상적이다. 인

개미를 입에 넣고 와작하고 씹으면 꼭 오렌지 주스를 먹는 것 같은 새콤하고 달콤한 맛이 입안에 퍼진다.

디오들의 최고의 간식인 '모호이'라는 애벌레는 말랑말랑한 촌따나무의 속을 파먹고 사는 녀석인데, 토실토실한 게 입에 넣고 씹으면 물컹하면서도 쫄깃쫄깃한 씹는 맛에다가 고소하기까지 하다.

인디오들은 깨끗한 나뭇잎이나 나무 속을 먹고 자라는 애벌레나, 이슬을 먹고 사는 곤충들을 아주 질 좋은 단백질 공급원으로 생각한다. 특히 이 모호이는 먼 길을 갈 때마다 나뭇잎에 10마리씩 나란히 싸서 끈으로 딱 묶어 도시락으로 만들어 간다. 아무리 애벌레로 만든 거라지만 겉보기에는 고급스러운 일식 도시락 저리 가라다.

이 모호이 도시락을 허리춤에 차고 배가 고파지면 서로 갖고 있는 모호이를 땅콩 던져 먹듯이 휙휙 던져주면서 깔깔대며 먹는 모습을 보고 있자면 어릴 적 봄소풍 때 친구들과 김밥을 나눠먹던 추억이 떠

오른다.

　모호이는 머리 부분이 딱딱한 껍질에 쌓여 있어 나처럼 문명인들에게 줄 때에는 머리 부분을 떼고 부드러운 부분만 건네 주지만, 정작 인디오들은 우리가 닭오돌뼈를 씹어 먹듯이 머리 부분을 오도독 씹어먹는 것을 더 좋아한다.

　모호이 말고도 많이 먹는 애벌레가 '구산요'라는 것인데, 구산요는 돈벌레 정도의 크기로 박달나무 같은 껍데기를 갖고 있는 피나무 속을 파먹고 자란다. 이 피나무는 장정들이 팔을 한껏 벌려 안으면 세 아름 반 정도의 굵기나 되는 굉장히 큰 나무인데, 이 나무의 껍데기를 벗기면 구산요가 한번에 한 되 정도 잡힌다.

　모호이는 씹어서 먹지만, 한 되씩 나오는 이 구산요는 꼭 아이스크

인디오들의 최고의 간식인 '모호이'라는 애벌레는 말랑말랑한 촌따나무의 속을 파먹고 산다.

림을 떠먹듯이 손으로 퍼먹는다. 구산요 역시 깨끗한 나무 속껍질을 파먹고 자라는 녀석이라 말 그대로 유기농 건강 웰빙식품이다. 대신 구산요는 잔 다리가 많아 씹기가 좀 불편한데, 대충 씹어서 넘기면 위 속에서 한참 구산요가 돌아다닌다는 인디오들의 말을 들은 후로는 아무리 귀찮아도 구산요만큼은 꼭꼭 씹어서 먹는다.

애벌레 중에 제일 큰 놈인 '모뻬이다'는 거의 15센티쯤 되는 소시지 크긴인데, 내가 알기로는 세상에서 가장 큰 애벌레다. 모뻬이다는 아름드리인데도 속이 연하고 단맛이 있는 '짜니쑤나무'의 꼭대기에 홈을 파서 나무 속을 갉아먹고는 톱밥 같은 배설물로 예쁜 집을 짓는다. 나무 꼭대기 위에 구멍을 뚫고 그 속에 살기 때문에 쉽게 발견하기도 어렵고 잡기도 쉽지가 않다.

모뻬이다는 새끼는 초록색이고 다 자라면 색이 거무튀튀하게 변하는데, 항상 모뻬이다를 잡을 때 보면 이 녀석들은 한 나무에 예일곱 마리가 부모와 자식들처럼 한 가족단위로 살고 있어서 신기하다. 집단생활을 하는 구산요나 모호이에 비해 핵가족 단위로 살고 있는 것이다.

이 모뻬이다는 워낙 그 크기가 커서 이빨에 힘을 꽉 주지 않으면 한 입 크기로 베어 물기도 쉽지 않지만 고소하고 상큼한 맛에 육질이 쫄깃쫄깃해서 인디오들이 정말 좋아하는 특별식 중에 하나다. 모뻬이다는 날로도 먹지만 뜨거운 불에 구워서 먹기도 하는데 한 마리만 있으면 몇 명이 한 입씩 베어 물고 20여분 동안은 질겅질겅 씹을 수가 있어 한 참을 입 속에서 육질의 맛을 즐길 수 있다.

아마존 인디오들은 생식을 할 수 있는 것과 없는 것의 차이를 놈들

담배갑보다 더 큰 모뻬이다는 내가 알기로는 세상에서 가장 큰 애벌레다.

2부_ 아마존에 중독되다

이 뭘 먹고사느냐에 따라 구분을 둔다. 원시림의 맑은 이슬과 깨끗한 나무 속을 먹고사는 것은 당연 음식이 된다.

그래서 애벌레뿐만 아니라 인디오들은 아주 특이한 곤충들도 애호한다. 과실수인 '과아마나무'의 잎새 뒤에 맺히는 아침이슬과 저녁 습기를 먹고사는 곤충 '이빠후레'를 날로 잘먹는데, 우리가 감잎차를 우려서 먹듯이 이슬에 스민 과아마향까지 빨아먹은 이빠후레의 몸엔 부드러운 과일향이 담겨있다.

정말 사람은 경험이 중요한가 보다. 처음에는 비위가 상해서 내 입에 들어가는 것도 아닌데 애벌레 먹는 모습만 봐도 속이 뒤틀리더니 한번 그 맛과 깨끗함에 설득되고 나서는 소나무에 붙어 있는 송충이만 봐도 아마존의 애벌레들이 생각난다.

원산지를 속여 한우가 아닌데 한우라고 속인 건 아닌지 광우병 파동에다 조류 독감 파동이니 학교급식 식중독까지 음식 먹을 때마다 아슬아슬 줄타기를 해야하는 우리네 사정과 비교해보면 깨끗한 나무

속만 파먹고 사는 자연산 애벌레를 행복하게 씹는 인디오들의 일상이 부러울 따름이다.

가끔은 서울에서도 구산요나 모뻬이다를 맛보고 싶다는 생각이 들 때도 있지만, 수익성이 있다고 하면 무슨 수를 써서라도 너도 나도 양식을 하지 않을까 하는 우려에다 인디오들의 중요한 단백질 공급원까지 씨를 말려버리지 않을까 싶어 그저 그런 생각은 생각으로 접는다.

애벌레도 애벌레지만, 정글에서 먹어본 음식들 중에 잊을 수 없는 몇 가지들이 있는데, 그 중에서도 내가 제일 좋아하는 건 까이망(악어)이다.

대부분 정글 악어는 1.5미터 정도의 크기인데 제일 맛있는 놈은 70센티에서 1미터 사이의 녀석으로 살이 게살 맛이랑 똑같아서 먹고 있으면 소주 한 잔이 간절하게 생각난다.

이 녀석의 꼬리를 넣어서 탕을 끓이면 영락없이 꼬리곰탕 맛이 나

 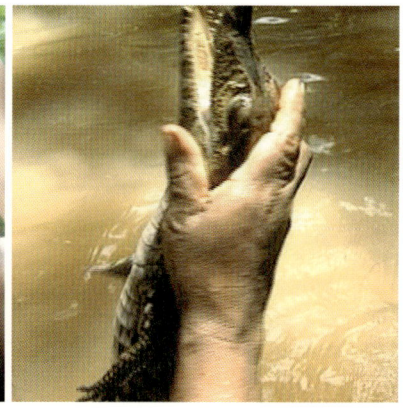

이빠후레, 메뚜기, 악어(왼쪽부터).

기 때문에 나는 아무리 촬영하느라 바빠도 이 악어 꼬리만큼은 양보하지 않는다. 한번은 촬영하느라 정신이 팔려 그 꼬리를 남에게 양보했다가 놓친 악어 꼬리 생각에 밤새도록 잠까지 설쳤던 기억이 있기 때문이다.

'따뚜'라는 아르마딜로도 삶거나 구워놓으면 씨암탉 가슴살 같이 구수하면서 감칠맛이 도는 게 생맥주 한 잔이랑 먹는다면 지상 천국이 따로 없지 않을까. 맛이 그 정도로 환상이니 가끔 동물 프로그램에서 보여주는 이 아르마딜로는 없어서 못 먹을 만큼 인디오들이 좋아하는 음식이다. 진귀한 음식인 만큼 그 사냥방법도 특이하다. 아르마딜로는 땅 속에 집을 짓고 살기 때문에 어디에 있는지 발견하기가 힘든 대신 피부에서 특이한 진액이 나온다는 헛점이 있다.

인디오들은 땅에 난 구멍이란 구멍에는 모조리 코를 박고 냄새를 맡아보다 어느 구멍에서 아르마딜로의 냄새가 났다하면 그 자리를 열심히 파서 안에서 멋모르고 쉬고 있던 아르마딜로를 잡아낸다.

'따뚜'라는 아르마딜로도 삶거나 구워놓으면 씨암탉 가슴살 같이 구수하다.

자고 있었는지 사색을 하던 중이었는지 모르지만 편안하게 있다가 잡혀 나온 녀석을 보면 좀 불쌍한 생각이 들기도 한다. 하지만 약육강식의 논리가 통하는 게 정글의 법칙이니 어쩌겠는가.

인디오들이 따뚜와 더불어 즐겨 잡아먹는 '과라'는 토끼만한 설치류로 떨어진 열매들을 주워먹고 사는데, 그 육질이 향긋하고 연하다.

또 하나 인디오들이 좋아하는 음식 중에 하나는 거북이이다. 물에 사는 '마따마따' 거북이는 병균이 많다고 먹지 않고, 자그마하면서 동그랗게 이쁜 정글 거북이만 먹는다.

아마존 인근 도시에서는 이 정글 거북이가 귀한 손님이 올 때마다 내 놓는 아주 중요한 음식인데 살은 물론 내장까지 다 먹기 때문에 맛도 맛이지만 버릴 것도 하나 없는 기특한 식재료다. 거북이 알은 임산부들에게 주는 최고의 보양식으로 임산부가 있는 집에는 몇 알씩 상비해놓는다.

이것은 솔직히 그냥 먹기에는 심하게 느끼하다. 하지만 다 입에 맞는 건 아니더라도, 아마존에만 있는 음식을 먹는 재미 역시 촬영일기에 빼놓을 수 없는 얘깃거리다.

만약 아마존에서 찍는 맛대맛 프로그램이 있다면 과연 나는 모호이 편에 서야할까 모뻬이다 편에 서야할까 하는 싱거운 상상을 해본다.

Give & Take
말벌알 사냥

아마존의 사냥 방법 중에는 워낙 특이한 것들이 많긴 하지만, 그 중에서도 유독 이해할 수 없는 것이 바로 말벌알 사냥이다. 아마존 인디오들은 말벌알을 무척 좋아한다. 메추리알 크기 만한 하얀 말벌알을 바삭하게 구워서 먹는데 그 맛이 쫀득쫀득 일품이다. 하지만 문제는 말벌알을 채취하기 위해서는 무시무시한 말벌과 한 판 승부를 벌여야 한다는 것. 사실 말벌침은 그 크기도 크거니와 쏘였을 때의 독이 치명적이기 때문에 상당히 조심을 해야 해서 나는 이 사람들이 어떻게 사냥을 할까 굉장히 궁금해하며 지켜보았다.

말벌알 사냥을 나간다며 시끌벅적하게 준비하는 소리가 난다. 그러더니 난데없이 저쯤에서 독을 품고 있는 작은 뱀 한 마리를 들고 온다. '벌 사냥에 웬 뱀?' 하고 의아해하는 나에게 뭔가 대단한 방법인 양 설명을 하는데, 얘기인 즉 먼저 뱀에 물리고 난 다음 그 독에 내성이 생기면 말벌 독쯤은 문제가 없다는 것이다.

'어허, 이것이 바로 대탐소실이라.'

큰 것을 취하기 위해 작은 것을 포기한다는 거창한 뜻 정도는 이해가 가지만 과연 신빙성이 있는지 괜한 의심이 되기도 하고 저렇게 까지 해서 꼭 말벌알을 먹어야 하나 하는 근본적인 의문이 내 머릿속을 뱅글뱅글 맴돈다.

손가락 굵기 만한 뱀 목을 부여잡고 제 손목을 뱀 이빨 틈에 밀어 넣는다. 찌릿하는 아픔이 느껴지는지 얼굴을 찡그리는 모습을 보고 있자니 내 얼굴도 같이 찌푸려진다. 믿거나 말거나 이제는 말벌에 아무리 물려도 괜찮다는 말만 믿고 그들을 따라가는 내 마음이 영 개운치만은 않다. 할인 마트에 가면 사시

말벌알 사냥전에 뱀의 독으로 내성을 생기게 한다.

사철 갖가지 음식들이 저마다의 가격표를 바코드와 함께 나란히 붙이고 있는 것이 우리들 사정이고 보면, 귀한 음식을 먹기 위해 제 손까지 물려가며 저리 비장하게 나가는 아마존 인디오들의 모습은 무모해 보이기도 하고 안쓰럽기도 하고 마음속에 만감이 교차한다.

자, 이제부터 본격적인 말벌 사냥이 시작된다. 말벌집 주위에 용감하게 다가가 땅 위에 불을 지핀다. 이렇게 불을 지피면 땅이 뜨끈뜨끈해지면서 말벌들이 도망을 가는데, 그래도 제 집 주위에서 윙윙거리며 한동안 반항을 한다. 예방주사를 맞은 인디오들이야 무엇이 두렵겠냐만, 난 커다란 말벌이 윙윙 스쳐갈 때마다 꽁무니를 내빼고 싶은 심정이다.

'이런 제길, 나도 속는 셈 치고 독사 주사 한방 맞을걸.'

때늦은 후회가 들기도 하는데, 돌연 엉덩이 부근이 뜨뜻해진다. 아뿔싸. 마침 카메라에 테잎을 갈아넣으려고 몸을 숙이는 순간 대바늘로 찔리듯이 크게 한방 쏘이고 만 것이다.

결국 그들 말대로 말벌들을 물리치고 전리품인 말벌알을 가득 담아 힘차게 돌아오긴 했는데, 말벌알 사냥의 희생자는 오직 나밖에 없다.

다행히 한번만 쏘여서 큰 탈은 없었지만 물린 부분이 갑옷처럼 딱딱해져서 그 후로 3일 동안 내내 엎드려서 잠을 자는 고충을 겪어야 했다.

작은 돌덩이를 살점 아래 박아 놓은 듯 점점 마비가 되어 가는 엉덩이를 쓰다듬으며 쫀득하게 구운 말벌알을 입에 집어넣는 동안 나는 생각했다.

나는 그동안 먹는 것을 너무 쉽게 생각하지 않았는가. 돈 몇 푼만 내면 쌀이며 반찬이며 바로 밥상에 올릴 만큼 살 수가 있고, 널린 게 밥집이고 맛집이라 자연에서 채취해서 내 입에 들어오기까지의 과정이 갖는 그 긴 여정을 너무 쉽게 생각하고 있었던 건 아니었나 하고 말이다. 먹을 것이 지천에 깔린 아마존에서도 인디오들은 더 귀한 음식을 먹기 위해서는 스스로를 희생하고, 그만큼의 댓가를 치를 각오를 하고 사냥을 한다. 그러기에 그 음식이 귀할 수밖에 없고, 우리처럼 음식물 쓰레기로 고민하거나 믿을 수 없을 만큼 오염된 식재료로 고민할 필요가 없는 것이다.

제 텃밭에서 씨앗 뿌리고 물 살뜰히 줘가며 푸성귀 하나라도 심어 본 사람은 안다. 자연이 선물한 먹거리가 얼마나 귀한 것인지. 자신의 정성과 사랑이 들어간 음식이 얼마나 소중한 것인지 말이다. 귀한 것을 얻기 위해서는 돈을 더 내면 되는 것이 아니라, 더 큰 노력을 기울여야 한다는 인디오들의 삶의 방식은 먹는 것에서부터 자연의 이치 그대로를 닮아 있다. 우리는 조금 더 편하게 살려다가 더 크고 소중한 것들을 잃고 있는 것은 아닌지. 대탐소실의 말벌 사냥을 떠올릴 때마다 드는 생각이다.

영혼의 울림,
분홍돌고래

페루 북부 아마존, 빠까야 싸미리아 정글에서 띠그레 강과 마라뇽 강이 합쳐지는 지점. 여기가 내가 처음 분홍돌고래를 만난 곳이다.

이 신비한 동물을 처음 본 순간은 누군가 내 머릿속에 지워지지 않는 문신을 새겨놓은 것처럼 지울 수도 없고 지우고 싶지도 않은 그런 기억으로 남아있다.

보트 옆으로 와서는 인사하는 듯 점프하는 분홍돌고래를 처음 만났을 때, 나는 실타래처럼 엉켜있는 촬영에 관한 스트레스와 과연 내 생각대로 스케줄이 따라줄까 하는 막연한 불안감, 그리고 열 시간을 넘게 작은 보트에 몸을 맡기고 가는 피로감이 뒤섞여 빨랫감이 가득 차 제 기능을 못하는 세탁기처럼 머릿속으로 쉼 없이 꺽꺽 거리는 트림을 내뱉고 있었던 순간이다.

해야만 하는 것과 할 수 있는 것의 차이 속에서 허덕이고 있을 때, 나는 그 소리를 들었다. 분홍돌고래가 가까이에서 뛰어오르며 '푸우' 하고 저 내장 깊은 곳에서 울려내는 그 숨소리는 15초에서 20초 정도의 긴 울림으로 내 귀를 통해 심장까지 전해지고, 그 소리는 신기하게도 듣는 순간 모든 것을 잊게 하는 힘이 있었다.

내 머릿속을 분주하게 뛰어다니던 해답 없는 질문들과 근거 없는 걱정들은 그 푸우~ 하는 깊은 숨소리에 날아가 버리는 것이다. 영혼을 쉬게 하는 소리! 그래서 아마존 사람들은 이 분홍돌고래의 영혼을 숭배한다.

인디오들은 '보뚜'라고 부르고, 미국인들은 '핑키'라고 부르는 이 분홍돌고래는 혼자 뛰어오르는 경우는 거의 없고 대부분 먹이를 찾기 위해 해가 뜬 직후나 석양이 질 무렵 가족단위로 뛰어오른다.

합강 지역에 있는 깊지 않은 지류 강바닥에 나뭇가지나 여러 가지 재료들을 가져다가 집까지 만들어놓고, 잘 때는 꼭 거기서 자는 걸 보면 가족도 있고 집도 있으니 내 팔자보다 훨씬 좋구나 라는 생각이 절로 든다.

분홍돌고래는 색도 색이지만 생긴 것도 다른 돌고래보다 뭉툭하다고 할까? 지진이 일어나고 지각변동이 일어나는 동안 아마존에 갇혀서 점점 몸 빛깔이 아마존의 붉은 물색으로 변해간 분홍돌고래는 아마존이야말로 정말 축복 받은 땅이라는 생각이 들게 하는 또 하나의 증거다.

정말이지 분홍돌고래는 기묘한 아름다움을 지니고 있다. 지긋이 뜨고 있는 눈을 보면 삶의 모든 면을 알고 있는 노인의 지혜를 머금고 있는 것 같기도 하고, 매끈한 피부로 천진하게 숨을 내 뿜는 걸 보고 있노라면 세상의 때가 하나도 묻지 않은 갓난아기의 순수함이 응결되어 있는 것 같기도 하다.

사람이 살아 생전에 잠시 그리고 일부 밖에 갖지 못하는 그 아름다움을 저 말 못하는 생명체는 한 몸에 모두 갖고 있는 것 같은 느낌. 왠지 옆에 가서 말을 걸면 내 고민을 더없이 편안하게 들어줄 것 같은 분홍돌고래의 그런 모습을 보고 있을 때마다, 나는 다시 태어난다면 꼭 아마존의 분홍 돌고래가 되고 싶다고 되뇌이곤 했다.

분홍돌고래는 아무리 봐도 질리지 않는다. 봐도 봐도 질리지 않는 것. 그렇게 분홍돌고래는 철저히 자연을 닮아 있다. 아마존 사람들은 이 분홍 돌고래를 신성한 동물로 여긴다. 아마존의 영혼이라고 생각하는 것이다.

그 생각은 단순히 토템이니 뭐니 하는 용어적 설명으로 정의할 수 있는 게 아니다. 그것은 누가 정해줘서가 아니라 보면 느끼게 되는 자연과의 교감 같은 것이다. 나 역시 분홍돌고래를 보고 있으면 동물이지만 인간인 내 영혼보다 분홍돌고래의 영혼이 훨씬 더 맑고 깊을 것이라는 확신을 갖게 되기 때문이다.

동물원에 갇혀 있는 돌고래가 생각난다. 조련사의 사랑을 듬뿍 받겠지만 어쨌든 수조 같은 공간에 갇혀 정해진 동작을 하는 그 돌고래들. 사람들은 자연에 와서 자연을 보는 것이 아니라 사람이 사는 곳에 자연을 가두고 자연을 감상한다. '자연을 가둔다'는 발상이 '자연을 보호한다'는 거만함이 되어 지금 우리가 안고 있는 수많은 모순들을 만든 것이 아닐까.

분홍돌고래는 물에서 솟구친 다음 몸을 비틀며 떨어져 큰 물보라를 일으킨다. 우리 배에서 50m쯤 떨어진 곳에서 먼저 한 마리가 도약을 하고, 곧이어 다른 돌고래가 도약을 하며 부드럽고 발그레한 배를 드러낸다. 그리고는 두 마리가 몸을 부딪칠 듯이 함께 도약을 하는 모습

분홍돌고래는 기묘하지만 친숙한 아름다움을 지니고 있다. 분홍돌고래를 만난 날은 온종일 이유없이 설레인다.

이 마치 싱크로나이즈드를 보는 듯하다.

분홍돌고래는 두어 마리씩 함께 이동하는 것을 좋아한다는 글을 읽은 적이 있는데, 대부분은 한 마리만 눈에 띄더니 이번에는 내가 운이 좋았다. 다른 한 쌍이 내가 보고 있는 한 쌍과 합류했다.

그들은 한 무리가 다른 무리 쪽으로 물고기를 몰아가는 방식으로 먹이 사냥을 하고 있는 것 같았는데, 분홍돌고래에게는 먹고 사는 문제마저 그저 놀이처럼 재미있어 보였다. 얼마나 좋을까. 산다는 것 자체가 저리 즐거울 수 있다면. 아마존을 떠나면 나 역시 사람들 틈에서 악을 쓰고 몸부림쳐야 한다는 사실이 내 머리를 스치자, 나는 분홍돌고래가 일으키는 물보라처럼 커다란 한 숨을 내쉰다.

분홍돌고래는 언제 봐도 처음 만난 그 순간처럼 늘 경이롭다. 너없이 선명하고, 더없이 기적적인 순간의 감동을 받는다. 단순히 피부가 분홍빛이라는 것만이 아닌 단 한번의 몸짓으로 단 한번의 물보라로 인간의 마음에 실타래처럼 엉킨 것들을 풀어주는 듯한 그 묘한 치유 효과. 그렇다. 나는 분홍돌고래를 통해 치료를 받고 있는 것이었다.

그래서 나는 분홍돌고래를 '영혼의 울림'이라고 부른다. 내가 한 시간에 수백만 원짜리 심리 치료를 받는다고 해서 지금만큼 평화로워질까. 이 순간이 지나면 나는 또 다시 전쟁처럼 살겠지만, 그래도 이 순간의 치유가 내 영혼의 더러움을 조금씩 씻어주지 않을까.

내가 죽어 내 시체가 방부제처럼 썩지 않는 것이 가끔 두려워지는 나는 영혼이 깨끗할수록 더 빨리 흙과 하나가 될 수 있다고 혼자 믿고 있다. 이 분홍빛 영혼은 나를 빨리 흙과 하나가 되게 해 줄 것이다.

얼마 전 힐링 포토라는 책을 본 적이 있다. 그럼 분홍돌고래는 힐링 애니멀이 아닐까. 가슴이 답답할 때면 보뚜의 은은한 숨소리가 듣고 싶다.

흡혈귀 군단, 모기

자, 머릿속에 누구나 한번쯤은 겪었을 그림을 한번 그려보자.

무더운 여름 밤, 속옷만 입고 방문, 창문, 현관문까지 온 문이란 문은 다 열어놓고, 대나무 돗자리에 이불도 없이 누워 잠을 청한다. 그래도 온 몸이 끈적끈적 삼복 더위에 몸은 괴롭기만 하다.

하지만 마침내 더위에 졸음이 승리를 거두어 모든 속세의 고난과 역경을 잊고 이제 막 젖과 꿀이 흐르는 꿈나라로 빠져들 무렵, '윙' 하는 소리가 귓가에, 그것도 귓속을 파고들만큼 가깝게 들린다.

순간 온몸에 소름이 끼치고, 모든 잠이 싹 달아나면서 결국은 몸이 벌떡 일으켜지고 자신도 모르게 험한 욕이 입에서 튀어나온다. 그 빌어먹을 흡혈 악마, 모기.

하지만 기뻐하시라 기뻐하시라, 그 윙윙거리는 모기 소리가 깜직하고 귀여운 애교로 들릴만한 이야기가 있다. 그 빌어먹을 여름철 도시의 모기가 말이다.

나는 아마존에서 여러 발 달린 생물들을 보면 섬뜩한 생각부터 든다. 아마존에는 유독 이렇게 발이 많이 달린 놈들 천지다.

아마존에 서식하는 곤충의 무게를 다 더하면 아마존에 살고 있는 사람들의 무게와는 비교도 안 될 정도라고 하니, 그 크기가 작다고 만만하게 봐서는 그 조그만 놈들에게 처절한 응징을 당하고 만다.

그 많은 곤충 중에서도 아마존의 모기는 단연 곤충 중의 으뜸이다. 누가 나에게 '넌 바퀴벌레와 모기 중에 어느 것이 더 싫어?' 라고 물어보면, '엄마가 좋아, 아빠가 좋아' 라는 물음만큼이나 대답하기 괴롭겠지만, 내가 더 두려워하는 녀석을 고르라면 두말 않고 모기를 꼽겠다.

아마존 여정은 말 그대로 24시간 모기와의 전쟁이다. 이 모기란 녀석들이 조직계보가 있어서 우두머리만 얼렁뚱땅 쓰러뜨리면 되는 것이라면 얼마나 좋을까. 일대일 맞짱에는 그나마 자신이 있는데 말이다. 끊임없이 때려잡아도 잡아도 밀려오는 이 놈들에게 계속해서 승부욕을 불태우기란 쉽지 않은 일이다. 해서 대부분은 나는 두 손 두 발을 다 들어버리게 된다. 그런데 이 백기 투항이 내 별 볼일 없는 자존심 하나 던져버리는 것이라면 얼마든지 무릎을 꿇겠으나, 그 투항 뒤의 고문과 상처를 상상하면 가히 쉬운 일도 아니다.

정말 거짓말 하나 안 보태고 지금껏 아마존 탐험을 해 오면서, 나는 모기가 한 번이라도 찔러대지 않은 땀구멍은 내 피부에 없다고 믿는다. 녀석들의 지치지 않는 고문, 그 처절한 상처는 당할 때마다 적응이 되는 것이 아니고 되려 당할 때마다 더 참혹하다.

그 쓰라리고 아픈 첫 경험은 바로 '쌍꾸도' 라는 하루살이보다도 작은 모기떼가 남겨 주었다. 이 녀석들은 몸집이 워낙 작고 떼를 지어 몰려다니는 데다 아마존 전역에 물이 있는 곳이라면 어김없이 우글거린다. 게다가 이 놈들은 떼로 다니면서도 어찌나 조용히 움직이는지 물리기 전까지는 내가 이 녀석들의 표적이었는지 조차 알 수가 없다. 소리 없는 공포! 녀석들은 소리도 없이 다가와서는 순식간에 수백 군데를 공격하고 가버리기 때문에 이미 알아채고 나면 살갗에 남은 건 이미 녀석들이 다녀간 흔적뿐이다.

게다가 무시무시한 이 녀석들은 피만 빨아갈 것이지, 그 와중에 내 살 속에 이물질을 뱉어 놓는데 내 몸에서는 한참 뒤에야 반항을 하느라 빨갛게 피를 맺는다. 그래서 하루 종일 정글에서 촬영하다 보면 얼굴과 목, 팔과 다리 등 보이는 곳이란 곳은 모조리 빨간 싸인펜으로 빽빽하게 점을 찍어 놓은 것처럼 징그럽게 변한다.

이렇게 피가 맺힌 것을 그대로 두면 곪아버리기 때문에 스텝들은 저녁마다 쭈그리고 앉아 원숭이 가족이 서로 이를 잡아주듯이 손톱 끝을 세심하게 세워 피를 터트린다. 너도 나도 없애야 할 상처가 수백 군데이기 때문에 이 작업만으로도 밤이 모자랄 지경이다. 나랑 같은 상처를 가진 동료들의 피로 물들어 가는 손끝을 보고 있자면 전우애 만큼이나 강한 동료애가 가슴 한 켠을 찌릿하게 하기도 한다.

어쨌든 이렇게 지독한 쌍구도에게 가장 호되게 당한 리포터는 중견배우 이호성씨다. 페루 남부 우림지역에서 사용하는 빼께빼께라는 보트를 촬영할 때인데, 이 보트가 물이 얕은 지류에서만 이용하는 것이라 촬영 장소가 이 쌍구도 녀석들에게는 최적의 서식지였던 셈이다. 우리는 이 강에서 일주일을 머물며 촬영을 했다. 그 기간 동안 쌍꾸도들은 한국에서 공수된 따끈따끈한 이국 음식을 푸짐하게 먹고 또 먹었으니 얼마나 좋았을까. 우리 모두가 이렇게 산 제물이 된 와중에도 특히 빼께빼께보트의 뱃사공 역할을 한 이호성씨는 가장 불쌍한 희생양이었다.

촬영기간 내내 얼마나 물렸는지 온몸이 피가 맺혀 빨간 깨밭처럼 변한 건 말할 것도 없고, 나중엔 눈, 코, 입술까지 팅팅 부어 얼굴조차 알아볼 수 없을 정도였다. 미안한 말이지만 나는 가끔 아무 생각없이 쳐다보면서 웃음을 참느라 혼났다. 그러면서도 내가 비교적 맛없는 피를 가진 인간이라는 것이 어찌나 고맙던지. 정말 심각한 상태였던 이호성씨는 곪은 부위에 아무리 약을 바르고 알콜로 씻어내도 차도가 없었는데, 신기하게도 페루 고산도시 쿠스코의 찬바람을 쐬자 그날 밤부터 상처가 조금씩 말라갔다. 그래서 다행이 공항에서 검역소로 끌려가는 운명은 면할 수 있었다.

페루 마누 정글.
리포터 이호성씨가 빼께빼께 보트를 젓고 있다.

쌍꾸도만 무시무시한 것이 아니다. 속칭 '주사바늘 모기'라고 부르는 '헤헨'도 그 전투력이 상상을 초월한다.

청바지도 뚫는 바늘 흡관이 주무기인 헤헨은 주로 밤에 불침을 놓는다. 다행히 그 위력만큼 크기도 제법 커서 모기장을 치면 공격을 피할 수 있지만, 방심하다가 한 번이라도 당하게 되면 상상을 초월하는 양의 피를 녀석에게 빼앗기게 된다.

안또끼 부족의 2층 구조로 되어 있는 전통가옥

2부_ 아마존에 중독되다

나는 헤헨에게 두 번 당한 경험이 있다. 첫 번째는 콜롬비아 안또끼 부족을 촬영하면서 원주민 전통가옥에서 잘 때였다.

안또끼족의 전통가옥은 이층구조로 되어 있는데, 아래에는 돼지와 닭을 키우고 그 위로 1.5m 높이의 통나무기둥 위에서 사람이 산다. 돼지와 닭이 사는 공간과 사람이 사는 공간 사이에는 얼기설기 깔아 놓은 판자 밖에 없어서 마치 동물과 사람이 복층 오피스텔의 아래 윗 층을 같이 쓰는 것 같은 정겨운 분위기가 물씬 풍긴다.

어느 날 밤 촬영을 마친 나는 해먹을 집 기둥에 단단히 매달고 그 위에 모기장을 정성스럽게 설치한 다음 편안한 마음으로 곯아 떨어졌다. 헌데 몇 시간 자지도 못한 새벽에 등 전체가 부항이라도 뜬 것처럼 얼얼한 것이 아닌가.

이 고통의 원인을 찾아야겠다 싶어 손전등으로 모기장 안을 비춰보지만, 아무리 봐도 모기가 침입한 흔적이 없다. 그것 참 희한하다고 생각할 쯤 옆 해먹에서 자던 리포터가 나처럼 벌떡 하고 일어나 '꽥' 비명을 지른다.

리포터가 가리키는 쪽을 보니 모기장이 쳐 있지 않은 해먹의 아래 쪽에 수십 마리의 헤헨이 제대로 날지도 못하고 버둥거리고 있다. 놈들이 떼로 내 등에 부항을 떴구나 싶어 째려보고 있는데, 이 녀석들 오랜만에 과식을 했는지 피로 가득찬 배가 몸집의 두 배나 되면서 터지기 직전이다. 저러니 날아다니는 게 본업이라고 해도 제대로 날 수가 있나. 미련 곰탱이들.

곤충이나 사람이나 과한 욕심은 끝을 부르는 법이다. 배 터지게 먹을 때는 좋았겠지. 잠깐의 만찬을 즐긴 모기들은 내 손바닥에 전멸

했다.

두 번째로 헤헨 모기에게 된통 당한 것은 페루의 마누 정글에서다. 유네스코가 동식물 및 조류 보호구역으로 지정해서 보존할 만큼 생태계가 그대로 살아있는 이곳은 엄청난 수의 귀한 동식물들이 서식하지만, 그만큼 모기들 역시 왕성하여 엄청난 규모를 자랑한다.

촬영 첫 날, 나는 어둑어둑한 새벽녘에 볼일을 보러 강가 숲에 나왔다. 잠이 덜 깨서 몽롱한 상태에서 일을 보기 시작하는데, 5초도 되지 않아 갑자기 엉덩이에 소름이 쫙 돋으며 마비가 오는 게 아닌가? 굳어 가는 엉덩이 근육을 추스르며 재빨리 수습을 했지만 이 녀석들 수십 마리가 동시에 찔러댄 내 엉덩이는 이미 내 엉덩이가 아니었다.

물론 나뿐만이 아니고 전 스텝이 볼일을 보러 갔다와서는 모두 남의 궁뎅이를 달고 오는데, 더 이상 당하다간 다들 오리 궁뎅이가 되는 것은 물론, 뻣뻣하게 굳어버린 엉덩이 때문에 도저히 일을 할 수가 없을 것 같아 나와 스텝 모두는 지상에서 정상적인 방법으로 볼 일을 보는 것을 포기했다.

해서 이것 참 말하기 부끄러운 일이지만, 다음 날부터 우리는 물살이 센 마누 강에 들어가 마치 좌욕을 하듯 일을 보았다. 내가 생각한 아이디어지만 정말 번뜩이는 재치가 아닐 수 없다. 천연 비데가 있으니 화장지도 필요 없고 모기 걱정도 없을 뿐더러 시원한 느낌까지 드는 것이 볼일 보는 시간이 이렇게 행복할 수가 있을까. 한가지 단점이 있다면, 정서적으로 한 사람이 들어가 일을 보고 난 다음에는 적어도 한 시간 정도는 지나야 다음 사람이 들어갈 수 있다는 것 뿐.

이렇게 무시무시한 모기 녀석들에 곤욕을 치르고 매번 욕지거리를 해 대지만, '아마존에 모기가 없다면 천국일텐데' 라는 생각은 하지 않는다.

만약 아마존이 사람에게 필요한 동식물만 서식하고 있는 곳이라면 그 곳이 보호할 가치가 더 높아질까? 절대 그렇지 않다. 자연의 진정한 가치는 사람의 기준으로 가늠할 수 있는 것이 아니질 않은가. 모기가 해충이라는 것 역시 우리의 기준일 뿐이니까.

모기의 입장에서 생각해보면 하루에도 엄청난 넓이의 정글을 없애 버리는 인간만큼 대단한 해충이 있을까.

아마존에서 그 흡혈귀들에게 피를 헌납하고 만신창이 몸이 되어 돌아오면, 도시의 윙윙 거리는 모기는 가소롭기까지 하다. 건방진 것들. 나는 가끔 이 녀석들에게 손바닥을 날리기 전에 한 마디 한다.

"짜식들, 나랑 상대하려면 아마존 가서 니들 형 불러와."

뜨거운 남자만 노리는 털진드기

이왕 모기 이야기까지 꺼냈으니, 털진드기에 관련된 이야기도 하는 것이 좋겠다.

털진드기와 나의 악연은 까나마리 부족을 촬영할 때 시작되었는데, 페루 페바라는 마을에서 아마존강의 지류 자바리 강을 따라 보트에 몸을 싣고 시속 60km 속력으로 1박2일을 꼬박 달리다보면 까나마리 부족이 사는 브라질 땅에 닿는다.

이 까나마리 부족은 강가에 바짝 붙어서 살기 때문에 공동 가옥인 말로까 대신 통나무로 만든 2층 집에서 가족 단위로 산다. 이들의 정글 거북이 사냥과 늪에서 하는 흙탕물 낚시가 흥미로워서 나는 리포터와 달랑 둘이서 그곳으로 촬영을 간 것이다.

강에 인접해서 살지만 까나마리 부족의 주요 활동무대는 강이 아니라 마을 뒤 늪과 초목지대의 정글인데, 이 곳에서 물고기, 거북이, 개구리, 유까(싱구족은 '만주오까' 라고 함) 등 필요한 대부분의 먹거리들을 얻는다.

하루 동안 주로 잘 먹는 음식재료들을 사냥하는 모습을 촬영하자고 했더니 남자 몇이 앞장서며 우리를 늪으로 안내한다. 그들은 늪에서 물고기와 개구리를 잡고 돌아오는 길에 거북이를 사냥할 요량을 하고서는 우리를 풀이 허벅지까지 찌르는 곳을 1시간이나 걷게 한 뒤 늪에 데려다 놓는다.

나는 유독 이런 초목지대에 오면 긴장을 하는데 정글 속에서 나타나는 왕개미나 전갈이나 독거미는 화끈하게 고통을 주는 반면 뒤끝이 없고, 초목지대의 곤충들은 실체도 잘 드러내지 않으면서 어느새 물고 도망가고 나면 그 후유증을 오래 오래 남기기 때문에 뒷맛이 여간 찝찝한 것이 아니다. 사람이나 곤충이나 만나서 확실하게 의견충돌이 있을지언정 뒤끝이 없는 관계가 쿨한 것이지, 만났을 때는 아무 문제없다가 뒤에 이러쿵 저러쿵 뒤끝을 남기면 그것만큼 짜증나는 것도 없는 법이다.

자바리 강 유역의 초목지대.

역시 불길한 예감은 틀린 적이 없다. 늪에 도착하자마자 나도 모르게 팔에 자꾸 손이 가는 게 내 팔을 찰싹 치기도 하고 쓱쓱 문지르게도 된다. 딱히 어느 곳이라고 말할 수 없는 광범위한 고통이 피부 전체를 안개처럼 뒤덮고 있다. 몸이 이상하긴 한데 어디인지 도저히 알 수가 없는 막막함. 없어진 팔이 가렵다는 심정을 조금은 이해할 수 있을 것 같았다.

티셔츠를 벗고 있는 리포터는 나보다 더하다. 왜 살갗이 따끔거리는지 영문도 모른 채 리포터는 타자한테 수신호를 보내는 3루 코치처럼 단 1초도 쉬지 않고 손으로 온몸을 치고 쓰다듬는다.

그 고통의 범인은 유충이었다. 아마존의 수많은 곤충들이 남겨놓은 유충은 드넓은 아마존 우림지역의 수풀 전체를 덮고 있다가 사람이나 동물이 지나가면 발산하는 열을 따라 살갗에 들러붙는다. 유충들의 표피는 날카로운 털로 뒤덮혀 있어 쐐기풀에 쏘인 것과 비슷하게 피부 전체를 따끔거리게 하지만, 이 고통이 정확히 어느 부위에서 시작되고 어느 부위에서 끝나는지 알 수가 없기 때문에 아픈 것보다 그 막막한 느낌에 신경이 곤두서는 것이다.

유충 때문에 정신이 혼미한 우리와는 상관없이 까나마리 부족의 남자들은 늪에서 창을 이용해 능숙하게 물고기를 잡고 있다. 창 끝은 물고기를 잡는 확률을 높이기 위해 삼지창 모양을 하고 있으며 삼지창을 던지는 표적은 물고기가 보골보골 뿜어내는 공기방울이다. 늪은 말 그대로 완전히 흙탕물일 뿐만 아니라 허벅지까지 빠지는 진흙으로 꽉 차 있어 한 걸음 한 걸음 옮기기가 약해빠진 문명인의 다리 근육으론 무리다.

강한 체력과 집중력을 요하는 까나마리 부족의 진흙탕 낚시

그래도 어떻게 해서든지 카메라를 들고 용을 써가며 낚시를 하는 모습을 뒤쫓아 찍다보면 두 세 방울 올라오는 기포를 향해 창을 던지는 것뿐인데도 신기하게 백발백중으로 삼지창 끝에 물고기가 걸려 온다.

이들이 주로 잡는 것은 납작한 붕어처럼 생긴 육식 물고기 '깡가끼'인데, 비늘까지 달린 몸으로 미꾸라지처럼 진흙 속을 헤엄치며 벌레를 잡아먹고 사는 녀석이라 그 맛이 독특하다.

그 찐득한 진흙 늪을 익숙하게 미끄러져 이동하는 인디오들을 정말 악으로 깡으로 30분을 넘게 기를 쓰며 쫓아다녔는데, 정신력도 필요 없다. 다리가 굴착기 모양으로 덜덜덜 떨리고 허리가 끊어질 것 같은 게 이대로 고집을 피우다간 카메라를 빠트릴 것 같다.

결국 늪 밖으로 나와서 촬영하는 방법을 택했는데, 나보다 한 살이 더 많은 리포터는 자기 몸 하나도 건사하기 힘든지 촬영 1시간 30분 만에 진흙탕에서 나름대로 투혼을 불태우고는 장렬히 탈진했다.

유충과 늪의 공격으로 기진맥진한 채 추장의 움막에 도착했다. 그 전까지는 불행의 서막이었을 뿐 문제는 이 때부터였다.

아마존의 불청객, 털진드기 '묵끄인'이 나를 겨냥한 것이다. 털진드기는 수풀 사이를 지나는 동물에게 옮겨 붙어 동물의 털 속에 침을 박고 제 몸에서 소화효소를 흘려내 사냥감의 피부를 녹여 버린다. 이 과정에서 놈의 고역을 받은 상대는 말로 다 표현할 수 없는 엄청난 가려움에 시달린다. 이 녀석이 유발하는 가려움은 머릿속까지 긁어버리고 싶을 정도다.

아까 낚시하러 가는 동안 수풀에 잠복해 있던 털진드기들이 바지

끝에 붙어 열의 진원지를 찾아 이동을 개시한 것이 내가 다시 마을로 돌아올 때쯤에 목표지점에 도달한 것이다. 도착과 동시에 본거지를 확보한 묵끄인은 본격적으로 작업에 들어가 피부를 갉아대며 알까지 낳는다.

극심한 가려움으로 어질어질하다. 이럴 때 누가 나에게 구구단이라도 물어본다면 2단도 못 외울 지경이다.

부위가 부위인지라 체면 살피느라 제대로 긁지도 못하고 그냥 바지 위로 슬쩍슬쩍 훔친다. 하지만 워낙 가려운지라 내 딴에는 안 들키게 슬쩍 한다는 게 남들 눈에는 아예 광고라도 하듯이 내 손이 바지춤을 떠나지 않는 것처럼 보이는 것이다.

부족들이야 내게 와서 "혹시 묵끄인에 감염됐냐"고 물어보며 걱정을 해주지만, 같이 온 리포터들은 나를 민망한 버릇이 있는 이상한 감독으로 생각하기 십상이다.

그렇다고 뜬금없이 "내가 아무런 이유없이 이 주변을 만지작거리는 것이 아니오"라고 말하기도 영 껄끄럽고, 실상을 말해본들 자신들이 겪어보지 못했으니 내 심정을 이해나 할까. 제대로 긁지도 못하면서 오해는 오해대로 받는 나만 답답할 뿐이다.

온갖 약초가 다 있는 정글에도 이상하게 이 묵끄인 치료제는 없다. 그도 그럴 것이 대부분의 부족민들은 사타구니를 가릴만한 옷가지를 입고 있지 않는 데다 늘 찬 물에 목욕을 해 대니 감염될 이유가 없다. 필요하지 않으니 그런 약초를 찾지 않은 것인지, 내가 묵끄인 때문에 고생하고 있어도 인디오들은 그 착한 눈만 끔뻑거리며 위로의 말만 전할 뿐이다.

묵끄인이 감염된 부분은 새끼손톱만한 빨간 점이 일렬로 늘어서 있어 내 몸을 내가 보는 데도 눈 뜨고 못 볼 지경으로 변해 있다. 한 곳을 문 것이 아니라 살을 녹여서 핥은 자리라 보고 있는 눈동자까지 간질거리는 기분이 들 정도다.

그 이후로도 묵끄인은 아마존에서 같이 촬영한 수많은 리포터들은 한번도 건드리지 않고 유독 나만 목표로 삼았다. 괴롭기도 하거니와 억울하기도 해서 이 묵끄인이야 말로 나의 아마존 촬영에 최대 고비 중 하나로 늘 이를 갈고 있었다. 몇 년 후 이 의문은 나와 같은 고통을 겪고 있는 한 독일 가이드를 만나면서 해결이 되었다.

이 가이드는 독일관광객들만 전문으로 데리고 다니는 정글 가이드로, 이 친구 역시 묵끄인이 그 수많은 관광객들은 다 곱게 놔두고 무더운 정글에서 긴 바지에 바지 끝까지 양말 속에 꼼꼼히 집어넣고 다녀도 어김없이 몇 시간 후면 민망하게 긁어대야 한다는 것이다.

왜 나에게만 신이 이런 시험을 주는가. 묵끄인 고행도 아니고 늘 이 문제로 고민을 했는데, 알고 보니 이 묵끄인은 유별나게 몸에 열이 많은 사람들만을 공격한다는 것이다. 내 체질을 내가 아니 그 말을 듣고 나서는 백 번 수긍이 가면서 그저 내 몸을 탓할 수밖에 없었.

털진드기 연고를 준비해 가면 되지 않느냐고 묻는 사람도 있다. 물론 사 가는 건 쉬운 일이지만, 연고조차 녹여버리는 아마존의 더위를 모르고 하는 말이다. 순진하게 털진드기 연고를 가져갔다가는 애꿎은 가방만 잔뜩 버릴 뿐이다.

묵끄인 덕분에 나는 촬영이 끝나고 나면 일을 제대로 해 냈다는 해방감보다는 묵끄인이 주는 이 지독한 가려움에서 벗어날 생각에 남들보다 몇 배의 해방감을 맛본다.

　왜 묵끄인은 사타구니에 열이 많은 사람들을 좋아하는 것일까. 심장이 뜨거운 남자를 좋아하는 것도 아니고, 하필이면 그 곳인지. 어디다 내 놓고 자랑하기도 거시기한 묵끄인의 취향에 내가 딱 맞는 인간이라니, 반갑지만은 않은 이야기다.

독을 이겨내면 약이 된다

'독한놈'이란 표현이 있다. 우리는 어떤 사람들을 보면 이런 말을 할까. 링 위에서 1라운드부터 쉴새없이 얻어터지고 몇 번을 쓰러지다가 결국 마지막 회까지 갔는데, 마지막 회에 상대방이 날린 회심의 펀치에 다시 한번 쓰러져서 '이젠 저 친구 끝이군' 이라고 모두들 생각하는 순간 비틀비틀 다시 일어나는 복서를 보면 아마 무의식적으로 이 말이 떠오르지 않을까.

이 말에는 일종의 '경외심'이 담겨있다. 상대방은 쓰러졌다가 맞을 것을 뻔히 알면서도 다시 비틀비틀 일어서는 녀석을 보며 경멸하듯 '독한놈'이라고 내뱉을지 모르지만, 속으로는 이제 다시는 만나고 싶지 않은 무서운 상대가 된다.

나는 진정으로 '독한놈들'을 아마존에서 보았다. 진짜로 자기 몸에 독을 쓰는 부족을 본 것이다. 그들을 보고 있으면 '저런 미친놈들' 이란 말이 절로 나오는데 왜 자신들을 그렇게 학대하는지 처음에는 도무지 이해할 수가 없었다.

마요루나 부족 남자가 개구리독을 빼고 있다.

마요루나 부족 남자들이 자신의 몸에 쓰는 독은 바로 무섭기로 소문난 개구리독이다. 손바닥만큼이나 큼지막한 개구리의 사지를 끈으로 매달아 대롱대롱 묶은 다음 회초리로 이따금 때리면서 거꾸로 몇 시간 놔두면 개구리 피부에서 스트레스로 인한 투명한 진액이 분비된다. 이 진액을 막대로 긁어서 통에 담아 서늘한 그늘에 한두 달 보관하면 개구리독이 완성된다.

어렸을 때 열심히 개구리를 잡고 좀 놀았다고 개구리독을 무시하지 마시라. 개구리도 다 같은 개구리가 아니다. 우리 주위의 논개구리와 비교한다면 아마존 독개구리들은 기분 상한다. 이렇게 만들어지는 독은 나름대로 맹독의 한 종류인지라 커다란 들짐승도 이 독에 쏘이면 살아남기 힘들기 때문이다.

이 독을 쓰는 의식은 중요한 사냥을 앞둔 전날 밤 전야제 때 행해진다. 사냥에 참가할 전사들은 유까를 삶은 물을 두어 사발 들이킨 다음, 심장에서 가장 가까운 부위를 불쏘시개로 살을 지지고 그 상처에다 침과 독을 섞어 집어넣는다. 구태여 심장에서 가까운 부위에 독을 찌르는 것은 섬뜩하게도 수초 내에 피를 타고 온 몸에 독이 퍼지게 하기 위함이다.

그때부터 전사들은 눈이 조금씩 풀리기 시작하다가 눈물이 고이면서 왠지 섬뜩한 광채를 발한다. 하지만 이 광채도 순간, 조금 지나면 개구리 독이 온몸에 퍼진 전사들이 오장육부가 뒤틀리는 고통을 느끼며 여기저기서 마셨던 유까 국물을 모두 토해내는 고통이 연출된다.

그들을 보고 있노라면 소주 서너 병과 함께 덤으로 양주 반병까지 꺾은 후 다음날 아침 변기통을 붙잡고 처절하게 몸부림치던 기억이 떠올라 애처롭기가 그지없다. 그나마 술은 마실 때는 기분 좋기라도 하지.

이렇게 독을 다 토해내고 나면 정신적으로 긴장이 풀리고 아직 조금 남아 있는 독기운에 슬슬 졸립기도 하여 깊은 잠에 빠지게 된다.

그리고 다음날 아침 잠에서 깨어나 사냥터로 출전한 전사들은 놀랍게도 엄청난 집중력을 보인다. 온몸에 기운이 넘치는 것은 물론이고, 창이나 화살을 쓰는 적중률이 평소의 배가 된다. 어찌나 쏘는 족족 다 맞추는지 아마존 양궁단 하나 창단하면 올림픽 금메달은 따 놓은 당상이다 싶다.

결국 이들은 독을 약으로 이용한 셈이다. 그런 모진 고통을 당하면서 괴로워한 보람이 있다. 독한놈들.

이렇게 거사가 있을 때 심신을 단련시키는 이들의 풍습은 우리의 모습과는 큰 차이점이 있는 것 같다.

예를 들어 고3 수험생이 집안에 한 명 있다 치면, 온 가족이 신경거스를까 상전 모시듯 떠받들며 모든 힘든 일을 열외 시켜주지만, 아마존 인디오들은 큰 일을 앞두고 있을수록 더 강한 정신력과 몸을 만들 수 있는 환경을 만들어줌으로써 당사자가 스스로에게 자신감을 가질 수 있도록 도와준다.

우리나라 고3 수험생들이여, 이제 100일 남았다고 조바심 내지 말고 효과 만점인 '개구리독'을 애용하시라. 시험 전날 집중력 향상에도 그만이다.

아마존 부족들은 고통을 피해가지 않는다. 다만 고통에 맞서는 방법을 찾고 이기기 위해 스스로를 어떻게 강인하게 만들지를 고민한다. 그것이 그 험난한 정글 속에서 자유롭게 살 수 있는 영혼의 자격이 아닐까.

가끔 부족 사람들이 나에게도 전사 의식을 권유할 때가 있다. 하지만 난 고3 수험생도 아니고 사냥터에 가는 전사도 아닌지라 아쉽지만 매번 두 손을 내 저으며 사양한다.

지금도 난 그들을 생각하면 마음속에서부터 우러나오는 경외심이 흠뻑 담긴 '독한놈들'이란 말이 무심결에 흘러나온다.

'중독'이 필요 없는 '삶'

아마존 인디오들에게 '코카잎'이란 존재는 없어서는 안 되는 중요한 식품이다. 코카를 잎 채로 입 안에 털어 넣으면 녹차 같은 맛이 나는데, 인디오들은 이 코카가 피와 정신을 맑게 한다고 믿는다.

내가 처음 안데스 고산부족 취재에서 이 코카잎을 봤을 때, 나 역시 대부분의 사람들처럼 이 코카가 '코카인'의 재료쯤 되나보다 생각을 했었는데, 이 코카와 그 코카는 전혀 다른 것이었다.

20여 가지 종류의 코카잎 중에 코카인 성분을 추출해서 마약으로 화학반응을 할 수 있는 코카잎의 종류는 2~3가지밖에 없다.

세계 어디서나 사람들이 코카콜라를 마시듯이 남미 전역에는 어디서나 코카잎을 마시거나 먹는 문화가 발달해 있다. 그래서 위로는 안데스의 고산족부터 저 아래 아르헨티나 가우초(목동)까지 코카차를 손에 들고 산다.

'코카잎'은 열대우림 정글에서 잘 재배되는 습성으로 보아 아마존에서 안데스로 건너갔을지 혹은 안데스의 고산지대를 원산지로 해서 바로 곁에 있는 열대우림으로 자연스럽게 옮겨왔을지 알 수 없지만, 우리가 외출할 때마다 지갑, 휴대폰, 열쇠를 챙기는 것처럼 정글 어디에서든 인디오들을 만나면 이들이 코카잎 가루, 모호이, 안빌(액체담배), 이 세 가지를 필수품으로 허리춤에 단단히 차고 다니는 것을 볼 수 있다.

오지에서 촬영하다보면 어렸을 적 일이 떠오르곤 하는데, 보통 여자 키 크기의 코카차 나무가 100평 정도의 코카밭을 꽉 채운 코카잎을 볼 때면 봄에 산에서 종일 딴 산나물을 이불 속창에 싸서 한 보따리 이고 내려오시던 어머니의 모습이 떠오른다. 어머니는 나물 중에서 특히 홑잎나물을 예찬하시곤 했다

봄에 제일 먼저 땅을 뚫고 나오는 홑잎나물은 겨우내 이파리에다 땅속의 기운을 모아두었기 때문에 먹어두면 일년 내내 무탈하다며 홑잎나물 무침을 한 절음 밥 위에 올려 주시곤 하셨다. 코카잎은 이파리의 생김새나 반들거리는 질감이 그 홑잎나물과 비슷하다.

고산지대나 내륙의 원주민들은 말린 코카잎을 씹거나 잘게 부순 코카잎에 더운물을 부어 찻물을 우려내서 마시지만, 아마존 인디오들은 코카잎을 가루로 먹기 때문에 강한 차 성분을 순화시키는데, '뚜루바' 라는 갈잎을 이용한다.

코카잎을 넓적한 토기로 만든 판에다 올려 불을 지피고 바삭바삭하게 말려 손으로 잘게 비벼댄 다음 코카잎의 독성을 중화시키기 위해 갈잎을 태운 재를 곱게 부셔 코카 부스러기와 섞는다. 그리고 길다란 나무절구에 넣고 찧어서 가루를 고운 천에 담아 흔들면 초록색 코카가루가 안개비처럼 날리며 내려앉는다.

코카밭에서 따낸 코카잎을 바구니에 담고 정글길을 걷고 있다. 코카콜라의 이름은 이 코카차에서 유래한다. 지금은 청량음료지만 처음에는 코카차 성분이 함유된 피로회복제로 약국에서만 판매했다.

잘 말려 빻은
코카가루에서는 녹차향이 난다.
이들은 이 가루를 입에 물고 산다.

싱구 아마존에서는 빠제만이 담배를 피울 수 있다. 그것도 해거름에만.

방금 구워낸 코카가루는 온기가 그대로 남아있어 짙은 차 향과 고소한 술밥 익는 냄새가 함께 묻어난다. 인디오들은 힘든 노동을 하거나 골똘히 생각에 잠겨야 할 때 지치지 않고 머리를 맑게 하기 위해 이것을 한 움큼씩 입에 털어 넣는다.

상대가 담배가루를 코로 불어넣는 순간 머릿속까지 찡하다.

또 하나 인디오들의 담배 문화도 꽤나 재미있다. 정글에서 나는 야생담배를 채취해서 갈잎으로 중화시킨 다음 빨대로 불어서 코에 넣어주는데, 이것은 아마존 특유의 코담배다. 이 코담배는 주로 북부아마존 인디오들이 애호하는데 축제 때면 남녀 불문하고 즐긴다.

인디오들은 우리처럼 담배를 단순한 기호식품으로 다루는 것이 아니라, 중요한 의식처럼 정신을 집중해야할 때 피거나, 부족에서 존경받는 빠제 이상의 사람들이 모여서 긴요한 이야기를 나눌 때에만 한정적으로 피우는 아주 의미있는 도구로 인식하고 있다. 그러다 보니 골초 소리를 듣는 나는 점점 흡연자가 설 땅이 좁아드는 문명인의 삶으로 돌아오고 나면 말로까 앞에서 추장과 함께 조용히 나눠 피던 담배맛이 생각날 수밖에 없다.

인디오들은 안빌이라는 액체 담배도 만드는데, 여러 가지 액체를 섞은 다음 거기에 담배를 녹여서 놔둔다. 얼마간 시간이 흐르면 이것이 그대로 고체가 되는데, 이렇게 굳은 것을 담아가지고 다닌다. 이 담배의 경우 특히 정신 집중하는데 효능이 좋다고 해서 추장이나 샤만같이 중요한 역할을 하는 인디오들이 자주 사용한다.

페루의 안또끼족이나 보라 부족의 경우 여자아이들의 초경이 끝났을 때, 이 액체담배인 안빌을 물에 타서 먹이는데, 이것을 마시고 토하고 나면 여자아이의 몸이 정화된다고 믿는다. 위에 있는 것들을 토해내면서 과거의 자신과 결별하고, 성인이 되는 의식에 담배를 사용할 정도로 아마존 인디오들에게 담배는 신성한 식품이다.

이들은 문명인들처럼 담배에 중독되지 않는다. 그들은 담배의 특정 성분이 가진 효능을 자신들의 의식과 삶에 필요한 만큼 이용할 뿐, 목적 없이 필요 이상으로 피우지 않기 때문이다. '필요한 만큼 취한다'는 그들의 방식은 수많은 문명인들을 중독시킨 '담배'의 중독성 앞에도 완벽하게 스스로를 자유롭게 만든다.

인디오들은 술로부터도 자유롭다. 아마존 인디오들은 오래 전부터 유까나 과일 등을 발효해서 저장음식으로 먹었다.

매일 먹는 까사베(일종의 빈대떡인데, 싱구에서는 '비쥬'라 함)의 재료인 만주오까 가루를 반죽해서 메주모양으로 만들어 시큼한 향이 돌 때까지 하루 이틀 그늘에 묵혀 두면 살짝 삭으면서 발효가 되어 비쥬를 잘 부풀게 하고 혀끝에 새큼한 향을 느끼게 한다. 또 과일이나 열매와 함께 넣어 삶아 두면 과일 요구르트 맛이 나는 비타민 보충 음식이 된다.

그런데 만주오까로 만든 '누까가(식혜)'에 꿀을 섞어 바로 먹으면 시원한 꿀식혜겠지만 열흘정도 묵혀 놔두면 아주 약한 2도 정도의 술맛이 난다. 이렇게 약하게 술을 담궈 먹는 부족들도 있지만 술이라기보다는 신선한 피로회복 음료수 정도일 뿐이다.

내가 10년 동안 안데스와 아마존을 취재하며 발견한 것 중에 특색 있는 공통적인 문화가 있다. 이 둘의 문화 중 일맥상통한 문화가 딱 세 개가 있는데, 담배, 코카, 그리고 야생 목화다.

언제부터 언제까지 안데스와 아마존이 서로의 문화를 교류했는지 알 수 없지만 너무나 닮아있는 이 세 가지를 보면, 내가 인디오 아기들의 엉덩이에 선명하게 박혀 있는 몽고반점을 보고 친근감을 느끼듯이 안데스와 아마존의 부족들도 그런 감정을 느낄지 모를 일이다.

실제로 페루 쪽에 있는 아마존에 들어가면 안데스에서 본 것과 똑같은 면화를 재배하는데, 그 중에 몇몇 부족은 안데스 부족들이 베틀로 옷감을 짜는 것과 마찬가지로 간단한 베틀기로 베를 짜서 옷을 만들어 입는다. 다만 덥고 습한 정글지대인지라 안데스 쪽처럼 화려한 문양을 넣지는 않고 순백의 옷감 그대로 목 부분만 간단하게 구멍을 뚫어 시원하게 입는다.

일반적인 아마존 부족에도 베틀이나 직물재료가 있긴 하지만 대부분 '찬비라'라는 식물의 속살을 이용해 해먹을 짤 뿐이다. 그런데 페루 쪽 아마존은 찬비라 대신 목화를 사용하고 해먹대신 옷을 짠다는 게 다르다. 싱구 부족들은 옷이란 개념조차 없는데 비해 똑같이 더운 환경에서도 페루의 마치겡가라는 부족은 목화로 두툼하게 옷을 만들어서 입으니 거참 사람 몸이라는 게 적응되기 마련인가 보다라는 생각이 든다.

이런 문화는 안데스와 가깝거나 구릉줄기를 타고 이어져 있는 정글에 사는 페루 아마존 부족들에게만 나타나지만, 한동안 안데스와 아

북부 아마존의 많은 부족들은 찬차마 속껍질로 만든 옷을 입는다.

마존 사이에서 서로의 문화적 교류가 활발했던 것 같다. 다만 이런 문화는 다른 부족들은 받아들이지 않은 것으로 보인다.

이들이 서로의 문화를 받아들이고, 전해주는 것을 보면 지금 현재 우리 문명인들의 문화 교류와는 상당히 다른 것을 볼 수 있다.

정신없이 받아들이다가 사대주의라고 낙인찍히고, 전통을 지킨다고 하다가 남의 것은 제대로 보지 못해 지금에 맞게 제 때에 변화시키지도 못한다. 무엇을 지키고, 무엇을 버려야하는지 전체 사회의 공감대로 결정되는 것이 아니라 몇몇 지식인들이 이슈화하거나 몇몇 사람들이 만들어 내는 시류에 이리저리 휩쓸려 다니는 식이니 전통도 유행을 타고 문화교류에도 정책이 필요한 것이다.

하지만 아마존 인디오들의 문화 교류는 그저 자연스러울 뿐이다. 필요한 것은 받아들이고, 받아들이고 나서는 자신들에게 맞게 변화시킨다. 남의 문화든 자신들의 전통이든 무조건 받아들이거나, 억지로 지키지 않고 삶 속에 자연스럽게 녹여버린다. 그러니 그들의 문화와 전통이 자신들만의 색을 가지고 있고, 근접한 부족들끼리도 서로 다른 자신들만의 특색을 갖고 있는 게 아닐까.

문명인들은 자국의 '전통'과 '문화'에 자부심을 가져야 한다고 교육받는다. 돈을 내고 박물관에 가서야 과거의 역사를 느끼고 정부는 전통을 보호하고 수집하지만 일상 속에 살아있는 문화가 아닌 이상 생명이 빠져나간 박제처럼 공허할 뿐이다.

카메라로 온 부족사람들이 함께 즐기는 축제의 아름다운 모습을 촬영할 때마다 나는 생각한다.

나는 도대체 내 나라의 문화 중에 이들에게 보여줄 수 있는 것이 뭐가 있는가? 아무리 주머니를 뒤져보고 만져봤자 개뿔도 없다.

　이곳 인디오들은 누구나 제 부족의 전통 춤을 추고 소리를 하고 옷을 만들 수 있고 대대로 내려온 정신과 격언을 가슴 깊이 새기고 생활 속에 실천하고 있지만, 우리는 교과서로 역사를 배우고, 전통을 계승하는 것도 '전공과목'처럼 분업화되어 있다.

　국악을 전공하지 않은 이가 어찌 이들에게 판소리 한 자락을 불러줄 수 있으며 사물놀이를 배우지 않은 사람이 여기서 장구 한 장단을 놀아줄 수 있겠는가.

　한국인으로 수십 년을 살아온 나지만 여기의 10살 박이 아이보다 제 전통문화에 대해 보여줄 수 있는 게 없다. 온 부족이 함께 추는 춤을 찍고, 그들이 함께 부르는 노래를 촬영하고 있다보면, 내가 우리의 탈춤이라도 추고 장고라도 연주하는 것을 보여줄 수 있다면 얼마나 좋을까 싶은 생각이 절로 든다.

　내가 이들에게 알려줄 수 있는 문화라는 게 내 입에서 술술 나오는 우리말이 전부라니 내 속에는 그렇게 대한민국의 문화는 없고 산업만 남아 있었다.

　OECD 회원국의 국민이라고 자랑하면 무엇하나. 이들만큼 자신이 속한 사회에 대한 정체성이 없는 것을.

간통은 미친 짓이다

북부 아마존에 갈 때마다 참 재미있다고 느끼는 것이 '간통죄'를 인정해야 하느냐 하지 말아야 하느냐에 대한 오랜 논란이다.

왜냐하면 '간통'이라는 것이 죄가 되느냐, 되지 않느냐에 대한 근본적인 물음은 북부 아마존에서는 콧방귀도 뀌지 않을 만한 우문이기 때문이다.

한번은 마따피 부족의 추장 부인과 농담을 나누는데, 나이 지긋한 그분이 소싯적에 부족 총각들 중에 자기가 같이 안 잔 남자가 없다며 본인이 얼마나 인기가 많았는지 걸쭉하게 농을 풀어놓는 게 아닌가.

어찌나 자랑스럽게 얘기하는지 나도 재미있게 듣다가 나 역시 농을 섞어서, "그럼, 결혼하고 난 후에는?" 하고 웃으며 물었더니, 정색을 하고 단호하게 "절대!"라고 말하는 것이다.

요즘이야 이야기가 많이 달라졌지만 '혼전 순결'이라는 단어가 아직도 존재하고 결혼 후에 어떻게 하면 남편과 아내의 '바람기'를 잡아야 하느냐에 대한 고민이 난무하는 우리와는 다른 상황이니 재미있

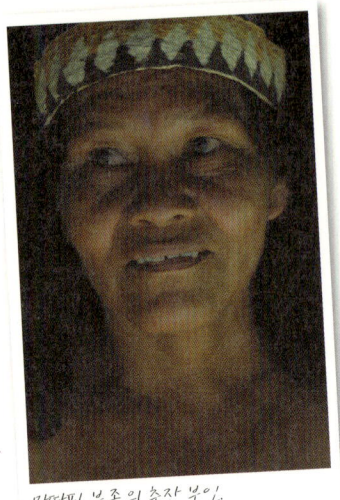

마따피 부족의 추장 부인.

는 일이다.

　드라마의 단골 소재가 '바람'이고 '불륜'인 게 우리네 사정인데, 그들에겐 '간통'이라는 단어조차 존재하지 않을 만큼 결혼이라는 걸 딱 하고 나면 당연하다는 듯이 온갖 바람기들이 확 뿌리가 뽑히니 그것 참 신통한 일이다 싶어 그 이유를 물었다.

　가장 큰 이유는 '간통'에 대한 전통적으로 이어져 온 무서운 처벌 때문이다. 만약 발각이 되는 날에는 여자의 남편은 굵고 단단한 피나무 몽둥이로 아내의 마음을 빼앗은 남자를 단 한 대 후려칠 기회를 얻게 된다. 대부분은 급소를 정통으로 맞아 즉사하지만, 분노로 이글거리다 제대로 치지 못해서 상대가 상처 없이 살아날 수도, 평생 불구가 될 수도 있다. 물론 살아난다고 해도 부족에서 영영 추방되지만 말이다.

보기에도 섬뜩한 좀따나무 가시.

　그래도 살아날 가능성도 있다고 안심할 것도 못된다. 그것도 부족 나름이지, 어떤 부족에서는 아예 매장을 해버리기도 하고 성불구를 만들어버리기도 하니까 말이다.

　여자 쪽으로 넘어오면 그 잔혹함이 호러 영화 이상이다. 여자의 경우에는 남편의 가족들이 모조리 몰려와 몰매를 때려 결국 죽음에 이르게 하거나 남편이 아내의 몸에 아주 굵은 가시가 박힌 촌따나무를 넣어 죽여버린다.

이쯤 되면 간통에 '간' 자도 안 나올 만한 게 당연하다는 생각이 들지만, 이렇게 엄청난 형벌이 가능하게 된 것 역시 간통에 대한 부족들의 인식 자체가 상상을 초월할 정도로 완고하기 때문이다.

만약 그것이 죄인가 죄가 아닌가라는 인식의 차이가 부족들 사이에 있었다면, 그런 무지막지한 형벌이 생겨났을 리도 없고, 혹 그런 전통적인 형벌이 존재했더라도 이제는 그저 말뿐 사라졌을 것이다. 하지만 이런 간통에 대한 부족들의 공통된 인식이 없었다면, 한 아내와 한 남편만을 바라보고 산다는 것도 불가능했을 것이다.

일생에 한번 호화로운 웨딩드레스와 턱시도를 입고 엄청난 돈을 들여 예식을 하고, 일가 친척은 물론 뭐 어쨌든 웬만큼 아는 사람이면 모조리 청첩장을 돌려 모아놓고 검은 머리 파뿌리가 될 때까지 서로만 바라보며 살겠다고 만세삼창까지 해가며 다짐한 우리는 상대나 본인의 '외도'가 항상 골칫거리인데, 결혼식이랄 것도 없는 이들은 어떻게 서로간의 부부의 예를 이토록 잘 지키는 것일까?

간통에 대한 무서운 처벌 외에도 그것은 불륜과 로맨스를 저울질하는 미디어도 없고, 서로 웬만큼 다 벗고 다니니 남의 남자와 여자에 대한 호기심도 생길 리가 없으며(이 때문에 실제 싱구족은 혼전 성관계는 상상도 하지 못한다), 무엇보다 결혼은 미친 짓이라고 공공연히 부르짖는 대신 결혼은 축복이고 그 축복을 깨는 간통은 미친 짓이라고 생각하는 그들의 진한 의리 때문이 아닐까.

친구나 부부나 그 관계를 유지하는 데 정말 필요한 건 사랑과 배려를 넘어선 끈끈한 의리라고 믿으니까 말이다.

엔돌핀 순환장애의
특효약

아마존에서의 나와 도시에서의 나. 이 두 모습을 모두 본 사람들이라면 대뜸 날 두고 '두 얼굴의 사나이'라고 말한다.

아마존에서의 내가 농담에 농담을 계속하는 시트콤 속 주인공 같다면, 서울에서의 나는 청문회에 끌려나온 비리 의원처럼 묵묵부답, 꿍한 무표정으로 일관하는 재미없는 사람이기 때문이다.

그 이유는 딱 하나다. 아마존에서는 나를 보며 그들이 웃어주기 때문에 웃는 것이고, 서울에서는 아무도 나를 보며 웃지 않기 때문에 나도 웃을 수 없는 것이다.

많은 사람들이 궁금해한다. 말도 통하지 않는 아마존 인디오들과 어쩌면 그렇게 금방 친해지냐고. 10년 지기 친구라도 언제 뒤통수를 맞을지 모른다고 생각하는 게 서울을 사는 사람들의 상식이고 보면 이해하기 힘든 게 당연하다.

하지만 아마존 인디오를 직접 만나보면, 친구란 말이 통해야 되는 것이 아니라는 걸 알게된다.

땅콩을 먹는 나를 보고 여자들이 자지러지게 웃는다. 나는 그저 입 속에서 '따각' 하는 소리를 냈을 뿐인데, 나를 보며 그렇게 웃는 것이다.

나는 이상한 마음에 또 해 본다. '따각!' 하면 '꺄르르르~' 웃는다. 또 '따각!' 하면 '꺄르르르~' 웃는다. 무표정하게 입 속에서 따각거리는 내 모습이 그렇게 그들을 웃긴 것이다.

마치 낙엽 구르는 소리만 들려도 웃는다는 여고생처럼 정말 그들은 그렇게 작은 일들에도 환하게 웃는다. 아마 개그쇼 방청객으로 데려간다면 최고의 몸값을 받을지도 모른다.

그렇게 잘 웃는 이들을 보면 나도 웃게 된다. 개인기도 필요 없고, 위트와 해학으로 무장한 고급유머도, 어디서 열심히 외워온 말장난도 필요 없다. 고갯짓 한번 눈썹 찡그림 한번으로도 그들은 기분 좋게 웃어준다. 힘들여 웃길 필요가 없으니 자연히 농담도 쉽게 나오고 나도 별 것 아닌 일에 웃게 된다.

가학적인 타인 망가뜨리기 프로그램이나 자극적인 개그쇼 모두 이곳에선 필요 없다. 누구나 세계 최고의 개그맨이고 누구나 세계에서 가장 잘 웃는 관객이 된다.

아마존에서는 사람을 웃긴다는 게 얼마나 기분 좋은 일인지 내가 다른 사람을 즐겁게 해준다는 게 얼마나 유쾌한 일인지 실감하게 되는 것이다.

그들에겐 웃으면 웃는 거지 비웃음이라는 게 없다. 하지만 서울에는 웃음에도 종류가 있어서 아마존에서 웃듯이 마구 웃다간 오해받기 십상이다.

　그래서 나는 서울에 오면 잘 웃지 않는다. 농담을 하려면 반응을 생각하게 되니 농담을 포기하게 되고, 결국 두 얼굴의 사나이 중 나머지 한 쪽인 재미없는 사람이 되는 것이다. 너무 안 웃었더니 내 몸 속의 엔돌핀 순환이 영 좋지 않다.

　혈액순환장애에는 은행잎이 좋다던데, 엔돌핀 순환장애엔 아마존 인디오들의 웃음이 최고의 명약이다.

　따각! 꺄르르르, 따각! 꺄르르르. 아무래도 땅콩 한 봉지를 들고 야르보 부족(이 부족은 여자들만 모여 사는 부족이다)에게 다녀와야겠다.

사라지지 않는 침략의 증거, 혼혈

콜롬버스의 위대한 신대륙 발견은 원주민에게는 청천벽력 같은 백인들의 침략사이며, 이곳 아마존 역시 유럽백인들이 몇 세기에 걸쳐 95%의 땅의 주인들을 거의 모두 살육해온 슬픈 역사가 담겨져 있다.

1500년, 아마존 인디오들 가운데 브라질 영토의 아마존에만 400~450만 명의 인디오들이 살았고, 1600년까지도 거의 400만 명이 있었다. 1600년, 그 당시 서유럽의 프랑스 인구가 8백만, 영국이 6백만, 포르투갈이 150만 명이었던 시기였으니 인디오들의 그 수가 엄청난 것이었다. 그 후 인디오의 수가 급속히 감소하였고, 지금은 아무리 많게 보아야 약 10만 명(싱구의 14개 부족과 아마존 일대에 퍼져있는 약 150개 부족) 가량의 인디오들이 남아 있을 뿐이다.

수많은 인디오들을 무자비하게 줄여버린 문명의 침략, 고무와 황금을 위해 인디오들을 학살하고, 학대하고, 고문했던 그 지저분하고 처절한 역사는 시간이 흐르고 흘러도 역사책 어느 구석에서도 찾아볼 수가 없다.

하지만 그것은 인디오들에게는 지나간 역사의 한 페이지가 아니라 숨길 수 없는 흉터처럼 현재에도 계속해서 아픔을 기억하게 하는데, 그것이 바로 그들 사이에서 끊임없이 태어나는 혼혈아들이다.

고무나무액을 채취하기 위해 윈체스터총으로 무장한 백인들은 인디오들을 노예로 부리면서 심심풀이로 그들의 머리를 날려버리는 놀이를 하고, 생식기를 쏘아 맞추는 오락을 하고, 그저 파티의 흥을 위해 인디오들을 사냥개들의 먹이로 물려 죽이고, 고무나무액을 긁는 게 게으르다는 이유로 안따가죽으로 만든 채찍으로 때려죽이고, 그렇게 노동력을 착취하던 유럽인들은 수많은 인디오들이 순식간에 죽어나가자 새로운 노동력을 생산하겠다며 인디오 여자들을 가둬놓고 임신을 할 때까지 강간을 해댔다. 그렇게 해서 태어나는 남자아이들은 다시 노동자로 쓰고, 여자아이들은 버리거나 죽였다니, 그 말을 들으면 그들의 조상은 도대체 사람이었을까 하는 의구심이 생긴다.

그 당시 열대우림의 킬링필드 보고서에는 고무나무 1톤에 원주민 7명의 목숨이 바쳐졌다고 적혀있다. 그 잔혹한 역사는 다행히도 100년 전에 끝이 났지만, 그 침략의 증거만은 아직까지 인디오들의 피 속에 남아 흐르고 있다.

정말로 섬뜩한 것은 멀리서 봐도 완전히 유럽인의 모습을 하고 있는 이 혼혈아들이 몇 대를 거쳐 한번씩 꾸준히 등장한다는 것이다. 자신들의 부모는 물론 몇 대 조상까지 어김없이 인디오였건만, 어느 틈에 부모의 피부색과 이목구비, 눈동자의 색까지 전혀 다른 돌연변이 같은 백인아이가 태어난다. 마치 자신들의 치욕스런 역사를 잊지 말라는 경고장이라도 보내듯.

그리고 더욱 불행한 것은 그 혼혈아들의 삶이다. 왜 그런지 다들 태양을 못 볼 정도로 눈이 약해 한낮에는 말로까 안이나 그늘 아래 쪼그리고 앉아 있다가 밤에만 돌아다닌다. 왜 지난 역사의 천형을 아이들이 받아야 하는지, 나는 그들을 볼 때마다 근원을 알 수 없는 복수심에 온몸이 소름이 돋는다.

덩치는 우람한데 성기의 형태가 거의 없으며 목소리나 하는 행동이 여성스러운 중성인들을 볼 수가 있다.

이런 혼혈아 외에도 이런 지독한 침략 이후 고립되어 있던 아마존 부족들 중에는 근친상간으로 인한 정신지체아나 중성들이 많이 태어나서 문제가 되고 있다. 유럽인들을 피해 깊숙이 도망간 부족들이 다른 부족들과 교류를 갖지 못해 근친상간이 성행하기도 했고 유럽인들이 아마존 부족들을 고립시키는 바람에 어쩔 수 없이 근친상간이 이루어지기도 했는데, 간혹 부족들을 촬영하다 보면 덩치는 우람한데 성기의 형태가 거의 없으며 목소리나 하는 행동이 여성스러운 중성인들을 볼 수가 있다.

이렇게 피를 타고 이어져 오는 침략의 증거는 아마존을 파괴시키는 가장 근본적인 저주다. 환경오염이 시작된 그 시초도, 아마존 인디오들의 수가 급속히 줄어든 것도, 인디오들이 후나이와 같은 정부의 간섭과 보호를 받아야 하는 말도 안 되는 시스템도 모두 그들만의 축제

유꾸나 부족의 떼로 그라우.
47살. 얼마나 외로운 삶을 살았을까.
겉모습은 유럽인과 같다.

이자 그들만의 발견이었던 '신대륙 발견', 그때부터인 것이다.

그나마 다행인 것은 그래도 이 부족 사회에서는 이들의 남다름을 그저 편안하게 받아들여 준다는 것이다. 문명인들처럼 남의 아픔을 이야깃거리로 팔거나 수군거리지 않고 같은 인간으로 대해준다는 것이 고마울 따름이다.

'피는 못 속인다'는 말, 아마존의 혼혈아들을 보면서 가장 싫어진 말이다. 언제쯤 이 천형의 고리가 끊어질까. 부디 그 날이 빨리 오길 빌 뿐이다.

자연에서 생긴 병은 자연으로 치유한다

아마존의 약초처럼 신비한 것이 있을까?

아마존 부족들은 소화제부터 종합비타민, 피임약, 비아그라까지 모두 다 약초로 만들어낸다. 신비하게도 각 약초의 효능은 물론, 그 약초들을 조합했을 때 나타나는 화학작용의 결과까지 정확하게 알고 있다. 나 역시 이런 신비한 약초의 효능을 몇 번이나 체험했기 때문에 서울에서 여기저기가 쑤시고 아픈 지인들을 보면 아마존의 몇몇 용한 약초들이 생각나곤 한다.

나는 관절염이 심해서 해외 취재 시 세 번에 한 번은 절뚝거리며 촬영을 할 정도다. 이럴 때마다 인디오들은 늘 '말바'라는 식물의 잎사귀를 우려서 거기에 내 발을 담가 주물러 주는데, 이 약초의 소염작용이 얼마나 뛰어나든지 담그고 있는 것만으로도 아픈 게 많이 풀어진다.

정말 신기한 것은 이 말바잎을 우려낸 물에서도 근육통에 바르는 그 안티푸라민 냄새가 난다는 것이다.

10여 년 간 아마존을 촬영하면서 인디오들의 약초 신봉자가 된 나는 '우냐 데 까또(고양이 발톱이라는 뜻)'라는 나무껍질을 우려서 차로 마시곤 하는데, 지금까지도 촬영 스트레스로 피가 탁해져 생기는 피곤과 짜증을 달래는 명약이라고 믿고 있다.

특히 조상대대로 고양이 발톱의 효능을 잘 알고 있는 페루 정글의 시뻬뽀 부족은 구릉에 이 나무를 잔뜩 키우고 있고, 아마존 강줄기에 붙어 있는 페바라는 따니무까 부족마을 주변의 정글엔 '빠소 데 빠카(소발굽이라는 뜻)' 나무가 많이 자생한다.

백혈병 같은 혈액관련 질환을 앓고있는 사람들은 '빠소 데 빠카'의 속껍질을 우려낸 물과 40도 이상의 독주를 섞어서 매일 한 잔씩 마시면 효험이 있다고 한다. 이 효능이 조금씩 소문이 나 이 민간요법의 효능을 믿고 치료를 위해 멀리 이곳 페바의 따니무까 부족마을까지 와서 요양하고 있는 환자들이 점점 늘어나고 있다.

여기저기 쑤시고 결리는 곳이 많은 나 또한 페루에 촬영을 갈 때마다 아마존 최대의 약초시장이 있는 이키토스에는 기회가 있으면 빼놓지 않고 들른다.

아마존 인디오들 중에서도 약초에 최고 권위자라는 브라질 빠라 지역의 카야포족은 내가 그토록 취재하고 싶었던 부족으로 한 번은 경비행기를 타고 거의 입구까지 들어갔다가 후나이에게 걸리는 바람에 5시간 동안 실강이만 벌이고 결국 씁쓸하게 돌아선 적이 있었다.

그런데 인연이란 게 있는 건지, 아니면 지성이면 감천이라는 속담이 아마존에서도 효력이 있는 건지, 싱구의 와우라족을 취재하러 갔을 때 나는 우연히 그곳에서 며칠 머물고 있던 카야포족 추장 가족들을 만나 오랫동안 이야기를 나누며 그들의 약초에 대한 지식을 들을 수 있었다.

약초에 대한 지식으로 유명한 카야포족은 무척이나 강한 효능을 가진 피임약을 만드는데 어찌나 효과가 강력한지 이 약을 먹거나 바른 여성이 여러 차례 성행위를 한다고 해도 임신이 되지 않는다고 한다. '메 끄라 케트 자'라고 하는 이 피임약은 여러 식물들을 조합해서 만드는데, 내복약과 바르는 약 두 종류가 있어 원하는 방식으로 처방할 수 있으니 여자들에게는 여간 편리한 게 아니라는 것이다.

최근 성폭행을 당한 피해자들을 위해 사용되고 있는 사후피임약 역시, 아마존에서는 이미 오래 전부터 사용되었다. 카야포족 여자들은 바라지 않는 임신을 했을 경우, '메 빠리 자'라는 약을 먹는다. 이것이 바로 우리가 흔히 말하는 사후 피임약인데, 그 약을 먹고 나서의 여자들 몸 상태와 효능이 어떠냐고 걱정스럽게 물었더니 아무 문제없고 피임도 확실하다고 장담한다.

어떤 이유로든 낙태가 권장될 수는 없지만 적어도 아마존에서는 가위 끝에 발기발기 찢어지는 태아의 사체는 없겠다 싶어 안도 아닌 안도감이 들기도 한다.

남자 나이 40이 넘어가면 슬슬 찾기 시작하는 '비아그라'도 아마존 인디오들은 약초로 만들어 먹는다. 남성의 성능력을 위해 사용되는 약은 독특하게 두 종류로 나뉜다. '메미 틱스 자'라는 약은 비아그라처럼 남성의 발기를 돕는 것이고, '메미 레렉 자'는 반대로 발기를 억제하는 약이다. 전자의 용도는 이해가 가지만, 후자의 용도는 도통 이해하지 못하는 내게 추장은 웃으면서 '메미 레렉 자'는 아내가 자신

페루 이키토스의 약초시장

우냐데까또(고양이 발톱이라는 뜻)

우냐데까또차를 마시는 모습

빠소데빠까(소발굽이라는 뜻)를 사는 모습

각종 약초

을 잠 못 들게 하는 남편에게 주는 약이라고 일러준다. 하긴 50대가 되건 60대가 되건 매일 밤 즐겁게 부부관계를 하는 이들의 일상에서는 어쩌면 '비아그라'가 더 쓸모 없는 약일지도 모른다.

싱구의 메이나꾸 부족에서는 '아유아빠나' 풀을 우려낸 물을 초경이 끝난 여자아이들이 마시고 토하기를 1년 간 반복한다. 이는 쌍둥이를 잉태하지 않기 위해서란다. 이 부족 사람들은 쌍둥이는 완벽한 하나가 아니라 둘 다 약하게 성장한다는 인식이 있어서 쌍둥이를 분만하면 두 번째 아이는 정글에 내다버리는 일이 있다.

카야포족 외에도 아마존 인디오들 중에는 약초에 관한 지식이 뛰어난 부족들이 꽤 많은데, 시뻬뽀족과 안또끼족이 그들이다. 아마존 열대 우림 전체가 그들에게는 문을 닫지 않는 천연 약국이고, 각 부족의 빠제(샤만)나 추장은 전문 약사다.

이러다 보니 미국의 화이자와 같은 대형 제약회사는 이미 오래 전부터 생약 성분의 상당부분을 아마존 정글에서 채취하고 있다. 여전히 아마존 열대우림에서 공공연히 행해지는 약초 사용법과 주술과 합쳐진 의료 행위는 수많은 과학자들이 관심을 갖고 있는 대상이지만, 그들이 관심을 가지면 가질수록 아마존 인디오들은 그들의 약초만으로 고칠 수 없는 현

'아유아빠나' 풀을 우려낸 물을 마시고 토하는 싱구의 소녀들.

대병으로 고생하고 있다.

문명에서는 그저 기침 한 번으로 지나가는 감기가 인디오들의 사망 원인 중 상당부분을 차지할 정도로 현대인들이 한번 다녀가고 나면 어김없이 늘어나는 감기환자와 외부인들과의 접촉으로 생긴 몇몇 질병들은 수술을 필요로 해서 아마존 인디오들 역시 현대의학의 차가운 메스에 자신의 몸을 맡기는 경우가 늘어나고 있다.

오랜 세월 심리적 치유를 동반하는 주술과 실질적인 효능을 가진 약초 요법으로 건강하고 행복하게 살아왔던 그들의 지혜는 현대인의 자본력에 침식당하고 있지만, 나는 진짜 의술은 아마존에 있다고 아직도 믿는다.

아마존 인디오들은 그 어떤 약에도, 그 어떤 치료에도 돈이나 댓가를 바라지 않는다. 그들에게 사람의 목숨은 돈의 액수에 좌우되는 것이 아니라, 운명에 좌우될 뿐이다. 하지만 병도 가정형편 봐가면서, 통장잔고 봐가면서 걸려야 하는 이 살벌한 현대사회에서는 나을 수 있다고 낫는 것이 아니라, 나을 만한 돈이 있어야 낫는 것이다.

이런 곳에서 어떻게 진정한 의술이 있을 수 있는가? 약이 산업이 되고, 의사가 존경받는 이유가 그들이 벌어들이는 돈의 액수 때문인 이런 곳에서 말이다. 나는 아직도 잊을 수가 없다. 내가 엄청난 고열에 시달리며 '말라리아'에 대한 공포에 떨고 있을 때, 모든 부족 사람들이 나를 안심시키고, 밤새 오르떼가 나뭇가지로 내 온몸을 긁어 두드러기를 생기게 하여 열을 빼주던 샤만의 손길을.

하루에도 몇 번씩 걸려오는 전화가 지금이라도 늦지 않았다고 나를 꼬드기는 암보험 가입 권유전화. 물론 필요하고 중요한 대책이지만 나는 그저 그 전화를 조용히 끊는다. 아집인지 모르겠지만, 타인의 병으로 돈을 벌고 타인의 죽음에 대한 공포로 돈을 버는 이 사회가 난 싫다. 왜 사람들은 지천에 깔린 자연의 치유력까지 이제 돈으로 사려는 것인가?

미스코리아,
손민지

아마존의 약초 가운데 '빠소 데 빠카'에 담긴 슬픈 사연이 있다.

어느 날 전화가 울린다.

"감독님…"

귀에 익은 목소리, 민지다. 전화를 걸자마자 대뜸 내 몸을 걱정하며 안부를 묻는다. 내 몸을 걱정하는 목소리에 깊은 슬픔 같은 것이 묻어 있다.

2000년도 미스코리아 출신인 손민지. 그녀는 아마존 촬영 때 리포터로 만나 친하게 지낸 사이다. 시원시원한 성격에다 말괄량이어서 늘 자신에 넘치던 친구가 목소리가 기어 들어간다.

안 좋은 일이라도 생긴 걸까. 나는 평소에 하던 농지거리도 하나 섞지 않고 괜찮다며 민지를 안심시키고 왜 그러느냐고 물었다. 민지는 몸이 많이 안 좋다며, 병원에 검사를 하러 가기 전에 내 걱정이 돼 전화를 했다고 한다.

제 몸 아픈 것에도 정신이 쓰일텐데 그 와중에 내 안부를 묻는 것,

그것이 내가 아는 민지였다.

그랬던 민지는 한달 후, 또 한 통의 전화를 걸어왔다.

"백혈병."

드라마나 신문에서만 보던 병, 그 병에 걸렸다는 것이다. 멀게만 느껴지는 병명처럼 나는 민지가 그 병을 앓고 있다는 사실조차 멀게 느껴졌다. 나도 그런데, 젊디 젊은 나이의 민지는 얼마나 그랬을까.

그 끔찍한 병명을 이야기한 후에도 그녀는 내 몸을 걱정하며, 감독님 몸조심하라며 전화를 끊었다. 그때 나는 민지와 함께 갔었던 그 페루의 아마존을 촬영하기 위해 떠나기 직전이었다.

1년이 지난 여름, 그런 따뜻한 민지의 마음 씀씀이도 결국 그녀를 살리지는 못했다.

그녀가 세상을 떠난 후, 나는 그녀의 병상 곁을 지키던 사진 중에 하나가 나와 함께 아마존 오지에 갔을 때, 내가 찍어준 사진이라는 것을 알았다.

그 척박하고 불편했을 땅에서도 늘 환하게 웃던 그 모습 그대로였다. 나는 페바 마을 주변에 자생하는 '빠소 데 빠카' 한번 달여주지 못한 내 자신이 원망스러워 차마 쳐다보기가 부끄러웠다. '리포터'라는 이름으로 '방송'을 위해 간 오지지만, 카메라가 돌아가지 않는 시간에도 늘 인디오들과 친해지기 위해 노력하고, 한 순간도 방송을 위한 가식을 보여주지 않았던 민지. 그래서 나는 유독 그녀를 깊이 기억했다.

어느 누구나 카메라가 돌아가지 않는 시간에는 문명인의 모습으로 돌아가 오지의 고단함을 쉬어가기 마련이다. 방금까지 함께 애벌레를 잡아먹더라도 테잎이 돌아가지 않는 동안만큼은 아마존에 적응해야 하는 의무를 잠시 잊는 것이다. 하지만 누가 시키지도 않았는데, 그녀는 그렇지 않았다.

　내가 쏟아지는 땀을 식히기 위해 카메라를 내려놓았을 때에도 그녀는 맛있게 인디오들과 함께 개미를 씹었고, 거북이 고기를 입에 넣으며 그들과 수다를 떨었다. 마치 그녀는 카메라에 찍히기 위해 간 것이 아니라, 정말 그곳 원주민들과 친구가 되기 위해 온 것처럼 단 한 순간도 방송과 일상이 따로 떨어지지 않았다.

　그런 마음을 방송이라는 것을 잘 모르는 오지의 인디오들이라고 해서 왜 모르겠는가. 그래서인지 민지가 마을을 떠날 때면 언제나 온 주민들이 다 나와 꺼이꺼이 통곡을 하며 울었다. 나는 그렇게 마을 전체 주민이 말도 통하지 않는 이방인을 보내면서 슬퍼하는 것을 그 전에도 그 이후에도 보지 못했다.

　마음은 말보다 더 통하는 것이다. 그 마음은 아마존에 또 한 명의 민지를 남겨 놓았다.

　민지가 촬영을 했던 꼬까마 부족은 당시 추장의 며느리가 임신 중이었다. 촬영이 끝날 즈음 추장은 나를 불러 민지가 너무 마음에 든다며 며느리가 아이를 낳으면, 아들이든 딸이든 이름을 '민지'라고 짓겠다고 말했다.

　나는 그 약속을 믿었다기보다 얼마나 그녀의 따뜻함이 고마웠으면 '민지'라는 이름을 짓겠다고 했을까. 나처럼 몇 번이고 아마존을 들락거린 것도 아니고 며칠 같이 있었던 낯선 이방인 여자에게 어디서 그런 친근함이 나왔을까 싶어 그것이 마냥 신기하고, 내 일인 것 마냥

꼬까마 부족의 민지

뿌듯했다.

　민지가 세상을 떠나기 전, 나는 또 다시 그 부족을 찾을 일이 있었는데, 정말 그 곳에는 '민지'라고 불리는 아이가 있었다. 어디선가 '민지', '민지'라고 부르는 소리가 나 돌아보니 그 곳에는 똘망똘망하게 생긴 귀여운 손녀가 제 이름이 불리는 쪽을 보며 웃고 있었다.

　추장의 약속은 빈 말이 아니었다. 그만큼 그녀에 대한 마음 역시 진심이었다는 것이다. 나는 이 사실을 민지에게 알려주었다. 그 때 기쁘게 웃던 그녀의 웃음소리를 나는 아직도 생생히 기억한다.

　왜 하늘이 그토록 일찍 그녀를 데려갔는지 나는 모른다. 하지만 나는 믿고 있다. 그녀는 이곳에서 그랬던 것처럼 하늘에서도 여전히 따뜻하게 웃고 있을 거라고. 싸늘하게 식어있던 병원의 공기 속이 아닌 그녀의 마음을 닮은 평화롭고 따뜻한 그곳에서 편안할 것이라고 말이다.

　그리고 가끔 그곳에서 그녀의 병상을 지켜줬던 아마존의 풍경처럼 아마존에서 자라나고 있는 또 한 명의 민지를 지켜줄 지도 모를 일이라고 말이다.

3부_ 아마존에서
산다는 것

뿌뚜마요 강가에서 만난 여자들

광활한 아마존 강. 꼬박 3일 동안을 헤매다 칠흑 같은 어둠 속에 다시 잡혀있기도 6시간째. 사방은 온통 검은색 뿐. 일이 뒤틀어져서 뱃머리를 돌릴 때부터 연속해서 떠올랐다가 사라지는 갖가지 상념들로 내 머릿속과 답답한 가슴은 이미 검게 타고 있었다.

"미안하다. 이번 건은 촬영이 잘 안됐다" 정도로 무마될 수 있다면, 내가 하는 일의 책임이란 게 그런 종류의 것이라면 얼마나 좋을까. 수천만 원의 제작비를 날려도 몸 하나 성하면 됐다고 촬영 실패를 없던 일로 받아줄 따뜻한 품이 있다면 얼마나 좋을까. 양손으로 카메라를 끌어 안고 슬그머니 머리를 갖다 대 본다.

아나콘다 촬영을 위해 마티스족을 소개해 주겠다던 안또니오는 고개를 돌려 아직도 철저히 내 시선을 피하고 있다. 그는 서너 번 일을 함께 했던 꽤 이름있는 가이드로 취재방향을 마티스 부족으로 잡은 이유도 그가 아나콘다 촬영이 가능하다고 연락해 왔기 때문이다. 쎄르빠따나(화살촉을 불어대는 긴 막대기통)로 불어 귀신같이 원숭이를 잡

아대는 마티스 부족은 얼굴에
주술적인 문신이 험악하고 아나
콘다 사냥을 즐긴다.

그러나 내가 아는 한, 마티스
부족은 브라질과 페루를 경계로
흐르는 자바리 강 깊숙이 살고있
는데, 브라질 땅에 위치하고 있어
후나이가 몇 겹으로 싸서 틀어쥐
고 있는 지역이다.

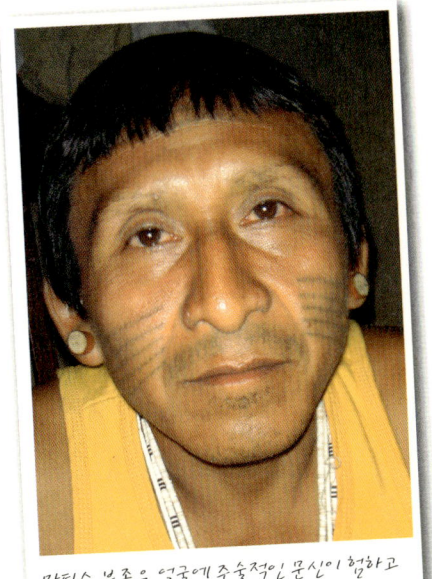

마티스 부족은 얼굴에 주술적인 문신이 험하고 귀도 굵게 뚫는다.

이틀 밤을 달려 저녁 6시경 자
바리 강과 이피수나 강이 합쳐지
는 곳. 아니나 다를까 저만치 빈 드럼통을 엮어 만든 바지선 위에 둥
둥 떠있는 후나이 초소가 보였다.

예상대로 안또니오가 먼저 판자위로 올라 두리번거렸다.

"친구인 대장을 찾는 게지"

"오늘밤은 여기서 신세 져 버려?"

제법 여유까지 생겼다. 시키지도 않았는데 모두 배에서 내려 인디
오들과 악수를 하거나 몸을 풀고 난리다. 다 왔다 싶겠지. 헌데 사무
실에 들어간 안또니오가 좀처럼 나오질 않는다. 이때쯤 대장하고 껄
껄대며 꼬레아노들과 인사를 시킨다거나, 혼자 살짝 빠져나와 대장
에게 얼마간의 달러를 찔러주라며 눈치를 줘야 되는 것 아닌가.

"날은 컴컴해지는데 친구끼리 장기라도 두는 거여 뭐여"

나는 기다리면서 세 가치째 피워 물은 담배를 냅다 던지고 들어

3부_ 아마존에서 산다는 것 **183**

갔다

"보아 따지(안녕하슈?)"

분위기가 참 묘하다. 대장이란 자는 책상에 두발을 올려놓고 반쯤 누운 자세로 손톱을 깎고 있고, 안또니오는 저만큼 한 켠에 앉아 우리의 여권번호와 명단이 적힌 종이만 만지작거리고 있다. 뭔가 잘못되고 있는 게 분명하다.

"이건 뭔 장면인겨?"하며 상황을 읽는데 대장이 다가와 손을 내밀며 자기는 이 지역 후나이 책임자인 루쏭이라고 한다. 이어 "두유 해버 퍼밋?(허가 받았나요?)" "이퓨 돈 해버 퍼밋, 유 칸 낫 파스 히어(허가없인 여길 지나갈 수 없어요).'

지극히 사무적인 태도로 사정은 안또니오로부터 들었단다고 한다.

30대 초반인 루쏭은 창가에 찌그러져 있는 50대 안또니오의 친한 친구가 아니었다. 난 루쏭이 브라질아마존의 인디오부족 취재절차를 내 눈을 빤히 쳐다보면서 영어로 또박또박 타이르듯 설명하는 것을 건성으로 들었다.

키 크고 깔끔하게 생긴 놈 치고 깐깐하지 않은 놈 없다. 대꾸하지 않고 듣고 있는데, 머리혈관 쪽에서 혈압이 '찌이–' 소리를 내며 치솟는다.

대장은 그저 자기 할 일을 하고 있을 뿐이다. 문제는 안또니오였다. 왜 뻔히 들통 날줄 알면서 이곳 후나이대장이 친구라고 거짓말을 했으며, 정상적인 방법으론 부족취재가 불가능한 브라질아마존 깊숙한 곳까지 우릴 데려 왔을까. 혼란스러웠다.

수년 동안 오지를 돌며 얻은 결론은 단하나. 사태를 파악했으면 재빨리 살길을 찾아야 한다는 것이다.

안또니오를 보고 천천히 한국말로 말했다. "안또니오! 이놈 이리 와봐. 오늘 같이 죽자". 그리고 말을 이었다.

"쁘르께 아블라르 맨티르?(왜 거짓말했어?)"

"안떼스 미 아미고 뜨라바하 뽀르 헤페 데 후나이…(전에는 내 친구가 여기 대장이었는데, 어쩌구)"

이놈이 뭉개면 되는 줄 아나보다.

"쁘르께?(왜 그랬는데?)"

"디스꿀뻬 충, 루쏭 노 끼에레 네고시오 꼰… 임포시블레(정, 미안해. 루쏭하곤 말이 안돼…)'

엄한데 쳐다보며 변명을 둘러대는 안또니오의 입에다 냅다 주먹을 날리자 녀석은 벌렁 나자빠진다. 지금까지 내 예상이 적중한 건 안또니오가 내 주먹 한방에 여지없이 쓰러진 것뿐이었다. 녀석이 무슨 속셈인지는 몰라도 우릴 계획적으로 속였다. "네 꿍꿍이가 카메라 한대 달랑 메고 생라면 씹으면서 오지를 헤매는 우리들 목숨줄만큼 대단한거냐!"

먼발치에서 지켜보고 있을 마티스 인디오들의 시선이 따가왔다. 동정표라도 살 요량으로 옆에서 계속 어색하게 웃어주던 리포터의 얼굴에도 실망의 빛이 역력했다.

우리는 루쏭에게 못먹어도 찔러나 본다는 심정으로 허가없이 오게 된 경위를 설명하며 하루라도 좋으니 마티스 부족을 촬영하고 싶다고 뭉겠다. 루쏭은 인디오들도 원하는 눈치여서 봐주고는 싶지만 언젠가 본부에서 알게 될 테고 그러면 무거운 문책을 받게 된다는 이유로 딱 잘라 거절했다.

불끈 주먹이 쥐어졌다. '휴우' 깊은 한숨을 쉬며 담배를 한 대 꺼내 물었다.

"돌아가자."

안또니오를 여기에다 팽개쳐버리고 돌아갈까 했지만 인디오들이 적극 나서서 반대했다. 인디오들에게도 안또니오는 밥맛 떨어지는 놈인 것이다.

솥단지 비슷한 게 그려져 있는 브라질 국기가 멀어졌다. 나는 지금 원점으로 되돌아가고 있는 것이다. 갑자기 허기를 느끼며 걱정이 태산 같이 밀려온다. 처음으로 나를 되돌려 보내는 보트의 뱃머리에 밤안개가 낮게 깔려 있다.

그렇게 이틀을 거슬러 올라갔다가 허망하게 다시 하루 반나절이 지나고 있는 것이다.

'빼깨빼깨' 보트용 모터 1개, 소형발전기 1대, 릴 낚싯대 10개, 낚시바늘, 낚싯줄 등 배에는 마티스 부족에게 주려던 선물이 그대로 가득 실려 있다.

다시 레티시아 부두에 도착할 때쯤, 꼬박 34시간을 페루 나소카 사막의 추아칠라 미이라처럼 앉아 버틴 몸뚱어리는 이미 새벽 안개에 굳어 있었다. 나흘을 강에서 보낸 셈이다.

안또니오의 사무실 직원 몇 명이 어둠 속에서 나타났다. 안또니오가 퉁퉁부은 메기주둥이로 하루 반만에 내게 말을 걸어왔다.

"짐은 우리 직원들이 밤새 지킬테니 중요한 물건만 챙겨가는 게 어때?"

보트에 크고 무거운 짐은 놔뒀다 밝을 때 옮기자는 것이다. 이 시간에 이동수단은 없고 호텔까진 걸어서 40여분.

우린 배낭 하나씩, 카메라와 장비가방을 챙겨 일렬종대로 호텔을 향했다. 패잔병 행렬이었다.

아침이 되어도 눈을 뜨기 싫었다. 머릿속은 아까부터 말끔하게 깨어있는데 눈을 뜨면 바로 현실로 이어질게 두려웠다. 그러나 오늘 중으로 다른 부족을 찾아야 한다. 호텔을 나오려는데, 안또니오 일행이 기다리고 있다.

배에 있던 우리 짐들이 호텔로비에 수북히 쌓여있다. 중요도 순으로 확인해 갔다. 난 새로 산 혼다 발전기가 안보여 급하게 이리저리 마구 짐더미를 뒤지는데, 뻬깨뻬깨 모터도 보이지 않는다. 어찌 된 일이냐고 물었더니, 새벽에 도둑 맞았다는 것이다.

이젠 알겠다. 불순한 놈들이 소형발전기와 낮은 강에서 유용한 뻬깨뻬깨 보트엔진을 노렸던 것이다. 교활하게도 마티스 부족이 원한 걸로 꾸며 그것들을 선물로 사게끔 했던 것이다.

우리가 수천 불의 배삯과 금쪽 같은 시간을 아마존 강에 날려버려도 넌 엔진과 발전기 그리고 나흘 간의 일당은 챙긴다는 속셈이렷다. 그리고 야밤에 레티시아로 당도시킬 시각도 치밀하게 계산에 넣었다. 어쩐지 자바리 강으로 떠나는 날 배에 문제가 있다며 출발시각을 오후로 미룬 것도, 밤늦게 안또니오 일행이 부두에서 기다리고 있던 것이 안 봐도 비디오다. 배를 지킨 놈들이 도둑이겠지. 사전에 계획된 범죄에 제대로 걸렸는데, 나는 또다시 고양이한테 생선을 송두리째 맡긴 격이었다. 몸에 소름이 돋았다.

안또니오는 30년 가이드생활에 배 사고 호텔까지 지을 정도니 유독 돈에 집착이 강한 녀석이다. 호텔에서 쓸 비상용 발전기와 관광객들을 실어나르는데 얕은 지류에서 이용되는 빼깨빼깨 엔진이 탐이 나 '마티스 부족 촬영' 이라는 덥석 물어줄 미끼를 던져 우리를 끌어들인 것이다.

나는 우격다짐을 한 끝에 빼깨빼깨 모터는 찾을 수가 있었지만, 더 이상 지체할 시간도 기력도 없어 소형발전기는 결국 포기해야 했다. 마티스 부족이 펑크가 난 건 그렇다 치고, 여기까지 왔으니 아나콘다 사냥은 꼭 찍어야 하는 상황이기 때문이었다.

해서 그 날 밤 11시, 경비행기 조종사 비에이라를 만나기 위해 브라질 따바띵가로 갔다. 따바띵가는 바로 옆 동네인데도 레티시아와 분위기가 사뭇 다르다. 거리풍경이 브라질의 삼바리듬을 담은 듯 좀 더 관능적이고 경쾌하다고 할까.

내가 찾아간 비에이라는 39살의 브라질총각인데 성격이 서글서글해서 부담이 없을 뿐만 아니라 경비행기를 몰고 다니면서 얻은 아마존 지류에 산재 되어있는 부족들의 정보를 기회만 있으면 알려주는 터라 취재에 많은 도움을 받는 친구다.

그러나 지금 내가 그를 찾은 이유는 그가 아나콘다 광이기 때문이었다. 나의 사정을 듣던 비에이라가 뜻밖에 좋은 소식을 전해주었다. 얼마 전 우연히 만난 야르보족 여자들에게서 아나콘다를 샀다는 것이다. 그의 말은 가뭄에 내리는 단비처럼 내 마음을 말끔하게 씻어주었고, 무거운 짐을 벗는 듯했다.

그렇게 해서 우리는 뿌뚜마요 강을 향한 여정이 시작된 것이다.

나는 수상 이착륙 비행기가 굉음과 함께 떠오를 때 창 밖을 바라보는 것을 좋아한다. 물보라가 일며 작은 무지개가 피어나는 그 순간이 촬영이 시작되기 전, 잠깐의 평화다.

물이 불어나 지류까지 수상경비행기가 다닐 수 있는 우기에는 말 그대로 부족 마을의 앞마당까지 편하게 들어갈 수 있지만, 강물이 마른 건기의 강은 마을에서 수 킬로미터나 달아나 버리기 때문에 부족을 촬영하려면 촬영장비와 부식을 들쳐 메고 며칠 동안 정글 속 모기떼에 시달리며 찾아 들어가야 한다.

기체에 실은 몸은 우기의 풍요로움을 만끽하지만, 머릿속은 떠나지 않는 질문들로 복잡하기만 하다.

야르보족은 정말 '여전사 아마조네스'의 후예는 아닐까? 여자들끼리 부족을 유지해 가는 규범과 관습은 어떤 형태일까? 아무리 강인한 여자들이라고 해도 여자의 힘만으로 아나콘다 사냥이 가능할까? 그리고 남자인 나와 스텝들을 받아들이고 촬영을 허락할까?

궁금함과 불안함이 교차로 머릿속을 어지럽히며 심장 박동수를 높여간다.

어쨌든 야르보족을 빨리 만나보고 싶다. 설레는 마음으로 카메라를 어깨에 올리고 꿈틀꿈틀 흐르는 뿌뚜마요 강을 향해 레코드 버튼을 눌렀다. 카메라 렌즈에 뿌뚜마요 강이 천천히 흘러 들어온다.

조종사 비에이라가 천정에 길쭉하게 돌출된 랜딩기어를 잡아당긴다. 창 밖의 숲이 눈높이로 스쳐 간다. 나와 스텝들 모두 눈을 크게 뜨고 혹시 야르보족 여인들이 비행기를 발견하고 기다리고 있지는 않을까 살펴본다.

경비행기가 서서히 날고있다. 1년 전 비에이라가 교수와 함께 야르보족을 만났다는 강가 백사장에 멎기까지 5분도 채 남지 않았는데 시야에는 아무 것도 보이지 않는다.

사냥감을 찾아 다른 곳으로 이주했으면 어떡하나? 아니면 이미 코앞 정글 속에서 활을 겨눈 채 갑작스런 방문객을 주시하고 있을지도 모른다는 생각도 들었다. 후자라면 더 좋을텐데라고 생각하며, 야르보족을 자극할 지도 모르는 카메라를 케이스에 넣고 백사장에 발을 디뎠다.

기다리는 방법 밖에 없다는 생각이 들자, 문득 비에이라 말만 믿고 덜컥 이 쪽으로 취재방향을 결정한 게 무모한 짓이었나 하는 후회가 밀려온다. 비에이라가 믿을만한 친구임엔 틀림이 없지만, 자바리강에서 후나이 지구대장을 만나기 전까지 안또니오도 신뢰했던 점에 미루어 보면 마냥 안심할 일은 아니다. 결국 아나콘다 촬영을 위해 마티스부족을 소개해 주겠다던 안또니오에게 속아 낭패를 보지 않았던가.

내가 촬영을 하든 하지 않든 비에이라는 2회 왕복 비행기값 3,600불은 챙길 수 있다는 생각이 머리를 스치자 비에이라의 장난기 어린 맑은 눈을 보고 있으면서도 의심이 꼬리에 꼬리를 문다.

마치 다짐을 하듯 말한다.

'비에이라 요 꼰피엔소 뚜(난 비에이라를 믿어).'

'에스뻬레, 노소뜨로스 뿌에데 엔꼰뜨라르 무헤레스(기다리면, 여자들을 만날 수 있을 거야).'

만약 못 만나서 그대로 돌아가게 되면, 1회 왕복료 1,800불 중에서 휘발유 값인 600불만 받겠다고 말하는 비에이라. 의심이 조금 사라진다.

아마존은 조종사의 시계비행에만 의존해야 하기 때문에 낮에만 비행기 이동이 가능하다. 때문에 되돌아가는 비행시간과 착륙시각을 늘 계산해야 하는데, 현재시각이 오후 1시. 약 2시간 30분 정도 더 기다릴 수 있다.

머리가 복잡해지면 배가 고픈 게 이젠 버릇이 됐다. 시름을 먹는 걸로 달래라는 내 기특한 몸의 지시다. 익숙한 솜씨로 버너를 꺼낸 다음 냄비에 강물을 담아 얹는다. 보글보글 끓는 물을 보며 흐뭇하게 라면 봉지를 막 입으로 뜯고 있을 때였다. '딱!' 하고 뭔가가 경비행기 날개에 부딪히는 소리가 들렸다.

때맞춰 주위가 알 수 없는 언어로 소란스러워지더니, 이번엔 무더기로 날아들었다. 다행히 대부분은 물 속으로 떨어졌지만 몇 개는 냄비에 명중했다. 끓는 물이 누구의 발에 쏟아진 듯 하더니 불쌍한 비에이라가 팔짝팔짝 뛰었다.

야르보족 여자들이 나타나 우릴 겨냥한 것이 분명했다. 본능적으로 공격의 진원지를 찾아 숲 속으로 얼굴을 돌리다보니 너나 할 것 없이 얼굴에 제대로 한방씩 맞았다. 뭐가 이렇게 매서운가 하고 주위 보니 빨간 촌따두루 열매인데 천도 복숭아만한 게 여간 단단하지 않다.

호되게 맞아 아프긴 해도 야르보족이 나타났다는 사실이 뛸 듯이 기뻤고, 다행히 화살이나 창 대신 열매로 공격해 준 것이 얼마나 고마웠는지 모른다.

곧 야르보족 여자들이 하나 둘 숲을 나온다. 열 명쯤 돼 보였는데, 맨 앞의 여자가 멈추자 나머지도 따라 선다.

"아미가! 아미가!" 에스파뇰을 알아듣던 말던 나는 무조건 '친구야!' 라고 손을 흔들며 외쳤다.

야르보족 여자들은 들었던 대로 한 손에는 창이나 막대기를 들고서 천연재료를 이용해 만든 치마만 걸치고 있다. 평균 키는 160cm정도. 나이는 열두어 살부터 쉰 살까지로 마치 한 가족인 양 생김새가 비슷비슷한데다가 얼굴하고 가슴은 모두 위또열매로 까맣게 염색을 해서 얼핏 봐선 이목구비가 잘 식별이 가지 않았다.

서른 살쯤 되어 보이는 여자가 추장인 듯 한데, 우리를 하나하나 훑어보더니 어눌한 에스파뇰로 단호하게 말했다.

"옴브레스 쁘로히비도 빠사 미 떼리또리오(남자들은 우리 땅에 들어올 수 없다)."

전에 당신한테서 아나콘다를 샀노라며 비에이라가 나서준다. 방금까지 열매에 맞은 눈이 아프다고 한참 엄살을 피더니 이내 정중하게 인사부터 하고 오게된 경위를 쭉 설명한다. 여자들이 중간에 말을 끊거나 막지 않고 듣는 걸 보니 타협의 여지는 충분히 있어 보인다.

다음엔 내 차례. 우리는 꼬레아에서 왔고 다른 아마존 부족도 여러 번 촬영한 경험이 있어 추장들과도 친하고 믿을만한 사람이다. 당신들이 사는 모습을 촬영하고 싶은데, 허락해 준다면 얼마간의 사례를 하겠다고 숨도 안 쉬고 말했다.

여자들끼리 모여서 회의를 한다. 말이 회의지 서로 삿대질하며 으르렁거리는 모습이 저러다가 곧바로 머리채 잡아 돌리는 건 일도 아닐 성싶다. 특히 추장처럼 보이는 여자와 온몸이 근육질인 여자는 의견이 상반되는지 줄곧 머리를 맞대고 소리를 고래고래 질러 험악한 분위기다.

부족 언어라 도통 알아들을 수가 없으니 사태 파악이 되지 않는다. 선처를 기다리며 예의 바르게 웃고 있을 수밖에. 너무 미소를 짓고 있어서 볼에 경련이 일 지경이다. 미인 대회에서 시종일관 그린 듯 미소를 짓고 있는 그녀들이 대단하다는 생각이 든다. 30분쯤 지났을까. 그제서야 추장격인 여자가 일어섰다.

"꼬레아가 어딘지는 모르겠지만 당신들을 남자가 아닌 손님으로서 환영한다."

나를 '남자가 아닌' 어떤 존재(?)로 본다는 게 이때 만큼 기뻤을 때가 없었다.

"저 여자 참 이쁘다."

리포터 구자미가 마음에 든 모양이다.

"우리들은 힘이 세서 무슨 동물이든지 사냥한다. 조종사에게 들어서 잘 알겠지만 커다란 아나콘다도 맨손으로 잡는다. 갈 때 돈과 선물은 꼭 주어야한다."

맞아 죽기 싫으면 약속 어길 생각은 꿈도 꾸지 말라는 말이겠지. 됐다. 거짓말 할 생각은 추호도 없으니 목숨 걱정은 없다.

그토록 원하던 야르보족과 기어이 아나콘다 사냥을 촬영하게 되었다는 것도, 솔직한 야르보족 여인들의 으름장에 신뢰감이 물씬 풍기는 게 여간 다행이 아니었다.

닷새 뒤에 다시 오겠다는 말을 남기고 하늘로 오른 비에이라의 비행기는 잊지 않고 우리 주위를 한 바퀴 공중선회하며 무운을 빌어준다.

"그라시아스 아미고(고맙네, 친구)."

나도 한 손을 들어 보였다.

아마존,
아마조네스

아마존에 사는 사람들을 아마조네스라고 부른다. 아마존이 고대 라틴어계열의 그리스어로 '아(없다)'와 '마존(가슴)'의 합성어이니까. 합쳐보면 아마조네스는 가슴을 도려내어 없앤 여인들을 뜻한다.

활을 쏘거나 창 칼을 휘두를 때 방해가 되는 한 쪽 가슴을 도려낸 여전사들. 그리스신화에 처음 등장한 아마존 여인왕국은 1500년대 스페인 정복자들에 의해 발견됐다고 한다.

스페인 정복자들은 현재 에콰도르 나포 강 하류의 축축한 밀림 속에 황금이 가득 숨겨있다는 이야기를 듣고, 엘도라도 마을을 찾아 나선다. 그러나 정복자들은 나포 강이 끝나는 지점에서 바다처럼 펼쳐진 큰 강을 만나게 되고, 여러 인디오 부족들의 공격까지 받게 되는데, 그 가운데 여자들로만 이루어진 일대의 무리와 가장 처절한 전투를 치른다. 능란한 솜씨로 활을 쏘며 습격한 여전사들은 남자 인디오들의 몇 배로 용맹하고 잔인했다. 엘도라도 탐험대의 대장이던 스페인군인 오레야나는 이 전투에서 많은 부하를 잃었으며 신화의 여전사들이 여기 있다는 기록을 본국의 여왕 앞으로 보낸다. 그로부터 남아메리카의 열대우림을 아마존, 그리고 바다 같이 큰 강을 아마존 강이라고 부르게 된 것이다.

내가 만난 야르보 부족들도 500년 전 정복자들에 맞서 용감히 싸웠던 여전사들의 피를 이어받았을까? 그녀들의 뒷모습을 가만히 바라보며 되뇌인다.

야르보족 여자들의 걸음은 무척 빨랐다. 맨발로 우리의 장비가방, 부식가방, 발전기 그리고 식수까지 장정들이 들어도 무거운 짐을 머리에 사뿐히 이고 정글의 샛길을 노련한 경보선수처럼 경쾌하게 걸어간다.

그 뒤를 열심히 따라가는 우리는 마치 노천 한증막 사이를 걷는 것 같다. 숲 사이로 뿜어 나오는 태양의 열기와 밀림의 습한 기운이 금새 온몸을 땀 범벅으로 만들어 버려 흐르는 땀이 눈앞을 가리지만, 닦을 시간도 없다.

30분쯤 걷자 빽빽한 정글 숲 한가운데 평평한 풀밭이 보이고 그 위에 아담한 말로까가 사뿐히 자리잡고 있다. 여자들이 인도하는 대로 말로까 안으로 들어서자 목덜미가 서늘한 게 한여름 은행 안 만큼 시원하다.

말로까를 둘러보니 대뜸 눈에 들어오는 게 장식으로 걸어놓은 대형 아나콘다 껍질이다. 족히 10미터는 되어 보이는 길이에 내 눈이 휘둥그레지는 걸 보더니 설명을 해준다. 작년에 정글의 늪지에서 네 명이 맨손으로 잡은 다음 고기는 나눠 먹고, 아나콘다 송곳니 4개는 각자 목걸이를 만들어 걸었다며 목에 건 이빨을 보여준다. 뱀의 크기보다 맨손으로 아나콘다를 잡았다는 부분이 더 충격적이다.

힘은 웬만한 장정보다 셀지 몰라도 야르보족 여자들은 그 천진난만함과 수다스러움이 천상 여자다. 어찌나 목소리도 크고 잘 웃는지 보고만 있어도 따라 웃게 되고 행동은 거침이 없어 솔직하고 장난기가 넘친다.

자기들끼리 엉덩이를 툭 치고 도망가는가 하면 큼직한 바나나 한 개를 뚝 잘라 쥐고는 뭐라고 까르르 웃다가 바나나를 '휙' 던지기도 '푸' 삐치기도 한다. 소박한 놀이에 묻어나는 유쾌함이 즐겁다.

한 여자가 누까가 동이를 들어다 말로까 중앙에 놓으며 우리를 부른다. 시원한 유까 식혜가 마른 목을 적시며 넘어가자, 절로 '캬아!' 소리가 난다. '캬아' 소리 끝에 바가지를 내밀며 한 대접 더 마시겠다니까 그것만으로도 깔깔대며 좋아한다.

"난 로살리따. 그냥 로사라고 부르고, 얘는 까샤, 마리, 솔레다, 셀시아, 아멜다, 저기 할머니는 우슈…."

로사가 15명의 여자들을 하나하나 소개한다.

추장인 여자의 이름이 로사다. 아까 로사와 으르렁거리던 근육질의 여자 이름이 까샤. 부족말로 불리는 이름 외에

장난기많은 로사와 까샤

서양식 이름을 갖고 있는 걸 보니, 외부와의 접촉이 꽤 있었다는 얘기다.

게다가 서너 명은 에스파뇰을 구사해 의사소통까지 되는데, 말로까 안을 아무리 둘러봐도 남자, 아니 남자의 흔적이라곤 없다.

어디서 에스파뇰을 배웠냐고 물었더니 지금은 떠났지만 스페인 선교사 부부가 5년 동안 근처에 거주했다고 한다. 그들은 야르보족과 강 아래 사는 안또끼 부족을 오가며 부족들이 만든 바구니나 토기를 직접 사서 바깥 세상에 팔아주며 교류를 트고, 선교의 일환으로 에스파뇰을 가르치고 알파벳으로 부족언어 표기법을 익히게 하는 등 이들을 교화시키려는 노력을 기울였다고 한다.

5년 동안의 정성 덕에 안또끼 부족의 몇몇은 선교사 집을 찾아 예배를 보기도 했지만, 야르보 여자들은 요지부동으로 선교 행보에 동참하지 않았다고 한다.

야르보족이 잡은 아나콘다나 따뚜는 팔 수가 없으니 아예 잡지도 말라고 훈계한게 기분 나빴던 모양이다. 하긴 선교사가 아나콘다를 어깨에 매고 팔고 다닌다고 생각하니, 아무리 선교도 좋지만 그것만은 하기 힘들었을 거라는 생각이 든다.

하여튼 너무나 복잡한 문명과 타협하거나 순응하기에는 야르보족은 너무나 순박하고 행복해 보였다.

"그럼, 자, 아나콘다든 뭐든 사냥부터 찍읍시다."

어두워지려면 한 시간 반 가량 남았으니 시작할 시간은 충분하다. 이렇게 뭐든 촬영을 시작해 두는 걸 방송하는 사람들 표현으로는 발동 건다고 하는데, 이렇게 하면 찍는 쪽이나 찍히는 쪽이나 신기하게도 같은 일을 하고 있다는 공동체 의식과 시작한 것은 끝을 보자는 책임감이 생기게 된다.

그리고 오지에서는 맑은 하늘에 스콜이 몰아치듯 한치 앞의 상황을 예측할 수 없다. 날씨도 날씨고, 언제 갑자기 도처에 도사리고 있던 난관이 우리를 덮칠지 모르기 때문에 상황이 좋을 때 쉬지 않고 중요한 장면부터 담아두는 것이 요령이다.

아나콘다 사냥을 가자는 말에 까샤가 창을 몇 자루 챙기고 다른 여자들은 여기저기서 얼굴 분장을 표범 줄무늬로 고친다. 정글에서 가장 용맹스러운 동물인 표범의 모습으로 아나콘다를 제압하는 것이다. 치장은 표범라고 하지만 내 눈엔 영락없는 암괭이들이다. 아마존 판 캣 우먼이라고나 할까.

말로까 뒷길로 15분 정도 가다보니 늪지대가 나타난다. 사방으로 1km 정도는 됨직하다. 군데군데 가낭구초나무가 하늘로 치솟아있고 잡목들 밑으로 차고 맑은 물이 무릎까지 찬다. 여기가 야르보족의 보물창고인 셈이다.

야르보 여자들은 이 늪에서 1m 내외의 까이망(악어), 여러 종류의 뱀, 물고기, 찬비라(해먹이나 바구니의 재료가 되는 풀), 삐나따(연꽃과로 뿌리가 물 속에 떠있고 소금을 추출함) 등을 잡거나 채취하며 살아간다.

물론 건기가 되면 이 곳에도 물이 빠지고 네 발 달린 동물들이 우기 동안 습지가 머금고 있었던 영양분을 찾아 여기를 찾을 것이고, 그 동물들은 야르보족의 사냥감이 될 것이다. 야르보족이 이 곳에 자리잡은 이유도 바로 1년에 8개월 간 조성되는 늪지의 풍족함 때문이라고 한다.

파란하늘에 하얀 해가 숲에서 세 뼘 위에 머문다. 오후 세시다.

호베이덩쿨(물나무덩쿨)이 눈에 들어왔다. 내가 "까샤, 꼬르따르 에스또(이거 잘라줄래?)"하자 까샤가 아름드리 나무를 반쯤 타고 올라간 호베이덩쿨을 정글칼로 내려치자 우기철이라 한껏 물오른 물관에서 맑은 수액이 졸졸 흘러내린다. 싱싱한 놈으로 골라 목을 축인다. 한국에서 봄날 마시던 싸리나무 수액의 맛, 바로 그것이다.

마리가 우리를 보고 잠깐만 기다리라고 하더니, 내가 물 빼 먹은 줄기를 대충 잘라 다시 뿌리를 내릴 수 있도록 땅에 꽂아준다. 필요해서 잘라 마셨지만, 잘린 줄기를 다시 대지에 돌려주는 모습을 보니 하루에도 엄청난 양의 아마존 정글을 훼손하는 문명인의 무심함이 부끄러웠다.

호베이덩쿨의 수액

한 시간째 아나콘다를 찾아 헤매며 진흙에 잠기는 발목을 빼가면서 미끄러질 뻔하길 여러 차례. 모호이까지 먹었건만 다리가 후들거린다. 기어이 카메라를 두 팔로 든 채 만세를 부르며 엉덩방아를 찧고 말았다.

젖은 바지가 휘감겨 한 발 한 발이 고역인데, 내가 오늘 사람들 여러 번 웃게 만든다. 그때 인기척에 놀라 물로 피하는 까이망을 발견했다. 여자들이 이리저리 몰려다니며 까이망을 덮친다. 카메라의 뷰 화인더로 피사체를 쫓다보면 여자들은 사냥하는 게 아니라 마치 물

행동 하나하나가 대자연의 품속에서 호탕하게 사는 것을 느끼게 한다.

놀이 나온 아이들 같은 표정이다. 금새 까샤가 코를 벌름거리며 잡은 까이망을 한 손으로 높이 쳐든다.

까샤가 이 사이에 까이망을 넣고 '이이익' 하는 기합을 내

악어의 질긴 껍데기가 찢겨져 나간다.

지르며 힘껏 깨문다. 악어 구두에 악어 핸드백까지 만드는 질긴 껍데기가 생각처럼 잘 찢기지 않는다. 까샤는 주위를 한 번 둘러보더니 이번엔 콧구멍에서 '후욱' 바람을 뿜으며 다시 물며 이내 자기 목까지 마구 흔들어댄다. 왜 저렇게 애를 쓰나? 급기야 방귀까지 뀐 까샤의 투지에 못 이겨 결국 새끼 까이망의 목이 떨어져 나갔다.

과장되고 우렁찬 여자들의 모습은 전형적인 정글 인디오다. 울창한 정글에 사는 인디오들은 늘 크게 웃고, 크게 말하며, 크게 움직인다. 대자연의 품속에서 호탕하게 살아가는 것이다. 겸손할 필요가 없으니 있는 그대로 표현하고, 하고 싶은 대로 움직인다. 아스팔트 위에서는 조용조용하던 사람도 드넓은 들판에서는 괜스레 뛰고 싶고, 소리치고 싶은 그런 이치다.

우리는 아파트와 빌딩 숲, 복잡한 도로와 지긋지긋한 소음, 늘 쫓기는 시간과 뒷목을 누르는 스트레스로 유유자적하는 걸음과 우렁찬 목소리를 잊은 지 오래다.

아마존 취재가 끝나고 서울에 도착하면 나는 어김없이 아마존 부족들과 비교되는 우리의 모습에 답답해진다. 고개를 숙이고 팔도 흔들지 않는 종종걸음으로 바쁘게 사라지는 사람들. 사람들은 빼곡한

데 들리는 건 사람의 목소리가 아닌 끊임없는 기계의 소음들.

 자기 PR시대라고 해도, 문명 속에서 자신을 드러내는 것은 아마존 인디오들의 그것과 다르다. 철저히 계산하고, 시류에 맞게끔 자신을 포장하는 것이 우리의 자기 PR이고, 아마존 인디오들의 자기 표현은 그저 자연스럽게 하고 싶은 대로 하는 것이다.

 내가 촬영을 위해 이빨로 까이망의 목을 두 동강 내달라고 했다면 까샤가 했을까? 아니. 절대 아니다. 이들에게 연출은 절대 통하지 않는다는 걸 10년 간의 취재경험으로 알고 있다. 엽기다. 잔인하다. 특이하다. 그 어떤 문명의 평가도 이들의 머릿속에는 있지 않다. 그저 그 순간 그러고 싶어서 그렇게 한 것이다.

 까이망을 들고 돌아오는 뿌뚜마요 강에 여명 같은 노을이 발갛게 번진다. 해 꼬리가 멀리 강물 빛에 어른거리며 저녁 준비에 부산한 여자들의 모습을 실루엣으로 비춘다.

 저녁을 먹고 노곤해진 우리와 야르보족 모두 잠을 청한다. 여자들이 낮 동안 햇볕에 말린 넓적한 쁠라따니또 잎사귀를 한아름 들고와 말로까 중앙에 깔고 모닥불을 피운다. 일교차가 섭씨 10도 이상 되는 정글의 밤을 나기 위한 야르보 여자들의 잠자리 준비는 이처럼 간단하다.

우슈할머니가 전해준 아픈 기억

온종일 카메라를 얹고 다닌 오른쪽 어깨가 쑤시다가 이젠 왼쪽 허리까지 대각선으로 마비증세가 온다. 제대로 걸린 직업병이다. 짝짝이 어깨에 견비통, 요통, 마비, 척추도 휘어졌다니 죽으면 오른쪽 어깨부터 썩지 않을까.

내가 평소에 쓰는 소염진통제 뱅게이를 통증부위에 바르는데 언제 냄새를 맡았는지 로사가 오더니 나무에서 떨어진 게 꼬리뼈가 얼얼하다면서 엉덩이를 들이댄다. 뱅게이를 발라주고 있는데 우슈할머니가 커다란 토기에 물을 데워와서 '말바 잎사귀(진통진정 약초)'를 물에다 우려내고 있다.

약초가 녹차빛으로 우러나자 우슈할머니가 나와 로사를 번갈아 가며 거친 손바닥으로 통증부위를 적셔준다. 할머니의 잔잔하고 따뜻한 눈빛을 보고 있으면 마음도 통증도 모두 가라앉는다.

"언제부터 여자들만 살게 됐나요?" 나는 우슈할머니에게 물었다.

"내가 태어났을 때부터 집안에 남자는 보이지 않았어. 전에는 뿌뚜마요 강가 어디에 살았는데, 젊어서 20여명이 카누를 타고 이리로 왔지."

"할머니는 결혼 했었나요?"

"내 할머니나 엄마가 그랬듯이 여자들끼리만 사는 것으로 보고 배웠어. 아주 옛날에 나쁜 역사가 있어서 남자를 피하게 됐다고 들었는데, 여자끼리 살면 언제나 같이 생각하고 먹고 하니까 정말 편하고 좋아."

나쁜 역사는 뭘 말하는 걸까. 묻기도 전에 로사가 철퍼덕 앉으며 말한다.

"돌아가신 엄마가 말씀하시길, 유럽 백인들이 쳐들어와서 뿌뚜마요 강 근처에 사는 오까이나, 안또기, 보라족 남자들을 죄다 끌어다 고무나무액을 채취하는 일을 시켰는데, 먹이지도 재우지도 않고 게으르다며 채찍으로 때리면서 일만 시켰대. 수염 기른 백인들은 정글에서 심심하다고 몽둥이로 인디오들 머리를 부수면서 놀았대. 그렇게 거의 다 죽인 거야."

늘 깔깔거리던 로사가 화난 표정으로 말을 잇다가 이내 목이 메인다. 우슈할머니의 말이 이어진다.

"그 일 때문에 남자가 없어서 결혼을 못한 게 아니야. 남자들을 거의 다 죽이고 난 후, 백인들은 부지런한 일꾼들을 만들겠다며 젊은 여자들을 울타리에 가둬놓고 임신할 때까지 강간을 했어. 그렇게 태어난 남자아이들을 키워서 다시 고무나무를 긁을 노예로 쓰려고."

맨 정신으로 말하기도, 듣기도 힘든 이야기다. 난 담배에 불을 붙여 우슈할머니한테 권했다. 할머니는 담배 연기보다 더 짙은 한숨을 내 뱉는다. TV에서 본 정신대 할머니들의 절규가 떠오른다.

우슈할머니가 계속 담배만 물고 있자 답답한지 로사가 다시 입을 열었다.

"남자아이들은 움막에서 먹여 키우게 했고, 여자아이가 태어나면 갔다버리거나 마을에 남은 여자들에게 던져 줬는데 거의 다 죽었어. 그 즈음해서 마을여자들이 10여명씩 무리를 지어 백인들을 피해 떠돌아다니면서 정글 깊숙이 말로까를 짓고 살았대.

그러다가 총을 든 백인 노예사냥꾼들한테 발각되면 남자란 남자는 아이들까지 몽땅 잡아가니까, 그래서 그런 일을 안 당하려고 여자아이들만 낳기 위해 약초도 먹고, 그러다 남자아이가 태어나면 젖뗄 무렵 인근부족으로 보내서 정까지 뗀 게 지금까지 이어져 온 거야."

우슈할머니는 아픈 역사가 관습이 되어 야르보족 같은 여인부족을 만들긴 했지만, 야르보족이 존재도 없이 사라지더라도 이 여자들이 짝을 찾아 떠날 수만 있다면 그렇게 하고 싶다고 했다.

해가 뜨고 지는 시각은 변해도 같은 곳에서 떠서 같은 곳으로 지는 것처럼, 슬픈 일이건 기쁜 일이건 사람 사는 섭리만큼은 따르면서 살아야 한다고.

하지만 우슈할머니의 바람은 쉽게 이루어지지 않았다고 한다. 외지에서 남자 두 명이 흘러 들어와서 한달 정도 함께 생활한 적이 있는데, 우슈할머니가 그 남자들과 친하게 지내던 두 여자를 결혼시키려고 했지만 여자들이 완강히 거부했고, 남자들 역시 싫다고 말했다고 한다. 이제는 익숙해져버린 여자들끼리의 생활과 야르보족과의 이별에 대한 두려움이 여자들을 이곳에 묶어둔 것이다.

'나무의 영혼을 지킨다' 라는 뜻의 야르보 부족은 '자룸보 부족' 이라고도 불리운다.

14살짜리 셀시아, 솔레다를 포함한 20대 3명, 로사와 까샤 등 30대 4명, 마리와 아메이다는 40대, 우슈할머니 66세, 여자아이 4명 등 야르보 말로까에 총 15명이 함께 살고 있다.

지난 10년 동안 태어난 남자아이는 모두 5명인데 전부 옆 마을의 안또기 부족에게 줘 버렸다. 핏덩이 아이를 남자아이라는 이유로 남의 손에 맡기는 일, 그것이 얼마나 힘든 것인지 겪어보지 않고는 짐작할 수도 없을 만큼 깊은 슬픔일 것이다.

우슈할머니가 늪 끄트머리 밀페소 나무숲을 가리킨다. 땅거미와 물안개가 밀려오는 저녁, 해가 뉘엿뉘엿 또 저물고 있다.

나무이름을 밀페소(1,000페소, 우리 돈으로 500원)라고 붙인 건 스페인 정복자들인데, 100여년 전의 밀페소는 엄청나게 큰 돈이므로 나무의 효용가치가 높았다는 이야기다. 두터운 아름드리 나무로 키가 곧게 뻗고 결이 단단해 콜로니얼 건축물의 자재로 애용되었기 때문이다.

자연 속에서 밝게 살아가는 야르보족 여자들

정복자들은 밀페소나무의 벌목을 위하여 인디오 노예들을 정글로 몰아 넣었다. 30~40m짜리 밀페소 나무를 길도 없는 빽빽한 밀림에서 끌어내 수백km 떨어진 대도시까지 운송하는 노역이 얼마나 힘들었겠는가.

인디오들은 감시관이 휘두르는 안따 가죽으로 만든 채찍과 학대에 쓰러져갔다. 밀페소나무 하나에 한 명 꼴로 인디오가 죽어갔고 정복자들의 집에는 대들보 하나가 세워졌다.

물론 과거의 일이지만, 500원 어치도 안 되는 인디오의 목숨들이 관광객들의 탄성을 자아내는 남미도시 콜로니얼 건물 기둥마다 한이 되어있다.

그리고 그 슬픔의 역사가 아마존의 한 부족에게선 아직까지 이어지고 있다.

수백 년을 이어 내려온 잔혹한 학살의 기억이 천륜마저 져버려야 살 수 있었던 눈물의 역사가 '우월한 백인들의 신대륙 발견과 미개한 원주민의 교화'로 포장되어, 내가 배웠고 내 자식들이 배우고 있는 세계사 교과서의 한 페이지라니.

피눈물의 관습은 아들의 개죽음을 막아보려고 차라리 어둡디 어두운 밀림으로 아들을 던져 보낸 어머니의 한이 뿌뚜마요 강가에 떠돌고 있다. 아무도 책임지지 않았던 그녀들의 상처가 얼마나 깊었는지, 200년이 넘는 세월동안 여자들끼리의 삶을 이어오고 있는 야르보족이 증명하고 있다.

현실에서 과거를 돌아본다

야르보족의 사연 때문에 슬픈 꿈을 꾼 모양이다. 새벽에 일어나 보니 눈가가 촉촉하다.

상쾌한 산소분자가 폐를 가득 채운다. 여명을 카메라에 담고 싶지만 강과 숲에는 무심히 물안개만 스민다. 손재주가 좋은 아메이다는 나보다 먼저 일어나 말로까 벽에 기대어 '찬비라(바구니, 해먹의 재료가 되는 풀)' 실로 바구니를 짜고 있다.

나를 쳐다보며 이야기하면서도 완벽하게 부지런히 매듭을 엮어나가는 솜씨는 촬영 때마다 보는 건데도 놀랍다. 아마존 인디오 여자들의 수공예솜씨는 유럽의 매듭 전문가들까지 찾아와 배워갈 정도로 섬세하고 정교하니 그럴 만도 하다.

어젯밤 늦게까지 이야기 보따리를 풀었던 로사와 우슈할머니가 "아이레 후레스코(공기 좋다)"라고 말하며 인기척을 한다. 우슈할머니는 나무 참빗으로 여자아이 머리에서 이를 잡아주고 있다. 어른들은 이가 별로 없는데 여자아이들은 죄다 이를 머리에 이고 산다.

멀리서보면 한가로운 풍경이라 가까이 가서 한 컷 담을 요량으로 다가가 보면, 엄마가 양지바른 곳에 아이를 무릎에 눕히고 머리 속을 뒤져 이를 잡는다. 한국 엄마들이야 잡는 즉시 양 손톱으로 '요놈' 하며 툭 터쳐 버리겠지만, 여기에선 제 자식의 피라며 이를 엄마가 씹어 먹는다.

"충! 오늘 아침에 우리가 남자 만나러 가는 거 찍으면 어때?"

로사가 밝게 말했다.

"무슨 소리야?"

"솔레다를 남자랑 있게 할려구."

가슴이 쿵당거렸다. 생각할 시간이 조금 필요했다. 난 싱겁게 씩 웃으면서 담배 한 대를 물었다. 적어도 자극적인 재미를 위해 이들의 인습을 촬영하고 싶지는 않았기 때문이다.

여자들끼리 정글에서 아나콘다 사냥을 하며 살아가는 생활, 그 자체만 보여줘도 야르보족의 대부분의 진실을 보여준 셈이다. 임신과 출산 후의 과정은 나레이션으로 설명해주면 된다는 결론이 섰다.

"로사! 안또끼 부족에 가서 남자를 만날 거야?"

"아니, 저기 가면 약초꾼들이 사는 움막이 있어."

로사와 까샤가 움막에 사는 두 남자를 찾아가서 그 중 한 명을 데려 올 것이고, 솔레다는 하루 종일 말로까에서 몸단장을 할 것이라고 했다.

야르보족 여자들에게는 성스러운 의식임에 틀림없지만, 우리가 아는 '씨받이'라는 남녀의 관계가 반대상황인지라 극도의 호기심이 발동하였다.

울창한 숲 개울 가장자리에 수정처럼 맑은 물이 솟아난다. 샘물 주위로 금모래가 가득하다. 로사와 까샤가 앉아 밀가루처럼 곱고 하얀 모래로 양치질을 정성스럽게 한다. 이가 상하지 않을까 걱정이 되지만, 반짝반짝 빛나는 그들의 치아를 보면 슬쩍 나도 저 모래로 이를 닦고 싶어진다. 코를 '팽' 푸는 걸로 목욕을 마친다.

밀가루처럼 곱고 하얀 모래로 이를 닦는다.

까샤는 곧장 정글로 들어가더니 힘차게 도끼질을 한다. 한 뼘 굵기밖에 안 되는 촌따나무는 맥없이 쓰러지고 로사가 '마치에떼'로 껍질을 길게 저민 다음 벗겨내자 우유빛 속껍질이 드러난다.

로사는 촌따나무 연한 속살을 잘라 수다를 떨면서 리포터 구자미와 먹는다. 죽순 모양의 담백하고 고소한 촌따나무 속을 허기질 때 툭 몇 입 깨물어 먹으면 든든해지고 소화가 잘돼 금방 배추꼬갱이 냄새나는 트림이 나온다.

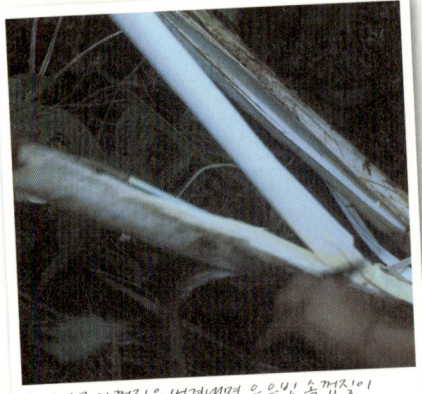
촌따나무의 껍질을 벗겨내면 우유빛 속껍질이 드러난다.

이어서 그 옆에 있는 '찬차마' 나무를 단번에 쓰러뜨려 겉껍질을 벗기자 신기하게도 속껍질이 두루마리 화장지처럼 말려있다.

그 속껍질을 저며서 가로 세로 1m가량을 잘라낸다. 그리고는 까샤가 옆에 쓰러져있는 통나무에다 속껍질을 올려놓고 칼등으로 톡톡 다진다.

까샤가 한참을 두들기자 속껍질의 섬유질이 하얗게 부풀어올라 광목천이 되었다. 두어 시간만 볕에 말리면 질기고 흡수력이 강한 다양한 용도의 원단이 된다. '흐뿌힉으'라는 이 원단은 워낙 질기고 쉽사리 해지지 않아 여자들은 이 천을 치마와 생리대 재료로 사용하기도 하는데, 까샤와 로사는 이쁜 문양을 그려 넣은 새 치마를 만들어서 솔레다한테 입힐 심산이다.

말로까 구석에서 우슈할머니가 떫은 밤맛이 나는 아사히열매, 밤과 감의 중간 맛인데 홍시처럼 생긴 촌따두루 삶은 것, 까사베 빈대떡 두 장을 주섬주섬 바구니에 담는다. 남자들한테 줄 인사치렛감을 준비하는 것이다. 결혼도 아니고 잠깐의 동거일 뿐이지만 소박한 대로 예의를 갖추는 것, 이런 모습이 부족 사회의 또 다른 매력이다.

카누를 타고 강을 건넜다. 샛길이 난 숲으로 1시간쯤 들어가자 코카차밭이 나오고 그리고 화전으로 새까맣게 탄 나무가 줄줄이 누워있는 건너편에 작은 움막 하나가 보인다. "발데미르!" "루이스!" 로사가 검게 탄 나무에 올라서서 목을 빼고 남자들을 부른다. 내가 보기엔 멀어서 들릴 것 같지 않은데 아무래도 미리 귀뜸없이 남자들의 움막에 들어가는 건 좀 쑥스러운 모양이다.

마침 두 남자가 다 있다. 발데미르는 장작을 패고, 루이스는 움막 해먹에 누워 있다. 다가갈 때까지 두 여자가 수십 번은 이름을 외쳤

찬차마나무 속껍질을 칼등으로 다져서 부풀게 한다.

는데도 무슨 꿍꿍이인지 우리 쪽으로 고개 한 번 돌리지 않는다.

무작정 따라 들어설 일이 아니었다. 내가 나서 "아미고(친구)" 하며 이쪽에도 남자가 있다는 신호를 보내자 두 남자가 동시에 흠칫 쳐다보고는 내 손에 들려진 카메라 쪽으로 시선을 내린다.

발데미르가 난감한 표정으로 이마에 땀을 훔친다. 눈치 빠른 로사가 얼른 바구니에서 흐뿌힉으 천 조각을 꺼내더니 발데미르의 가슴에 흐르는 땀을 닦아주며 "마스 두로(더 실해졌네)" 한다. 이 장면 하나로 나는 이들이 초면이 아닐 뿐만 아니라 얽힌 사연도 한 타래는 되겠다고 생각했다.

두 남자가 우리와 담배를 나눠 피며 야르보 부족과의 관계를 차근차근 설명해주었다.

"우리는 사촌간인데 이웃인 안또기 부족 사람이다. 부족에서 5년 전에 나와 이곳에서 약초를 따서 내다 팔며 사는데, 어느 날부터 야르보 여자들이 찾아오기 시작했다. 야르보 부족에는 두 달에 한 번꼴로 불려 가고 일주일 정도 머물게 된다. 우슈할머니를 빼고는 모두가 다 자기들을 필요로 하는 것 같은데 늘 잘 먹여주고, 편안하게 해줘서 가는 일이 즐겁다. 이젠 야르보 여자들과 다 아는 사이라 우리가 먼저 들리기도 한다."

발데미르는 근육질이고 루이스는 마른 편이다. 둘 다 한창인 20대 후반이고 늘 코카가루를 입에 물고 다닌다. '열 여자 싫어하는 남자 없다'는 말이 여기에선 숫사까시 딱 맞는다. 두 남자의 말투에는 은근히 가까이에 사는 불우이웃을 돕고 있다고 당당하게 말하는 뉘앙스와 그저 상부상조의 미덕 정도로 편안하게 받아들이는 마음이 베어 있었다.

움막에서 서슴없이 진한 농담들이 오가는 게 화기애애한 분위기다. 남자 둘에 여자 둘, 그렇게 넷이 거봉 포도알 만한 아사히열매 껍질을 심심풀이로 갉아먹으면서 수다가 이어진다. 로사가 "오늘은 솔레다가 기다리고 있는데, 걔는 뚱뚱해서 루이스 너 같은 말라깽이를 좋아할걸?" 하고 말을 던지면, "셀시다도 다 컸던데 언제 머리 올려줄 거냐"고 능청스럽게 루이스가 받아치는 식이다.

그렇게 두어 마디가 끝나면 움막이 떠나가라 웃고, 로사와 루이스가 떠드는 사이 까샤는 열심히 촌따두루 껍질을 까서 발데미르에게 먹이느라 웃음으로 맞장구를 친다. 나는 멀지 감치서 찍다가 중간 중간 끽끽거리느라 앵글이 흔들렸지만 신경 쓰지 않았다.

얘기가 진행되는 걸로 봐서 루이스가 가나 싶었는데 발데미르가 따라 나선다. 강을 건널 때 카누에 자미와 같이 탄 발데미르는 무엇이 부끄러운지 자미가 말을 붙여도 제대로 얼굴 한번 보지 못한다.

발데미르를 말로까 해먹에 쉬게 하고는 오히려 야르보 여자들이 촬영을 재촉한다. 실제 준비해야 할 것들이 많은데, 그것도 촬영을 하게끔 해주느라 우리를 기다려준 것이다.

우슈할머니는 솔레다를 데리고 개울로 목욕하러 떠나고 우리와 여자들은 도끼와 정글칼을 챙겨서 숲으로 이동했다. 역시 도끼에 맨 처음 발동을 거는 까샤. 두 아름은 됨직한 '하르나' 나무를 내려친다.

나무의 5m 정도 높이에서 '히라꾼요' 벌 수천 마리가 난리를 친다. 이들은 나무 속 깊이 박힌 목청을 따라 온 것이다.

자신들의 집을 공격한 우리를 향해 벌떼가 새까맣게 날아온다. 도끼질하던 까샤와 여자들이 도망가듯 뒤로 물러서서 모근을 파고드는 벌을 쫓느라 미친 듯이 머리를 긁고 비벼댄다. 차라리 몇 방 쏘이는 게 낫지 머리카락이나 겨드랑이 털 속을 향해 무조건 돌진하는 '히라꾼요' 벌은 대책이 없다.

로사와 마리가 막대기에 마른 잎을 둘러서 빗자루를 만든 다음 불을 붙여 벌집에 갖다 댄다. 연기와 함께 뜨거운 열기에 놀란 벌떼들이 더욱 거세게 비행반경을 넓히자, 까샤가 어디서 진흙 한 뭉치를 들고 와서 로사의 무등을 타더니 냅다 벌집구멍에다 진흙을 쳐 박는

나무를 쓰러뜨리고 벌집을 잘라낸다.

다. 언제나 그랬듯이 용감한 로사와 까샤만이 목청 따기에 고군분투할 뿐 나머지는 머릿속에서 벌을 잡아 빼느라 제정신들이 아니다.

나무를 쓰러뜨리고 벌들이 드나드는 구멍 밑을 도끼로 파낸 다음 벌집을 꺼내니 가로로 30cm는 족히 된다.

소주잔을 닮은 열대여섯 개의 진갈색 꿀방에 투명한 꿀이 가득 담겨있다. 시큼하고 끈기는 덜하지만 아주 달고 꽃향기가 신선하게 느껴지는 목청. 얼른 꿀물 한 사발 만들어 시원하게 들이키고 싶다고 침을 삼키는데, 야르보 여자들은 꿀에는 별 관심이 없고 벌집에 촘촘히 박혀있는 애벌레를 벌집채 잘라먹느라 아주 난리다. 안 그래도 애벌레를 좋아하는 여자들한테 꿀향기까지 배어있는 녀석들이니 오죽하랴.

꿀보다는 벌애벌레를 좋아한다.

한참 그렇게 애벌레를 먹더니 로사가 잎새로 간이 바구니를 만들어 꿀을 담으며, "춍"하며 갈 길을 재촉한다.

다음 목적지는 코카차밭. 보통 여자 키 크기의 꼬까차 나무가 100평 정도의 화전밭을 꽉 채웠다.

야르보 여자들이 검은색 분장에 쓰는 위또열매 나무도 듬성듬성 심어져있다. 연두색 코카잎이 햇빛을 받아 반짝반짝 윤기를 뽐내는 게 땅의 기운을 제대로 받은 모습이다. 어느새 여자들이 코카잎을 다

땄다.

말로까 안에 부족 식구가 다 모였다. 발데미르는 벌써 솔레다 옆에 앉아 있다. 코카가루를 잎새로 퍼서 돌아가며 한 입씩 먹는다. 솔레다는 목욕을 하고 방금 왔는지 촉촉한 머릿결에 얼굴 분장도 말끔히 지우고 새 치마를 곱게 입고 있는 모습이 영 딴 사람 같다.

로사가 코담배를 준비한다. 담배가 영혼을 정화시키며 잠들어있는 자각을 일깨운다고 믿기 때문에 크고 작은 의식에 코담배가 빠질 리가 없는 것이다. 로사가 한 사람씩 콧구멍에 파이프를 살짝 끼우고 담배가루를 불어넣는다. 너나 할 것 없이 켁켁대며 눈물을 닦아낸다.

솔레다는 로사가 일부러 가루를 많이 불었는지 전에 없이 얌전을 빼던 내숭도 순식간에 팽개치고 머리를 부여잡고 뒹군다.

내 경험으로 코담배의 맛을 설명하자면, 우선 코담배 가루가 코로 들어오는 순간, 뭔가가 머리끝을 날카롭게 찌르는 느낌이 든다. 몇 초 동안은 눈물이 찔끔하고 정신 차리기가 힘들다가 서서히 머릿속이 맑아진다.

어둠이 조용히 내려앉았다. 아마존의 밤처럼 완전한 어둠과 적막을 연출하는 것이 있을까. 나는 가끔 이런 아마존의 밤이 그리워질 때가 있다. 살아남기 위해 분주하게 움직여야하는 문명인들의 고단한 삶일지라도 정지하지 않고는 못 베길 것 같은 완전한 어둠.

솔레다와 발데미르가 꿀 식혜를 마신다. 그러더니 발데미르가 앞서고 솔레다가 고개를 돌려 우슈할머니를 슬쩍 쳐다보더니 뒤따라 나간다. 두 사람은 샛길 쪽으로 몇 걸음 옮기더니 이내 어둠 속으로 사라졌다.

야르보족,
아나콘다를 사냥하다

프로그램의 멋진 마무리가 절실했으므로 아침 일찍부터 모두 모여 전에 잡았던 것보다 더 큰 아나콘다를 어떻게 사냥할 수 있을까 하며 회의를 했다.

나서기 좋아하는 데다 사냥실력도 최고인 까샤가 대뜸 나선다. 몇 번 써봤는데 효과가 최고라며 닭 피를 뿌리자는 것이다. 아나콘다는 혀를 낼름거리며 냄새를 맡는데, 그 감각이 아주 예민해서 100m 이상 떨어진 곳에서도 피 냄새를 맡는다며, 닭은 우슈할머니가 키우는 걸 쓰면 된다고 한다.

보아과 뱀 아나콘다는 늪과 숲을 오가며 몸을 식혔다 말렸다 하는데, 이렇게 먹잇감을 기다리다 물을 찾아 늪 부근으로 내려온 동물들을 발견하면 바로 공격한다.

아나콘다의 콧잔등엔 구멍이 뚫려 있다. 이것은 숨을 쉬기 위한 것이 아니라 열 감지 센서다. 아주 예민한 신경조직으로 주위에 있는 생명체들의 위치와 움직임을 포착하고 대처할 수 있게 해주는데, 이렇게 가장 중요한 기관인 만큼 아나콘다는 본능적으로 늪지대와 햇볕지대를 옮겨가며 이 부위의 습도유지에 신경을 쓴다.

미끼도 구했으니 이번엔 늪 건너편으로 목적지를 정하고 숲을 우회해서 돌아가기로 했다. 까샤가 앞장서서 막대기로 사방에 깔린 거미줄을 거칠게 쳐내며 길을 내주고 있다. 그 뒤에 로사가 닭을 담은 바구니를 멘 채 따라가고 아메이다 등 여자들이 따랐다.

발 밑을 보니 개미 천지라 슬슬 걱정이 되는데, '악!' 외마디 소리를 지르며 여자 하나가 주저앉는다. 왕개미 '추까가히'가 마리를 문 것이다. 마리의 두툼한 발바닥에 피가 흐르고 찢어져 검게 보이는 상처는 손가락 마디쯤 돼 보인다.

추까가히는 검정싸인펜 뚜껑 만한 큰 개미로 정글에 사는 수십 종의 개미 가운데서도 턱과 턱에 달린 가위가 가장 강한 놈이다. 어찌나 무는 속도가 빠른지, 종종걸음으로 빠르게 떼어놓는 발바닥이 새까만 추까가히 개미를 밟는 순간, 거대한 가위로 발바닥에 박힌 굳은 살까지 깊이 찢어버린다. 게다가 찢을 때 소량의 독성물질도 피부에 묻혀놓기 때문에 한동안 발 전체가 후끈거리고 통증이 심하다.

우리는 마리를 옮길 장소를 찾았으나 개미로부터의 안전지대는 보이지 않았다. 급한 대로 쁠라따니오 잎을 몇 장 깔고는 갖고있는 모기 스프레이를 뿌려댔다. 로사가 파상풍 소독제로 쓰이는 '쵸뻬이뜨' 나무줄기를 베어와 마리의 상처에 즙을 떨군다.

물기가 질펀한 흙 아래로 통로를 내고 집을 짓는 추까가히는 재미있게도 인디오들이 즐겨먹는 개미이기도 하다. 치명적인 만큼 맛있는 개미, 먹을 것을 앞에 놔두고 먹성 좋은 까샤가 그냥 있을 리가 만

야르보 부족 여자들의 하루는 정글에서 시작된다

무하다. 가느다란 막대기로 개미집 구멍을 찌르고 빼기를 반복하니까 까만색 큰 개미 수십 마리가 막대기에 붙어 나온다.

까샤는 재빨리 한 손으로 쭉 훑어낸 뒤 떨어진 개미들을 정글칼 옆면으로 탁탁친다. 땅바닥에 부상을 입고 바둥대는 추까가히를 주워 '후' 불어 흙을 털어 가며 씹는데 '틱! 딱!' 경쾌한 파열음이 난다.

이것 역시 보통 까사베에 열댓 마리씩 쌈 싸서 먹는데 커서 씹는 느낌도 있고 새콤한 맛 때문에 아이들이 아주 좋아한다. 물론 급히 먹다가는 종종 입술이나 혀를 물려서 혼쭐이 나기도 하지만 말이다.

추까가히 역시 무척이나 크고 치명적이지만 정글에서 가장 위험한 개미는 따로 있다. 내가 브라질 쪽 부족을 취재하다 포르투갈어로 '빠라뽀네라끌라바바' 라는 초대형 개미에게 등을 물렸는데, 따끔한 게 아니라 생살을 이쑤시개로 푹 찌르는 둔탁한 통증이 몇 시간이고 계속되어 도저히 카메라를 들 수 없을 정도였다. 크기는 추까가히와 비슷하지만 이놈의 주둥이는 핀셋과 흡사해서 피부를 찌른다기보다 독극 물질을 피하에 주사한다는 표현이 맞다. 등의 찔린 부위는 아프기도 하거니와 통통 부어서 밤에 바로 눕기도 힘들었다. 인디오들은 독성이 강할 뿐 아니라 개미 특유의 신맛도 없어 이 개미는 먹지 않는다고 한다.

제 때 치료를 해서 마리는 괜찮아 보였지만, 아무래도 안되겠다 싶어 말로까로 보내 고구마를 삶게 했다. 내륙에서 흘러 들어온 고구마는 아마존 화전밭에서 조금씩 재배되는데 정글의 기름진 토양의 기운을 듬뿍 받아 속까지 빨간 것이 작지만 차지다.

마리를 보내고 한숨 돌리고 있는데, 이번에는 자미가 나뒹군다. 여자들이 요란법석을 떠는 게 꼭 자미가 다쳐서 그런 것만은 아닌 것 같다. "아라히, 아라히"라고 외치면서 숲으로 뛰어가는 여자와 자미의 발등을 빨아주는 로사가 눈에 들어왔다. 카메라렌즈를 줌인해서 보니 발등의 상처가 독을 빨아 뱉는 로사의 입술 사이로 발긋한 점같이 보인다. 자미는 울면서 이 사람 저 사람 번갈아 쳐다보며, 주위가 바쁘게 움직이니까 위험한 사고가 아닐까 싶어 눈에 겁이 가득하다.

자미를 문 아라히는 몸뚱어리는 흰털로 덮여 엄지손톱만하고 다리는 옆구리에 다닥다닥 붙은 전갈 정도로 강한 독을 품고있는 거이다.

다른 거미들이 풀이나 나무에 줄을 치고 먹이사냥을 하는데 비해 아라히는 풀밭을 기어 다니다 제 눈높이에서 활동하는 곤충이나 애벌레 등을 닥치는 대로 기습한다. 날카로운 주둥이로 먹잇감을 찔러 독을 주입한 뒤 마취를 시키고 나면 먹이가 빈 껍질만 남을 때까지 내용물을 빨아먹는 잔인한 놈이다. 자미가 아라히의 다리를 밟자 순식간에 슬리퍼를 타고 올라와 발등을 공격한 것이다.

여자들이 구해온 '빠홋싸' 풀을 로사가 입으로 황급히 씹은 뒤 손으로 꼭 짜서 발등에 즙을 흘린다. 까샤가 이미 밟아 죽인 아라히를 들어 자미한테 보여주면서 주먹정도 큰놈이 물었으면 고생했을 텐데 이건 새끼니까 해독제가 스며들어가면 낫는다고 안심시킨다.

이곳 여자들이야 수없이 물려본 곤충들이지만, 문명이라는 온실에서 과도한 보호를 받으며 살아가고 있는 우리로서는 갑자기 닥치는 크고 작은 자연의 공격에 놀랄 수밖에 없다. 다행히 자미는 통증이 가라앉는다며 웃어 보인다.

목적지에 거의 도착했다. 나는 뒤쳐져 걸으면서 로사에게 닭피는 어디쯤 뿌릴 건지 묻고 있는데 까샤가 미친 듯이 창으로 땅바닥을 후려친다.

정글에서 가장 무서운 동물은 '따라하끼'라는 '발목뱀'이라고 한다.

"또 뭐야" 하는 심정으로 얼른 뛰어가 보니 10cm정도 길이의 노랑초록색 뱀이 이미 죽어있다.

"무이 뺄리그로소(위험한 놈이야)."

나보고 가까이 오지 말라고 손짓하고선 까샤는 창 끝으로 죽은 독사의 목을 찌른다. 솔레다가 지푸라기로 뱀의 목을 묶어 '따라하끼' 출몰지역이라는 경고표시로 멀리서도 잘 보이도록 나뭇가지에 매달아 놓는다.

부족사람들이 정글에서 가장 무서워하는 동물은 먹이사슬의 맨 위에 포진하고있는 표범이 아니라 원주민 말로 '따라하끼' 라고 하는 '발목뱀' 이다.

인디오들의 사망사고 대부분이 이 뱀한테 발목을 물리는 경우인데, 치명적인 독이 30분 이내에 몸에 퍼지면서 사망한다. 물론 해독제가 있긴 하지만 워낙 독이 강해 독성을 완화시키거나 퍼지는 속도를 지연할 순 있어도 완전해독은 불가능하다고 한다. 그렇다고 인근에 병원이 있는 것도 아니고 앓다가 죽는 수밖에.

그러니까 까샤도 미친 듯 쳐죽이고 창으로 확인사살까지 하고 또 나무에 매달아 위험 동물 출몰지역을 표시해 두는 것이다.

아마존 부족들은 전쟁이나 큰 동물을 사냥할 때는 살상용 독극물을 화살촉에 묻히는데, '꾸라레' 라는 식물의 독과 함께 이 뱀의 독을 사용한다.

밀페소나무가 몇 그루 보이고 축축한 지면에는 잡목과 풀이 허리까지 자라있어 숲이 빼곡하게 들어찬 늪 반대편하고는 분위기가 상당히 다르다. 까샤의 양 팔뚝에 근육이 불끈 나타나며 닭 모가지를 비틀자 날개를 퍼덕거린다. 이빨로 목살을 물어뜯으며 힘을 쓰자 닭 몸뚱이에서 대가리가 떨어진다. 그 광경을 보면서 까샤가 야르보 여자인 게 다행이라는 생각도 들었다. 만약 결혼했다면 남자는 어떻게 같이 살까? 잡히면 저렇게 될까봐 도망치지도 못하고 좌불안석일거란 생각이 든다.

늪 가부터 잡목더미까지 피를 골고루 뿌렸다. 로사는 잡목에 처박힌 닭대가리 마저 주워 바구니에 담는다.

이젠 멀찌감치 숨어 아나콘다를 기다리면서 모기부대에 헌혈할 일만 남았다.

아나콘다를 기다린 지 열 시간. 드디어 7~8m는 족히 돼 보이는

아나콘다는 바로 아마존이다. 동물들은 아나콘다의 존재를 수십미터 떨어진 곳에서도 감지하고 피한다. 그래서 아나콘다는 먹이사슬의 가장 위쪽에 있으면서도

커다란 아나콘다 한 마리가 나타났다.

본능적으로 모두가 숨을 죽였다. 까샤가 조심스럽게 다가가 재빠르게 아나콘다의 목을 잡았다. 그리고 로사가 꿈틀거리는 몸뚱어리를 잡자, 아메이다도 재빠르게 거들었고 여자들이 우르르 몰려와 아나콘다를 사냥한다. 순식간에 벌어진 일이 믿기지 않을 정도였다. 한참을 아나콘다와 뒤엉켜 기 싸움을 펼쳤다. 다행히 아나콘다는 며칠째 굶은 탓에 삼킬 듯 발버둥을 쳤지만 이내 힘이 빠져 지치고 만다. 동물의 세계란 참 단순하다. 우열이 가려지면 한동안 순종이 뒤따른다. 아나콘다 역시 우열이 가려지자 꼬리를 내린 것이다.

그렇게 꿈꿔오던 아나콘다 사냥을 찍고 나서 야르보 부족들과 헤어질 때, 그녀들이 얼마나 서럽게 우는지 나도 같이 눈물이 날 지경이었다. 그 후 야르보족은 콜롬비아 정부가 게릴라와의 접촉을 막기 위해 거점도시 가까운 곳으로 이주를 시켰다.

늘 먹이에 굶주려 있다. 늪이 마르는 건기에는 더욱 그렇다. 정글의 살아있는 것들과 이 배고픈 보아뱀이 바로 아마존인 것이다.

덕분에 그 이후로는 쉽게 가서 만날 수가 있다. 하지만 점점 그녀들의 전통이 사라져가고 있는 것도 사실이다.

뭐 어쨌든 이주를 한 이후, 로사는 50대의 안또끼 부족 남자와 결혼하고 까샤는 팔 하나를 잃은 남자와 결혼했다고 한다.

늘 궁금한 것인데 왜 강한 여자들은 약한 남자들에게 매력을 느끼는 것일까?

샤마꼬꼬족,
일그러진 인디오의 삶

아마존 인디오들 가운데는 야르보족처럼 건강하고 밝게 살아가는 인디오들만 있는 것은 아니다. 문명과의 접촉은 인디오들의 심성을 왜곡시켜 놓았다. 도시인도 아니고 인디오도 아닌 부족들이 늘어나고 있는 것이다.

파라과이 북부 브라질 접경 지역의 샤마꼬꼬 부족을 취재 할 때였다. 북부 파라과이 강 주변은 원시림이 그대로 남아있기 때문에 수도 아승숀을 가로질러서 브라질 아마존까지 이어지는 뱃길을 통과해 가다보면 물 위로는 아마존의 온갖 동물들이 튀어나오고 수십 종의 새가 하늘을 가르는 장관을 볼 수 있다.

캐나다 한 도네이션 잡지에서 이 샤마꼬꼬족이 머리부터 옷까지 굉장히 화려한 새털로 치장하는 독특한 문화를 가지고 있을 뿐만 아니라 여전히 주술 치료가 보존되는 부족으로 소개되어있는 것을 본 적이 있는 터라 예전부터 무척이나 촬영하고 싶었던 부족이었다.

그렇게 오매불망 원하고 있던 터에 다행히 파라과이 신문사 편집

장 출신인 미구엘이 나를 그 곳까지 안내해 주겠다고 나선 것이다. 기회를 놓칠세라 나는 바로 촬영준비를 마치고 샤마꼬꼬 부족을 찾아 나섰다.

파라과이는 국내선 개발이 미진한 나라라서 웬만한 곳은 다 경비행기로 움직여야 한다. 내가 샤마꼬꼬족을 만나기 위해 북부의 작은 마을 뽀르또 알레그레로 떠난 그 시점이 하필이면 지독한 우기라 경비행장이 침수된 바람에 경비행기 직행으로는 2시간이면 도착할 거리를 훨씬 남쪽 지점에 착륙해서 다시 보트를 타고 뱃길로 48시간을 돌아서 들어갔다.

말이 좋아 48시간이지 보트를 세울 곳이 한 군데도 없어서 우리 일행은 보트에서 생라면과 쥐포를 뜯어먹으며 이틀을 꼬박 보낼 수밖에 없었는데, 그렇게 이틀을 꼬박 고생해 들어간 부족 마을의 첫 풍경은 그야말로 허망했다.

화려한 깃털 장식의 옷을 입은 사람들은 한 명도 보이지 않는 데다 엉성한 움막집에 모여 사는 부족사람들은 목구멍만 겨우 뚫어 놓은 광목을 두르고 있는 모습이 한 눈에도 난민촌 같은 느낌이다. 고생 끝에 낙이어야 하는데 고생 끝에 절망이다.

우선 놀란 가슴을 진정시키고 새털로 장식을 한 옷을 입고 축제를 벌이는 샤마꼬꼬 부족은 없느냐고 물었더니 손가락으로 어디쯤을 가리키며 배로 다섯 시간이나 더 들어가야 하는 곳을 가리킨다.

당도하니, 추장과 아들 다섯 명이 마을을 좌지우지하고 있는 이 마을은 부족의 전통을 지키고 있는 게 아니라 돈을 받고 언론이나 구호 단체에서 와서 보여달라 하면 보여주는 식으로 부족의 전통을 팔고 있었다.

　아무리 문명의 영향을 많이 받고 있다고 해도 이런 식의 장사꾼 집단은 처음 본 터라 황당함을 감추지 못하고 있는데 추장의 다섯 아들 중 큰아들이 다가와서 흥정을 한다.

　어쨌든 없는 문화도 아니고 여기까지 와서 샤마꼬꼬 부족의 전통을 보여주는 것도 나름대로 의미가 있겠다는 생각에 애써 마음을 추스렸다.

　샤마꼬꼬족이 사는 곳에는 워낙 다양한 종류의 새가 있는데다가 그 수가 많아 예로부터 새의 깃털로 장식한 옷을 입고 축제를 하는 문화가 발달했는데, 여기저기 새를 잡는 갖가지 사냥도구들이 걸려 있는 걸 보니 새를 잡는 솜씨도 괜찮은 것처럼 보였다. 물론 개중에는 내가 어려서 갖고 놀던 새 총을 크게 뻥튀기 해놓은 것 같은 사냥도구도 있어 저걸로 정말 새를 잡을 수 있을까 의심이 들기도 했다. 만약 잡을 수 있다면 사냥꾼의 실력이 아주 뛰어나거나 새가 아주 바보거나 둘 중에 하나일거라 생각하면서 나는 계속 이야기에 귀를 기울였다.

　한 때 샤마꼬꼬족의 대부분이 정글을 떠나 문명에 편입해 살기를 시도한 적이 있었는데, 다른 인디오들과 마찬가지로 막노동과 매춘에 시달리다 적응하기를 포기하고 다시 예전에 살던 터로 다시 돌아왔다고 한다. 그러다 보니 이도 저도 아닌 어정쩡한 상태로 부족전체가 가난을 벗어나지 못한 채 유일한 재산인 부족의 전통을 팔고 있는 것이다.

　과도기에 처한 인디오들의 고단한 삶은 익히 알고 있는 터라 애초에 장사꾼이라고 생각하던 마음을 고쳐먹으려고 하는데 추장의 큰아들이 장부를 하나 꺼낸다.

촬영을 하는데 총 몇 명이 필요하냐는 것이다. '몇 명이 필요하다니?' 의아해 하고 있는데, 장부를 척 하고 보여준다.

어허, 이것 좀 봐라. 방금 나한테 건네준 파인애플 반 통 가격까지 적혀있다. 파인애플 반 통 얼마, 동원한 성인 남녀 한 명에 얼마, 기가 막혀서 말이 안 나온다. 미리 고지도 안하고 이렇게 마음대로 가격을 책정하다니 장사치치곤 상도덕도 없는 놈이다.

빈 손으로 대책없이 돌아가기도 끔찍했거니와 내 곁에서 우글거리며 쳐다보고 있는 가난한 부족사람들을 보니 야멸차게 일어설 수도 없다. 그래서 공연을 찍어서 보여준다고 생각하고 축제를 재현하는데 필요한 인원들을 물어보았다.

일사천리로 여자 남자 몇 명이 필요하고 일당 얼마씩을 척척 적는데, 한두 번 해본 솜씨가 아니다.

이러고 앉아 있으니 무슨 괴조직과 거래라도 하러 들어온 것 같아 기분이 더럽지만 일은 일이니까 제발 저렇게 번 돈을 부족들에게 공평하게 나눠주길 바라면서 일어섰다.

처음 촬영하기로 한 것은 새 사냥이었다. 즐비하게 진열되어 있는 사냥도구들 중에 마음에 드는 것들을 골라 사냥을 하러 나갔는데, 어찌된 게 다들 한 마리도 못 잡는 것이다.

하루 종일을 기다려도 한 마리도 못 잡기에 오기가 나서 내가 나섰는데, 그 새총 비슷한 것들은 조준도 잘 되지 않고 새를 잡으려다가 사람 잡게 생긴 도구였다.

새 집 하나 겨우 발견한 게 그 날의 성과였다. 일이 이 정도니 사냥은 포기하고, 그럼 축제라도 찍으려고 추장 아들에게 다가갔다.

이 추장 아들놈이 하루종일 촬영 공친 거는 안중에도 없고 카메라 앞으로 쓱 걸어간 사람들까지 꼼꼼하게 일당을 계산해서 적어 놓았다.

영화로 치면 섭외도 하지 않은 행인 1, 2까지 출연료를 지급해야 하는 식이다. 이쯤 되면 칼만 안 들었지 완전 강도다. 실제로 이 녀석 허리춤에 긴 칼이랑 커다란 몽둥이까지 차고 있으니 칼까지 차고 있는 강도다.

이 녀석이랑 상대하니까 점점 머리가 아파진다. 어서 일을 끝내야지 싶어 알았으니까 이제 축제를 찍자고 이야기를 했다.

축제를 찍자면 돼지를 한 마리 잡아야 한다는 녀석의 말대로 부족들이 키우던 돼지 한 마리 값을 지불하고 돼지 바비큐가 시작되는 순간부터 카메라를 돌려야지 하고 마음을 먹고 있는데, 돼지를 굽는 냄새가 나기 시작하자 도대체 어디에 숨어있다 나타났는지 수십 명이 돼지 앞으로 새까맣게 몰려든다.

아귀지옥이 있다면 바로 이 모양이고, 아귀다툼도 이 모습을 모델로 한다면 더 생생하게 그려지지 않을까. 나는 한 번도 그렇게 사람들이 개미떼

샤마꼬꼬 추장이 리포터 조하나씨의 삔 발목을 밟고 있다.

3부_ 아마존에서 산다는 것 **233**

처럼 모여들어 정신없이 먹는 모습을 보지 못했다.

그래도 내가 누군가? 보도국 시절 대검찰청 앞마당에서 단련된 실력으로 인디오들을 밀치고 들어가야지! 라고 생각했지만, 서울의 취재경쟁보다 샤마꼬꼬 부족의 먹기 경쟁이 더 무서웠다.

수백 명 틈도 요리조리 잘 뚫던 내 노련함은 굶주린 인디오 한두 명 사이에도 들어갈 수 없는 그야말로 쓸모 없는 장님 안다리후리기 기술이었다.

망연자실해서 겨우 카메라를 든 채 넋을 빼고 있는데 얼마나 지났을까. 돼지 앞에 껌처럼 붙어있던 원주민들이 하나 둘 떨어진다.

SF 영화의 특수효과가 내 눈앞에서 펼쳐진다. 방금까지 있던 돼지 한 마리는 그야말로 뼈만 남기고 완전히 사라져 버렸다. 돼지머리조차 남지 않았다.

아무것도 찍지 못하고, 내 돈으로 산 돼지고기 한 점 먹지 못한 채 허망하게 시간만 지나갔다.

빌어먹을, 이쯤 되니 머리끝까지 열이 확 오르는데, 또 때마침 추장 큰아들이 장부를 들고서 다가온다. 그 치부책에는 돼지를 먹으러 달려나온 사람들의 수까지 일당이 계산되어 있다.

이 자식도 분명 돼지를 먹으러 달려가는 걸 봤는데 언제 이 숫자를 다 셋단 말인가. 대단한 놈. 어떤 순간에도 자신의 임무를 확실히 이행하는 놈이다.

하지만 녀석의 탁월한 능력에 감탄을 하고 있을 여유가 나에게는 남아있지 않았다. 나는 화가 머리끝까지 치밀어 우리말로 내가 아는 욕은 모조리 내뱉으면서 분을 참지 못하고 손에 쥐고 있던 파인애플

통을 냅다 집어던졌다.

아뿔싸. 아무리 화가 났다 하더라도, 난 진정코 파인애플 통을 추장 큰아들 머리위로 던질 생각은 추호도 없었다.

'뻭!' 하는 소리와 함께 파인애플 통에 맞아 휙 돌아가는 추장 아들의 머리가 슬로우 비디오처럼 눈에 들어온다.

이런 젠장, 이건 흡사 부부싸움을 할 때 두루마리 휴지를 던진다는 게 비싼 도자기를 잘못 던져 갑자기 전세가 역전되는 그런 형국이다.

잠시 싸늘한 정적이 흐르고 나는 뻘쭘하게 서서 사과를 해야하나 말아야 하나 잠깐 머리를 굴리고 있는데 갑자기 '윙~' 하는 바람 소리가 들린다. 추장 큰아들이 허리춤에 차고 있던 긴 칼을 뽑아 한 바퀴 휙 돌리는 것을 보긴 했는데 칼끝은 어느새 내 왼쪽 옆구리에 닿아 있다.

예리한 살 끝이 사각 소리를 내며 내 옆구리 살을 2밀리쯤 파고드는 순간, 내 온몸은 마치 총을 맞은 것처럼 굳어버렸다. 칼 끝이 조금씩 내 살을 뚫고 들어오는 게 그냥 겁만 주려고 뽑은 건 아닌 것 같다.

추장 큰아들이 뭐라고 지껄인다.

"이, 이 새끼 뭐라는 거야?" 겨우 정신을 차리고 미구엘에게 물었더니 제 몸엔 손가락 끝 하나 안 댔는데 미구엘의 목소리가 사시나무 떨듯이 떨린다.

"자기는 칼 집에서 칼을 꺼내고 그냥 집어넣은 적은 한 번도 없다는데요."

암, 그럼 옛말에도 있지 않은가. 남자가 칼을 뽑았으면 낙엽이라도 베어야지. 그래 너 잘났다. 이제 딱 죽었구나 생각하며 녀석을 노려보니 말 그대로 살기가 등등하다.

이 시점에서 내가 선택할 수 있는 것은 두 가지 중 하나였다. 싹싹 비느냐 아니면 장렬히 전사하느냐.

어려운 선택이다. 그 짧은 시간에 많은 생각이 머리위로 휘리릭 지나갔다. 어쨌든 난 지금껏 비굴하게 싹싹 빌어본 적도 없고, 이 시점에서 장렬히 전사할 생각은 물론 더더욱 없었다. '일도 이렇게 된 마당에 패잔병처럼 돌아가느니 차라리 죽지 뭐' 라는 생각이 들다가도, 다시 머릿속에 가족들의 얼굴이 하나하나 스쳐간다.

'그래, 쪽팔림은 순간이야. 사람 목숨이 중하지' 라고 속으로 마음을 다잡고 무릎이라도 꿇으려는 순간, 부릅뜬 놈의 눈과 마주치자 내 입에서 무의식적으로 나온 말은 뜻밖에도,

"그래 찔러, 이 새끼야 찔러!"

이놈의 성질.

살기가 뚝뚝 흐르는 추장 큰아들의 눈빛을 보면서 미구엘은 120킬로그램의 거구를 목도리 도마뱀처럼 날렵하게 움직여 도망을 간다. 눈물이 그렁그렁하던 리포터도 이미 자리를 피한 후다.

머릿속에선 온갖 감정이 교차한다. 내가 왜 그랬을까. 이제 내 가족들은 누가 돌보지? 그러다가도 언뜻 눈앞에 있는 놈의 커다란 목젖이 보이는데 내가 온 힘을 다하면 죽으면서 저 놈의 목젖 정도는

식빵 뜯어내듯이 뜯어낼 수 있겠다 싶기도 하다. 아, 하지만 내가 여기서 정녕 죽는 것인가.

그렇게 5초나 흘렀을까. 내겐 한 시간도 더 흐른 것 같은 잠깐의 시간이 흐르고, 그것은 순간 내 옆구리를 파고 든 칼끝에 약하게 힘이 빠지는 느낌이 전해졌다. 그 약간의 힘이 빠지는 순간, 그것은 죽음 앞에서 한껏 부풀어 있던 긴장이 이젠 살았구나 하는 안도감과 함께 스르르 가라앉는 느낌이었다.

이후 어떻게 그 상황이 정리되었는지는 필름이 끊긴 것처럼 몽롱하지만 마지막에 그 놈이 나에게 한 말은 똑똑히 기억하고 있다.

"너는 진짜 남자이기 때문에 살려준다."

어쩌면 처음부터 성질 죽이고 파인애플 따위 안 던졌으면 그런 험한 꼴 안 당하고 살았을 지도 모른다. 아니면 칼끝이 내 옆구리에 닿았을 때 무릎꿇고 싹싹 빌었다면 '인간이 불쌍해서 살려준다' 라는 말을 들으며 살았을지도 모른다. 하지만 그 죽음 앞에서 내가 얼떨결에 했던 그 욕지거리는 살아가면서 어떤 일이 있건 마지막 순간까지 날 잃지 않는 것이 최선임을 가르쳐준다.

물론 이런 일이 다음에 또 생긴다면 그 때는 여러 생각 않고 엎드려 싹싹 빌 생각이다. 세상엔 진짜 남자일지라도 살려두지 않는 비정하고 냉혹한 추장 아들이 어딘가에 존재할 수도 있을테니 말이다.

지금 북부 아마존의 인디오 부족들의 삶은 선택의 갈림길에 서 있다. 야르보족처럼 자연 속에서 건강하고 밝게 살 것인지, 문명의 껍질을 입고 도시로 빠져나가 살 것인지, 이 부족처럼 도시에서도 아마존에서도 어정쩡하게 살아 갈 것인지.

그래서 나는 생각한다. 그가 나에게 칼을 휘두른 것은 어쩌면 문명인에게 당한 복수의 칼날을 휘두른 것이리란 생각도 들었다.

나는 이 일그러진 인디오의 삶을 바라보면서 야르보족 여자들의 해맑은 얼굴을 떠올렸다. 이들도 그 크고 호탕한 웃음 소리를 다시 찾길 간절히 바래본다.

나는 이제 북부 아마존의 긴 여정을 마칠 생각이다. 하지만 이것이 아마존의 끝이 아니다. 오히려 아마존은 이제 시작이라 할 수 있다. 왜냐하면 아마존의 꽃은 싱구이기 때문이다. 싱구는 14개 부족이 살고 있으며 서로 비슷한 문화를 가지고 있다. 싱구의 이야기를 본격적으로 풀어놓기 전에 내가 겪은 부족 가운데 가장 잊지 못할 뿐만 아니라 싱구의 정서를 느낄 수 있는 이야기를 하나 소개하려 한다.

천사의 집엔
바퀴벌레가 산다

 싱구 까마이우라 부족 취재가 끝난 다음 까마이우라의 추장과 이야기를 나누다가 메이나꾸 부족 추장이 자신의 사촌동생이라며 다음 취재 부족으로 어떠냐고 묻는다. 추장끼리 사촌지간이긴 하지만 까마이우라 부족 사람들은 얼굴이 갸름한데 비해 메이나꾸 부족 사람들은 모두 둥글둥글한 얼굴을 갖고 있는 데다 싱구 14개 부족들 중 가장 착한 심성을 갖고 있다고 한다.
 그런 착한 심성 탓인지 메이나꾸 부족은 활이나 창 쓰는 일도 별로 좋아하지 않아 사냥꾼이 없고 육식은 물론 생선도 잘 먹지 않는다는 말을 들으니 그들의 정체가 점점 더 궁금해진다. 같은 싱구강 유역의 부족이라고 해도 이처럼 다른 문화를 갖고 있다는 사실이 신기해서 더더욱 좋은 그림이 나올 것만 같았다. 나는 들뜬 마음에 당장 행동을 개시했다.
 포스토 지아우름이라는 거점지역에서 메이나꾸 부족이 사는 마을까지 편도 500불에 협상을 하고 40마력짜리 보트에 몸을 싣고 달리기 시작한 시각이 오후 2시경. 갑자기 검은 비구름이 머리 위를 가리고 장대비를 쏟아 붓는다. 비를 맞으며 그렇게 메이나꾸 마을로 가는 여정이 시작됐다.

속옷까지 다 젖은 채 메이나꾸 마을에 도착한 시간은 밤 9시경. 아마존의 밤은 칠흑 같이 어둡다. 앞서 가는 동료를 체온으로 느낄 뿐 내 손가락 하나 보이지 않는다. 눈은 뜨고 있으나 아무 것도 보이지 않는 아마존의 기이한 어둠은 '한 치 앞도 모른다'는 말을 온몸으로 실감하게 하며 식은땀이 내 등줄기를 내리긋는다. 처음으로 어둠의 공포를 느껴본 것이다.

나는 먼저 추장이 있는 우람한 말로까를 찾았다. 촬영 여부는 물론, 이곳에 머물 수 있느냐 없느냐에 대한 결정이 모두 추장에게 달려있기 때문이다. 모닥불 빛이 환한 말로까에 들어서자 동공이 환히 트인다. 우선 답답했던 눈이 트이니 말문이 트이는 건 시간문제. 까마우이라 추장의 소개로 오게 됐으며 본의 아니게 늦은 밤에 도착해서 결례한 건 아닌지 내 스스로 놀랄만한 공손함이 절로 묻어나는 인사가 술술 나온다. 말이 끝나기도 전에 환하게 웃으며 우리를 가족처럼 맞아주는 메이나꾸 추장과 부족의 분위기는 단연 싱구 부족들이 손꼽는 천사표다운 면모였다.

사실 천사 같은 웃음과 달리 추장의 외모는 오히려 터프한 하록 선장을 닮았다. 30년 전 보로로족과의 유혈 충돌로 창에 오른쪽 눈을 잃었기 때문이다. 보로로족은 싱구 주변과 빠라지역 전역에 산재한 아주 거친 부족인데, 아마존에서도 유명한 '단순, 무식, 과격'의 삼위일체로 무장한 이들은 벌목업자나 채금업자들의 회유에 쉽게 말려

들곤 한다. 해서 아마존에서 돈으로 폭력을 사려는 이들의 타겟이 되곤 한다.

　메이나꾸 부족이 희생양이 된 이유는 그들이 원래 살았던 곳이 엄청난 양의 밀페소나무 등 말 그대로 건축자재로 가득한 벌목업자들의 노다지였기 때문인데, 이 곳을 뺏고 싶었던 벌목업자들이 보로로족을 앞세워 인디오 부족끼리의 전쟁을 부추긴 것이다.

　인디오 부족간의 전쟁이라는 것이 상대 전사들을 몰살하는 것이 관례인 만큼 벌목업자들은 인디오들의 전쟁이 치열하면 치열할수록 좋았다. 그리고 그 전투의 상흔은 메이나꾸족 노인들의 온몸에 그대로 남아있다. 다리를 잃거나, 눈을 잃거나, 팔을 잃거나. 어느 날 갑자기 영문도 모르는 채 소중한 몸의 일부를 잃었을 그들을 생각하니 돈에 눈이 먼 문명인들의 잔인함에 치가 떨린다.

　어쨌든 그 전쟁 이후, 착하디 착한 메이나꾸족은 복수를 택한 것이 아니라 고향에서 수십킬로미터 떨어진 이곳으로의 이주를 택했다. 어이없는 전쟁, 추방, 도주. 추악한 인간의 탐욕사가 지금도 이 평화로운 아마존의 작은 부족의 역사에도 존재한다. 단지 이들이 그곳 아마존에 터를 잡았다는 이유만으로.

　하나밖에 없는 눈으로 환하게 웃는 추장을 보니 나라도 대신 가서 잃어버린 추장의 눈을 다시 찾아주고 싶다는 밑도 끝도 없는 복수심이 치밀어 오른다.

　이놈들 내가 영화 속의 람보가 되어 처절한 복수극을 펼쳐주리. 하지만 추장의 웃는 얼굴은 복수에서 복수로 이어지는 피의 연결고리 따위에는 애초부터 관심이 없다. 그래 당신은 아마존의 천사표 부족

메이나꾸 부족의 애꾸눈 추장

메이나꾸의 추장이니까.

하지만 메이나꾸 부족과의 진정한 대면은 그들의 환한 웃음과 비단결 같은 마음이 전부는 아니었다. 그것은 시작이었고, 그들이 환하게 웃으면 웃을수록 우리는 메이나꾸 마을의 엄청난 고난으로부터 피해 달아날 수가 없었다.

우리는 메이나꾸 부족을 방문한 역대 세 번째 이방인이었다. 1970년대 방문한 미국 다큐멘터리 제작팀, 일본 NHK, 그리고 우리였던 것이다.

추장의 가족들은 관습대로 멀리서 온 외지 손님인 우리에게 만주오까로 만든 걸쭉한 식혜 '누까가'를 권했다.

열시간이 넘도록 목구멍에 이슬 한 방울 넘기지 않은 터라 '누까가'를 받아들자마자 곧바로 입으로 들이대고 누까가 CF라도 찍듯이 벌컥벌컥 들이켰다. 헌데 기분 좋게 다 마실 즈음, 입 안에서 뭔가가 걸렸다.

만주오까 건더기겠지 하고 잇몸 위에 낀 그것을 손으로 쓱 빼내어 보니, 세상에나 그것은 보기만 해도 10년 전에 먹은 누까가까지 올라올 것 같이 생긴 바퀴벌레였다. 방금까지 추장에게 예의와 공손을 다하던 모습은 온데 간데 사라지고 에라 모르겠다 기겁을 하며 바퀴벌레를 쥔 손을 털어 내는데, 추장은 여전히 인자하게 웃고 있을 뿐이다.

그러더니 땅바닥에 팽개쳐진 그 놈을 손가락으로 꾹 누른 다음, 흙에 손가락을 쓱쓱 문지르는 것이 아닌가? 아니, 내가 떨어트린 게 머리카락 한 올이거나, 웃다가 튄 밥알 한 조각이면 말도 안 한다. 무려 엄지손톱 만한 바퀴벌레이건만 저 평화로운 반응은 뭔가? 게다가 저

익숙한 손놀림은?

인간만사 새옹지마, 호사다마, 왜 이따위 사자성어는 아마존까지 따라와서 내 인생을 괴롭히는 건가? 좋다 말았다는 생각이 머릿속을 퍼뜩 스침과 동시에 이제야 바로 옆에 있는 기둥이 눈에 들어온다. 정확히 말해 반짝반짝 빛나는 까만색 바퀴벌레로 뒤덮인 바퀴벌레 기둥이.

너무 놀라 벌떡 일어나서 아래를 쳐다본다. 내 운동화 위를 포함한 바닥 전체에 혈기왕성하게 오가는 바퀴벌레 무리들. 놀라움이 공포로 변해 가는 우리를 보며 해먹 위의 여인들이 깔깔거리며 웃다가도 이해한다는 듯 측은한 눈길을 보낸다. 그 눈길에 위로 좀 받아볼까 했더니, 그녀들이 누워있는 해먹의 끈조차 까맣다.

이쯤 되니 땀샘이 막히고 호흡이 가빠진다. 그리고 이 모든 상황을 대수롭지 않은 일상으로 여기는 메이나꾸족의 평화로운 얼굴이 이젠 괴이하게 느껴진다. 나는 그 날 밤이라도 철수하고 싶었다. 하지만 나갈 방법이 없다는 건 나도, 추장도 안다.

추장이 오늘은 늦었으니 자기 말로까에서 눈을 붙이라고 한다. 사실 우리의 뇌는 바퀴벌레의 공포에 초긴장 상태였지만 눈은 이미 졸음에 반쯤 감겨 있었다.

나는 물었다. "다른 곳으로 거처를 마련해 줄 수 있습니까?"

물론 나는 속으로 이 집만 벗어나면 되겠지라는 심산이었지만 두 발자국도 걷기 전에 사태는 매한가지임을 알게 되었다.

마을 공터 중간 중간 바퀴벌레로 만들어진 검은 바위들을 밟으며 걷는 우리는 말 그대로 바퀴벌레의 부락으로 떨어진 것이었다.

해먹에 몸을 누인다. 오늘 같은 날은 아마존의 아름다운 달빛도 반갑지 않다. 내 몸 위로 진격하는 바퀴벌레의 다리 끝까지 환하게 보이기 때문이다.

양 한 마리, 양 두 마리…. 지금쯤 지구상 어딘가에서는 누군가 이렇게 속 편하게 양을 세며 잠을 청하고 있을지 모른다. 하지만 나는 바퀴벌레 한 놈, 바퀴벌레 두 놈 하며 어쩔 수 없이 이 놈들을 세고 있다. 27마리, 소대병력이다!

으아아악!! 바퀴벌레들을 향해 버럭 소리를 지른다. 목소리 큰 사람이 이기는 우리의 행태는 아마존의 부족들은 물론, 이 곳에 터를 잡은 바퀴벌레들에게는 먹히지 않는다.

그 다음 내가 선택한 방법은 필사적으로 온몸을 털어 내는 것. 하지만 바퀴벌레들은 소리없이 진격할 뿐이다. 이쯤 되면 포기할 줄도 알아야 한다. 나는 포기했다.

새벽 여섯 시에 번쩍 눈을 떴다. 당연히 온몸은 불긋불긋한 반점으로 도배를 했고 내 엉덩이 밑과 바지 속에서는 부대를 지휘하다 장렬히 전사한 분대장급 바퀴벌레들의 시체가 발견되었다. 온몸이 오염된 기분. 내가 내 몸을 바라보면서 측은해진다.

오염된 건 내 몸뿐만이 아니었다. 우리의 부식가방은 스스로 소리를 치거나 몸부림을 칠 수도 없으니 그야말로 초토화 상태이다. 비닐 속에 들어있던 쌀은 물론, 건질 수 있는 건 통조림 3개와 이전 촬영지에서 먹고 남은 라면 5개. 이것이 4박 5일간 4명의 촬영팀이 먹을 양식의 전부인 것이다.

게다가 신발끈, 배낭끈, 끈이란 끈의 매듭에는 모조리 바퀴벌레들이 새까맣게 앉아 알을 까놓았다. 그 얇은 끈의 매듭에 있는 공간까지 활용하는 놈들의 집요함에 감탄사 대신 욕지거리가 쉬지 않고 나온다. 끈을 펴서 손으로 훑으니 퍽퍽, 툭툭 알 터지는 소리가 난다. 안심할 곳은 한군데도 없는 것이다.

나는 도저히 참을 수가 없어서 이 상황을 어떻게 벗어나야 하나 의논을 하기 위해 추장을 찾았다. 눈이 벌겋게 충혈되고 부석부석한 나의 얼굴을 보더니 천사표 추장은 한쪽 눈을 껌벅거리며 사연을 들려준다.

30여 년 전 이곳으로 이주한 후, 얼마 되지 않아 외국촬영팀 십여 명이 이곳에 머물다 간 적이 있는데, 그 뒤부터 바퀴벌레가 보이더니 이내 순식간에 불어나 불과 1년 만에 이만큼 번식했다고 한다.

처음엔 메이나꾸족 사람들도 바퀴벌레를 잡으려고 천금같은 집에 불을 질러보기도 하고, 또 다시 다른 곳으로 이주할 생각도 했지만 다른 곳마저 바퀴벌레를 퍼뜨릴 것 같아 그냥 살다보니 적응이 됐다는 것이다. 재미있는 건 저 놈들을 적이라고 생각하지 않자 마음이 편해지면서 같이 지낼만 하더란 것이다. 도무지 이해가 되지는 않지만 천사 같은 추장의 얼굴처럼 거짓말은 아니었다.

하지만 이국 사람들이 던져 놓은 '바퀴벌레' 라는 재앙을 마음 편히 받아들인 메이나꾸 부족의 선택은 다른 부족들에게까지 환영받을 수는 없었다. 그도 그럴 것이 메이나꾸 부족의 물건들은 이미 바퀴벌레에 오염되어 예전엔 인기만점이던 메이나꾸 부족의 특산물을 '모이따라(물물교환)' 에 내 놓을 수도 없을 뿐만 아니라, 활발하던 부족끼리의 왕래까지 뜸해진 것이다.

이런 일까지 겪고 있는데도, 역시 그들을 오염시킨 문명에서 온 우리를 메이나꾸 부족은 그렇게 환영해준 것이다.

그런 생각이 들자, 나 역시 여기서 그들과 부대끼며 끝까지 촬영을 하기로 마음먹었다. 30년을 바퀴벌레와 살아온 이들도 있는데, 며칠 촬영을 못하겠다는 건 한 쪽 눈으로 선하게 웃으며 나를 반겨준 추장과 이들에 대한 예의가 아니다.

이 예의를 지키기 위해 촬영을 감행한 이후, 내가 가장 힘들었던 것은 내 자식과도 같은 카메라를 바퀴벌레로부터 지키는 일이었다. 나는 하루 12시간 촬영 내내 카메라를 땅에 내려놓지 않았다. 그 무거운 카메라를 12시간 이상 계속 들고 있다는 건 한 마디로 미친 짓이거나 수행의 일종이다. 잠 안자고 영화 오래보기 대회나 철인 3종 경기처럼 '카메라 오래 들고 있기' 철인 대회라도 있었다면, 그 때의 나는 아마 세계 1위는 따 놓은 당상이었을 것이고, 그 때의 수행으로 내 어깨에 사리가 생겼을지도 모를 일이다.

이렇게 내 온몸을 혹사시키며 카메라를 지켰건만 지독한 바퀴벌레들은 카메라 안의 열을 이용해 산란을 시작했다. 하루치의 촬영을 마무리하고 카메라를 분해하면 스멀스멀 녀석들이 기어 나온다. 손이 닿지 않는 곳의 녀석들을 유인하기 위해 바나나를 미끼로 놓아 처형한 녀석만 해도 무려 300여 마리. 깨알만한 새끼들 때문에 눈이 아플 지경이다. 피리 소리에 홀려 호수 속으로 뛰어드는 쥐 떼들 마냥 바나나 냄새에 꼬여 내 손가락 앞으로 기어 나오는 녀석들을 보고 있으니 공포영화가 따로 없다.

결국은 이 녀석들을 카메라 안에서 모두 내쫓기는 역부족이라는 생각에 그저 보이는 놈들만 처치하고 카메라를 다시 조립한다.

다음날은 카메라의 무게에다가 들어있을 바퀴벌레의 무게가 머릿속에서 곱하기 백만 정도로 더해져 더더욱 카메라가 무겁다. 촬영을 하려고 렌즈를 쳐다보고 있으면 가끔 꼼지락 꼼지락 놈들이 얼굴을 내민다. 지긋지긋한 놈들.

바퀴벌레와의 동거 4일째. 신기하게도 머리 위를 파고드는 놈도 한 번 툭 쳐 버리게 되고 가랑이 사이에서 떨어지는 바퀴를 봐도 별 반 느낌이 없어 죽이지도 않게 된다. 결국 네 번째로 맞는 밤에는 바지 안에서 허벅지를 기어가는 놈을 그대로 놔둔 채 함께 잠이 들 수 있었다.

그리고는 바퀴벌레 꿈을 꿨다. 산더미 만한 큰 바퀴벌레가 나를 쪼아먹는 꿈이었는데, 가지고 있던 기관총의 총알이 제대로 발사되지 않아 안달하다가 잠을 깼다. 어쩌면 이 꿈을 제대로 각색해서 헐리우드에 팔아 넘기면 그럴싸한 영화가 나오지 않을까.

하지만 우리와 바퀴벌레의 발전된 관계는 딱 여기까지. 아무리 그래도 역시 우리는 메이나꾸 부족처럼 바퀴벌레가 듬뿍 첨가된 음식을 거리낌 없이 먹을 수 없었다. 덕분에 4박 5일 동안 부족 음식들을 모두 거부해 말 그대로 피골이 상접하고, 촬영 마지막 날엔 몇 미터를 이동하는 데에도 어지러워서 비틀비틀 걸음을 떼기가 힘들었다. 몸이 힘들다 보니 마음도 지쳐 촬영이 끝나면 저 싱구 강에 팬티 한 장 남기지 말고 다 던져 버렸으면 좋겠다는 생각마저 들었다.

하지만 그러다가도 메이나꾸족 사람들을 생각하면 이런 내가 한없이 부끄러워지는 것도 사실이었다. 만일 메이나꾸족이 나처럼 못된 마음을 어느 정도 가진 평범한 사람들이었다면 어땠을까.

남들에게 주는 피해는 생각지도 않고 이리저리 이주하다 싱구 강 유역을 모두 바퀴벌레 천지로 만들었을지도 모르고, 처음 카메라를 들고 들어와 바퀴벌레라는 재앙을 퍼트린 외지의 촬영팀처럼 똑같이 카메라를 들고 들어온 우리에게 30년 전 복수의 칼날을 날렸을지도 모른다.

메이나꾸족을 촬영하면서 내 몸과 내 옷, 내 음식과 내 카메라는 오염되었을지 모른다. 하지만 내 마음은 오히려 더 깨끗해졌다.

자신들의 마을을 오염시킨 문명의 재앙을 편안히 받아들일 줄 아는 그들을 보며 용서와 받아들임과 공존을 통해 마음의 평화를 얻는 방법을 배운다.

촬영이 끝나고 헤어지는데 모든 메이나꾸족 사람들이 아쉬워하고 미안해한다. 나는 지금까지 취재하면서 그렇게 많은 사람들이 동시에 눈물을 흘리는 것을 보지 못했다. 그들이 사는 집 전체가 아무리 바퀴벌레로 뒤덮여 있어도 그들이 4박 5일 함께 지낸 이방인을 위해 흘려주는 눈물은 세상 무엇보다 맑았다.

우리는 메이나꾸 부족사람들과 모두 돌아가면서 한 번씩 안았다. 추장의 한 쪽 눈에 눈물이 고이고 어머니가 돌아가신 이후 처음으로 나도 펑펑 울었다. 우리 모두는 마치 가족과 헤어지듯 그렇게 한참을 아쉬움에 울었다. 피도 눈물도 없는 바퀴벌레 녀석들만 빼고 말이다.

그 날 밤 우리는 다시 지아우름으로 돌아왔다. 마음은 평화를 얻었으나 어쨌든 온몸은 지독한 습진상태라 브라질 정부가 파견한 간호사 두 명이 일하는 보건소를 찾았다. 선임 간호사 마가레따가 내 피부 상태를 보고 기겁을 한다.

5년 동안 여기서 근무했지만 바퀴벌레로 이렇게 심한 습진이 생긴 건 처음 봤다는 것이다. 그 때 우리 몸을 찍어놨더라면 요즘 광고도 하곤 하는 그 해충방지회사의 위험선포용 카탈로그에는 등장할 수 있지 않았을까.

어쨌든 보건소에 나란히 찾아온 우리 일행 네 명의 몰골을 보더니, 우리가 보기 불쌍했던지 간호사들은 딱 네 알이 남아있는 달걀로 후라이를 해주었다. 우리 모두 태어나서 그렇게 맛있는 계란 후라이는 처음이라고 생각했다.

그 이후 나는 이상하게 간호사만 보면 계란 후라이가 생각난다. 가끔씩 지나가는 헌혈차를 보면 저 안에서 계란 후라이를 해 준다면 더 자주 헌혈을 하러 갈 텐데 하고 생각하기도 한다.

마가레따는 영양 실조까지 겹친 동료에게는 전지분유를 따듯한 물에 타서 먹이고 두 가지 약으로 우리의 온몸을 코팅해 주었다. 바퀴벌레로 인한 습진보다 손톱으로 긁어서 감염되는 것이 더 위험하다며 항생제쯤 되는 마이신도 주는 친절을 베풀었다.

가려움이 좀 가라앉는 것 같다. 우리는 보건소 처마 밑에 네 개의 해먹을 쳤다. 그 징글맞은 놈들이 없다는 자체만으로도 나는 너무나 행복했다.

오랜만에 여섯 시간이나 푹 잤다. 평화로운 싱구 강의 풍경이 편안하게 몰려옴과 동시에 내 입가에 미소가 번진다. 상쾌한 아침이라고 생각하는 찰나, 보건소의 천장과 바닥에 언뜻 무언가 기어가는 것이 보인다.

'앗 저놈들은…'

메이나꾸 부족 사람들이 부족 축제를 위해 모여 있다.

조금 후 우당탕 소리가 나며 두 간호사가 보건소 안팎을 뛰어다니며 바퀴벌레들을 잡는 소리가 들린다. 우리는 낯이 근질거려 더 이상 누워있을 수가 없었다. 아, 이렇게 해서 우리마저 바퀴벌레 전도사가 되고 말았구나.

그 날 오후에 지아우름 활주로에 경비행기가 도착했다. 우리가 경비행기에 오르는 동안 마가레따는 한 쪽 손은 흔들고, 한 쪽 손으로는 옆구리를 긁고 있었다. 제발 모기한테 물려서이길 진심으로 바라면서 '아디오스'.

경비행기를 타고 꾸이아바로 가는 2시간동안 비행기에서도 정신없이 잤다. 자는 중간에 퍽퍽 소리가 들려 살짝 눈을 떠보니, 조종사 쥬스티노 역시 비행기 안에서 바퀴벌레를 '턱턱' 내려치는 소리다. 비행기 앞 유리창에 몇 마리의 주검이 붙어있는걸 보고 있는데, 쥬스티노는 알아들을 수 없는 욕을 궁시렁 거리고 있었다. 바퀴벌레를 욕했을까 아니면 우릴까.

그 후로 나는 몸이 아플 때면 엄청난 양의 바퀴벌레 꿈을 꾸고, 지금도 바퀴벌레만 보면 그 때가 떠오른다.

그리고 그 여정의 짐을 고스란히 가져온 우리집은? 집사람과 아이는 메이나꾸표 바퀴벌레를 실컷 볼 수 있었다. 결국 전문가에게 온 집안의 바퀴 박멸소독을 맡겼는데, 그 아저씨 말이 걸작이다.

"우리나라 것보다 색깔이 붉은데요?"

다르기는 뭘. 하긴 아무 말이라도 한마디해야 전문가가 되는 세상이니까. 그렇게 이해하며 기억을 반추해 가다 보면 꼭 세상에서 더 없이 착한 천사들인 메이나꾸 부족이 생각난다.

그리고 감사한다. 그들 덕분에 세상에서 가장 끔찍한 바퀴벌레를 보고도 세상에서 가장 아름다운 기억을 끄집어 낼 수 있으니 말이다.

― 이번에 메이나꾸 부족을 찾았을 때는 바퀴벌레를 한 마리도 찾아볼 수 없었다. 지난 30년 동안 그들의 인내심에 찬사를 보낼 뿐이다.

4부_ 인류 최후의 에덴동산, 싱구

아마존에는 또 하나의 아마존이 있다. 바로 싱구족이다. 싱구 지역은 아마존의 꿈이자, 아마존의 시작이며 끝이다. 태초의 문화를 고스란히 간직하고 있으며 아직도 때가 묻지 않은 순수하고 젊은 처녀의 모습이다.

아마존 인디오들이 고무와 금광에 미친 유럽의 침략자들에 의해 노예가 되고, 학살당하는 동안에도 싱구 부족들은 다행히 그들의 손길이 미치지 않는 천혜의 자연 속에 평화롭게 살아남을 수 있었다.

돈을 위해서라면 영혼도 팔아치울 준비가 되어 있었던 침략자들을 유혹하기에 싱구 강 유역의 고무나무들은 너무 작고 가늘었다. 클레오파트라의 코가 조금만 낮았더라면 로마의 역사가 바뀌었을지도 모른다는 말과 같이, 싱구 강의 고무나무들의 둘레가 10cm만 더 굵었더라면 지금의 싱구 역시 이미 오래 전에 사라지고 없었을 지도 모른다.

게다가 지독한 늪지대(빤따날)가 싱구 지역을 둘러싸고 있어 접근이 어려웠고 또 순식간에 길이 사라지기도 하는 싱구 강 유역은 뱃길이나 정글길 어느 쪽을 선택해도 찾아가기 힘들 만큼 고립되어 있어 백인들의 침략에서 벗어날 수 있었다. 그런 이유로 유럽의 아마존 침략

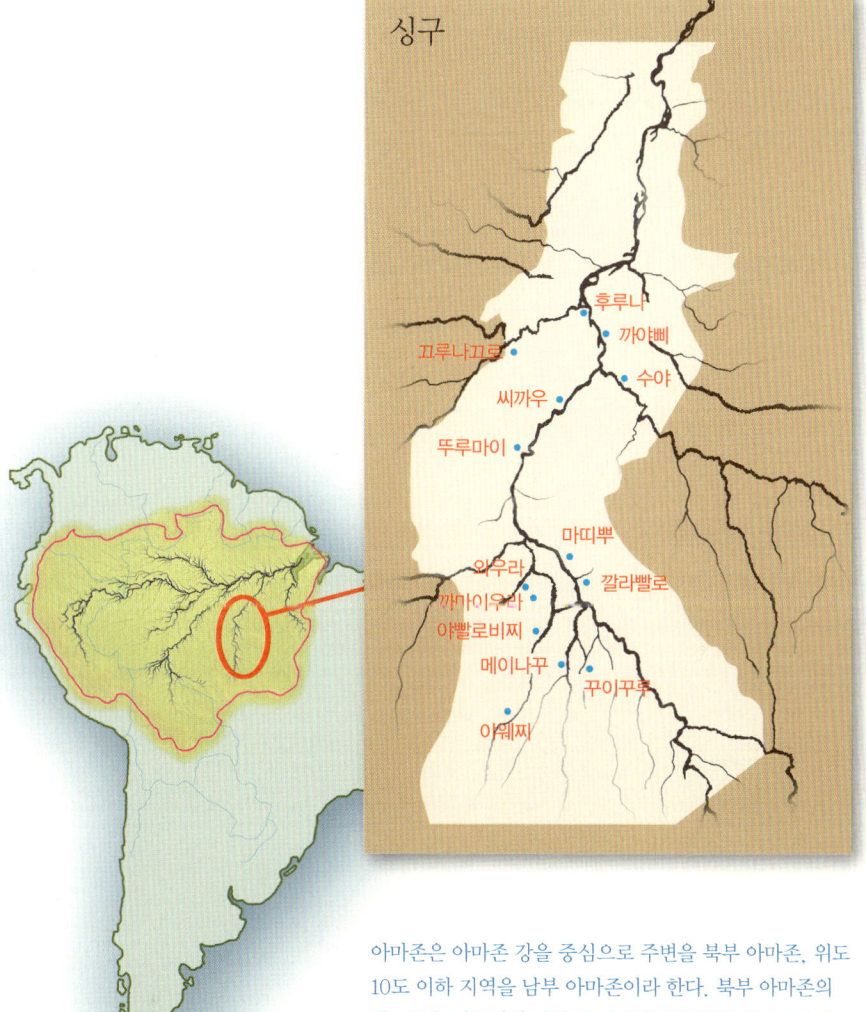

아마존은 아마존 강을 중심으로 주변을 북부 아마존, 위도 10도 이하 지역을 남부 아마존이라 한다. 북부 아마존의 부족들은 이농성이 강하고 생활양식이 사냥과 낚시인데 비해, 남부 아마존의 싱구나 빠라 지역 등의 인디오들은 다양한 사회규범과 일정한 영토 속에서 안주한다. 특히 원색의 숨결이 살아있는 싱구 지역은 유일무이하게 정글 문화를 보전해온 아마존의 꽃인 셈이다.

4부_ 인류 최후의 에덴동산, 싱구

이 끝나고 나서도 이 곳만큼은 오랫동안 문명인들에게 발견되지 않았다.

태초의 문화가 너무나 완벽하게 보존되어 있던 '싱구'가 처음으로 문명인들에게 전해지기 시작한 것은 1930년대. 그 이후 1950년대까지는 몇몇 사람들이 이들과 접촉을 시도한 정도에 그쳤고, 그러다 보니 1970년대까지만 해도 '싱구' 강 유역의 부족들은 원시 전통을 완벽하게 지키고 있었다. 그 후로는 외국 언론들의 관심이 높아지면서 브라질 정부가 지금까지 이들을 보호 관리하고 있다.

아마존의 옛 모습 그대로 문명에 오염되지 않은 채 고스란히 보존된 이들의 문화는 평화로운 인디오들의 삶의 원형이 어떤 모습이었

경비행기에서 본 싱구 부족 마을

는지 우리에게 보여주는 살아있는 역사 교과서이다. 사람들은 아직도 나무 하나, 동물 하나에도 영혼이 있다고 믿고, 그래서 자연과 더불어 살아가는 방법을 누구보다도 잘 알고 있다. 자연과의 완벽한 조화, 그것은 진정한 아마존의 모습이며 바로 우리가 알아내고 배워야 할 귀중한 가르침이다. 그들은 문명인이 말하는 원시 공동체 문화의 원형을 고스란히 간직하고 있기 때문이다.

그들은 사냥, 수렵, 채취를 하며 모계사회를 이루고 있다. 그렇다고 여자가 남자를 지배하는 모계사회가 아니라 마치 데릴사위처럼 남자가 장가를 오는 것인데, 싱구 인디오들은 지배란 없고 역할의 차이만 있을 뿐 모두가 평등하게 살아간다.

그들은 예술적 감각도 아주 뛰어나다. 싱구의 인디오들을 보면 마치 아마존의 색감을 생활 모든 면에서 풍기는 듯하다. 그들은 타고난 예술적 영감으로 수백 가지 종류의 음악을 연주하고, 자연의 갖가지 색깔과 문양을 이용하여 인간의 몸을 그 어떤 화려한 옷보다도 더 감각적으로 만들 줄 안다.

내가 싱구의 아마존에서 가장 인상적으로 보았던 것은 어느 부족에나 있는 마을 중앙의 공동마당인데, 이곳은 이들의 생활의 일부이자 삶과 죽음의 순환을 보여주는 특별한 공간이다. 아이들이 태어나 '우까우까(우리의 씨름과 비슷함)'를 하며 어린아이에서 사내로 성장하고, 7월이면 곳곳의 부족들이 모여 왁자지껄한 '모이따라(물물교환)'가 열리는 장터이기도 하며, 갖가지 의식과 축제가 열리는 신성한 장소이기도 하다.

하지만 이곳은 그렇게 역동적인 삶이 살아 숨쉬는 장소인 동시에

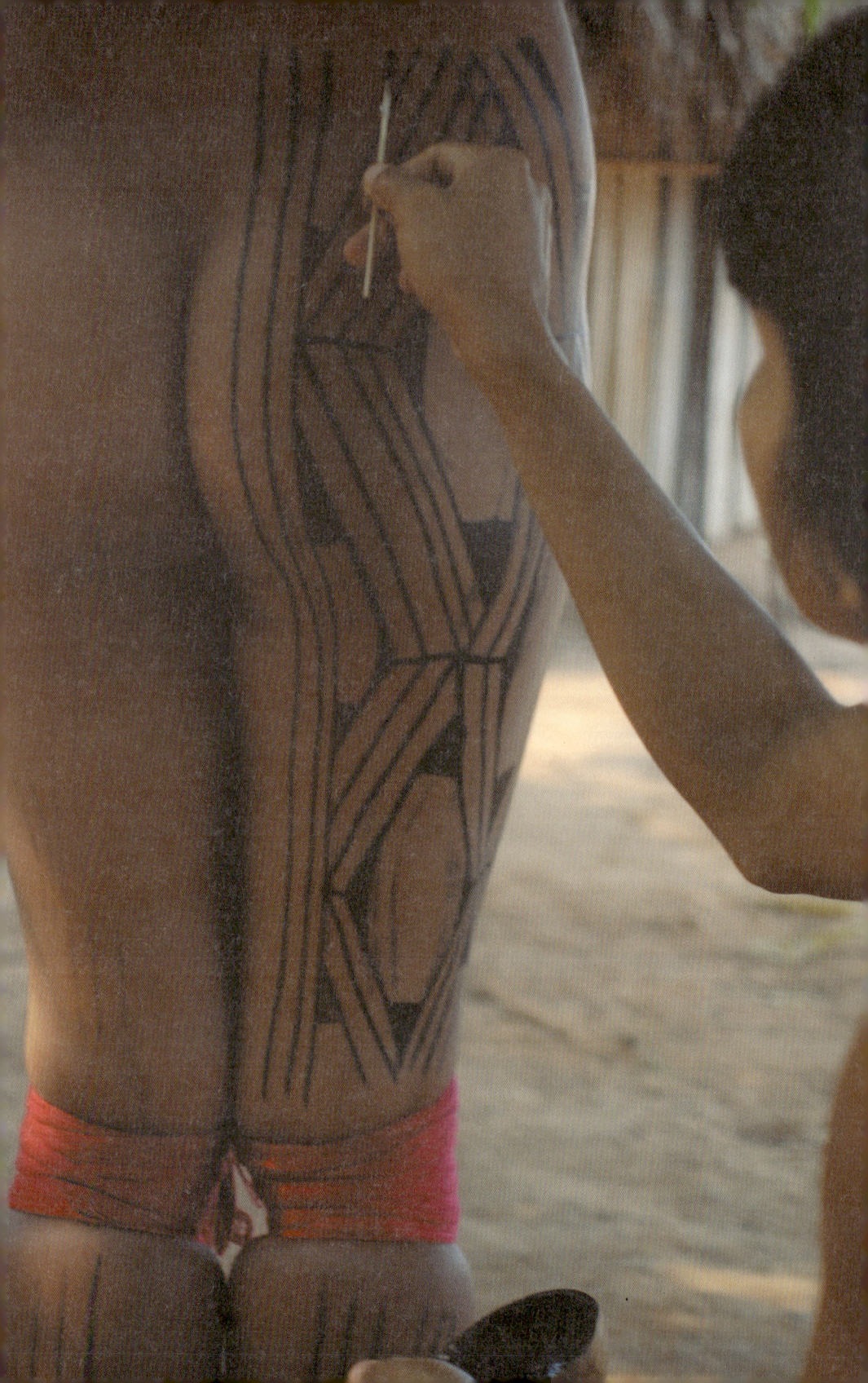

죽은 사람들이 묻히는 장소이기도 하다. 싱구 부족들 역시 계족의 장례풍습처럼 사람이 죽으면 일단 '남자의 집' 앞에 묻었다가 1년이나 3년이 지나면 마을의 공동마당에 이장을 한다. 이는 이들의 삶이 그 황토빛 붉은 흙에서 시작해 그 흙으로 돌아간다는 인생의 진리를 상징하고 있을 뿐만 아니라, 산 자와 죽은 자가 한 공간에서 모서리 하나 없는 둥근 마당처럼 영혼으로 교감하며 돌고 돈다는 우주의 가르침을 실천하고 있는 듯하다.

조상이 묻힌 곳 위에서 아이가 태어나고 뛰어다니고 청춘을 보내고 희노애락을 다 겪다가 그 역시 그곳으로 돌아가는 것. 문명인들이 항상 느끼는 삶과 운명의 허망함 따위를 이들에게서는 찾아볼 수 없는데, 이들의 삶의 방식 자체가 자연에서 시작해서 자연으로 돌아가는 인생의 원리를 자연스럽게 체득하고 실천하고 있기 때문이 아닐까.

싱구를 처음 만난 그 순간을 어떻게 잊을 수 있을까. 내가 싱구에서 처음 만난 것은 사실 아마존의 문화나 그들의 생활방식이 아니고 단지 그들의 몸뚱어리였다. 그들은 나체였고, 그것은 나에게 강렬한 이미지로 각인되었던 것이다. 나는 목욕탕에서 내 몸을 혼자 본다. 목욕탕에서의 내 몸은 그다지 나에게 인상적이지 않다고 생각한다.

하지만 싱구 사람들의 나체는 몸에 칠해진 화려한 색들의 강렬함과 땅을 울리고 바람을 흔들며 공기 속에 흩어지는 그들의 노래가 함께 어우러져 하나의 예술작품을 보는 듯했다. '싱구'는 마치 문명인들의 과거가 복원된 필름 속에서 생생하게 튀어나온 것 같은 모습으로 나를 매료시켰다.

문명은 기술의 진보 속에 인간을 자연으로부터 멀어지게 만들고 인간이 자연에서 벗어나기 시작하면서 우리의 삶에는 자연스럽지 않은 것들이 생겨났다. 자연 속에서는 살아남기 위한 최소한의 능력만이 필요했지만 인간의 능력에 서로 다른 가치를 부여하는 문명 사회에서는 대접받고 과시하기 위한 능력이 필요하게 되었다. 혼자 일어서는 방법만 알면 되었던 것이 이제는 상대를 누르고 일어서는 방법을 알아야 하는 것이다. 인간의 삶이 복잡해지고, 타인의 시선이 자신의 삶을 평가하는 잣대가 되기 시작하면서 사람들은 필요하지 않은 것들까지 원하게 되고, 그 욕심은 우리의 삶을 왜 불행한 지도 모른 채 불행하게 만들고 있는 것이다.

그런 욕심이 설 자리가 없는 싱구에서는 문명에 찌든 나조차 바람처럼 자유롭다. 그들의 삶에는 '과잉'이 없다. 농사부터 사냥까지 다만 필요한 만큼만 취할 뿐이다. 그렇기 때문에 부자도 없고, 가난한 사람도 없으며 자본주의도 마르크스주의도 그 존재 자체가 필요 없다. 평등을 주장해서 평등한 것이 아니라 누구도 다른 사람을 누르려고 하지 않고 각자의 능력은 있는 그대로의 모습으로 인정받기 때문이다. 성공지향적인 라이프 플랜 대신 단지 자연의 시간과 변화에 맞게 달라지는 매일 매일의 생활이 있을 뿐이다.

그렇게 만났던 '싱구'는 늘 내게 '자유'의 대명사처럼 각인되어 왔다. 투쟁으로 쟁취하는 것도, 돈으로 보장받는 것도, 법의 테두리 안에 보호받는 것도 아닌 태초의 자유, 인간이 인간으로 태어나는 순간 부여 받은 그런 자유가 아직 싱구에는 남아있다.

싱구 부족들을 촬영할 때마다 나는 끊임없이 내 스스로에게 묻는다.

'나는 과연 행복한가? 그저 이들보다 조금 더 기술적으로 편리한 세상에 살고 있다고 해서 행복하다고 말할 수 있는가? 문명이 만든 굴레 속에서 태초에 받은 자유를 담보 잡힌 채 살아가는 나의 삶은 과연 이들보다 행복한가?'

내가 이들의 뛰어난 문화를 입이 마르도록 칭찬하면 사실 많은 사람들은 의아해한다. 그래봤자 그들은 원시적인 문화를 보존하고 있을 뿐 아니냐고. 과연 그럴까? 우리의 전통문화가 지금 현재의 문화보다 그 수준이 낮다고 이야기할 수 없는 것과 마찬가지로, 그들의 문화가 문명의 포장을 취하지 않았다고 해서 원시적이라고 말할 수 있는 사람은 아무도 없다.

그 한 예로 얼마 전 프랑스 사람들이 싱구 강 유역을 취재하다가 그 문화에 매료되어 브라질 정부 후나이를 통해서 싱구 강 유역의 와우라 부족 8명을 초청했다는 이야기를 들었다. 온몸에 화려한 치장을 하고 입으로는 마치 동물들의 울음소리 같은 노래를 부르는 '까가빠'와 '따와라나라'라는 구애춤을 공연무대에 올리기 위해서였다. 문화적 심미안으로는 세계적인 수준인 프랑스에서 이들을 초대할 정도니 싱구 부족들의 축제와 의식, 다양한 문화들이 얼마나 높은 수준인지 가늠할 수 있는 하나의 단면은 될 것이다.

나 역시, 그들이 새로운 손님을 환영할 때마다 불러주는 노랫소리를 잊지 못해 한번은 그 소리를 녹음해 내 휴대폰의 벨소리로 만들어 보려고 시도하기도 했었다. 달콤한 가사도 없고 세련된 기교도 없지만, 그들의 노래에는 마치 자궁 속에서 듣는 어머니의 심장 소리 같

싱구 인디오들은 항상 얼굴에 갈매기 문양을 그리고 앵무새 깃털로 장식을 하는데, 앵무새는 아주 친근한 새로 갈매기는 그들을 지켜주는 파수꾼의 새로 여기기 때문이다.

은 편안함이 담겨 있다고나 할까.

  짙은 녹음의 웅장함이 아닌, 연한 파스텔톤의 아름답고 편안한 정글. 그 속을 뛰어다니는 몽고 반점이 선명한 아이들과 친근한 외모의 인디오들. 이들의 평화로운 모습은 나에게 여러 가지 생각을 하게 한다.

죽은 영혼이 앵무새로 다시 태어난다고 믿는다.

  만약 나에게 '내일도 오늘과 같을 거야'라는 보장을 누가 해준다면 어떨까? 우리는 마치 오늘보다 나은 내일을 꿈꾸며 살아가는 것처럼 보이지만 사실은 내일이 오늘보다 더 나빠질까봐 그 추락을 막기 위해 현실에 안주하지 않고 더 높은 곳을 바라보며 전전긍긍하는 것이 아닐까.

  만약 싱구 부족들의 삶처럼 내일 역시 오늘과 같을 수 있다면, 적어도 나는 오르지 못할 나무를 쳐다보며 현재를 불행하게 만드는 것보다 오늘의 소박한 행복에 만족하며 살아갈 수 있을 것 같다.

  누가 뭐라고 해도 문명은 인간을 행복하게 만든 것이 아니라, 점점 더 불행하게 만들고 있다고 나는 믿는다. 문명으로부터 떨어져 있으면 떨어져 있을수록 행복한 '싱구'를 나는 보았고, 그 증거가 아직도 아마존 싱구 강 유역에 살아 움직이기 때문이다.

진정한 파일럿,
쥬스티노

브라질 아마존의 싱구 부족을 만나기 위해 인천공항에서 비행기에 몸을 실은 우리는 장장 27시간만에 브라질 상파울로에 도착했다. 건기가 시작되는 6월 중순이었다.

일단 상파울로에서 하루를 묵기로 했다. 그 날 저녁에 한국 교민이 모여 사는 봉헤찌로 지역의 '무등산 식당'에서 한국식 숯불갈비를 먹었다. 브라질까지 와서 숯불갈비라니 비웃을 만도 하지만, 이곳 갈비 맛을 한번 보고 나면 다음에는 브라질 숯불갈비 패키지 여행이라도 오고 싶어진다.

70헤알(3만5천 원)이면 세 명이서 실컷 먹을 수 있는 가격도 가격이지만, 아무리 먹어도 질리지 않고 혀끝에서 살살 녹는 맛이 집에 두고 온 가족들에게 미안할 정도이다.

하지만 이렇게 맛있는 갈비를 먹으면서도 마음만은 비장하다. 이것이 아마존 여정에서의 마지막 포식임을 알고 있기 때문이다. 먹고 먹고 또 먹어 토할 정도로 배가 불러야 한다. 그래야 긴 여정 중 굶주려 괴로움에 눈물을 흘릴 때 '좀 더 먹을걸' 하고 후회하지 않는다.

다음날 우리는 국내선 SAM을 타고 브라질 중서부 마또그로소주의 꾸이아바로 이동했다.

꾸이아바에 도착하자 공항 후미진 구석에 위치한 격납고에서 쥬스티노가 우리를 반갑게 맞아주었다. 쥬스티노는 브라질 빤따날(초목, 늪지대)이나 싱구, 빠라 쪽 촬영마다 나를 도와준 베테랑 조종사로 경비행기 조종 기술은 물론, 싱구 인디오 보호구역내 지리와 정세에도 밝은 최고의 취재 파트너다.

전 세계 구석구석이 인터넷 망으로 연결되어 있는 최첨단 정보화 시대라고 해도 이곳 싱구 지역만은 정보가 거의 없다. 가보지 않으면 알 수가 없는데, 가본 사람 또한 거의 없으니 정보화에 동참이 안 되는 것이다. 이런 와중에 쥬스티노 같은 친구 한 명이 있다는 것은 천군만마를 얻은 것 보다 더 든든하다. 싱구족 추장들의 근황은 물론 폐쇄되거나 신설된 간이 비행장에 대한 정보까지 속속들이 알고 있는 쥬스티노야말로 살얼음판을 걷는 것 같은 싱구 촬영에 구세주 같은 존재이다.

비행기 밑에서 기름때가 잔뜩 묻은 얼굴로 쥬스티노가 우리를 보고 웃는다.

"어이, 충. 자네는 날이 갈수록 인디오처럼 보이는 구만."

아무렴, 한 달만 아마존을 떠돌다 보면 영락없는 아마존의 인디오가 된다.

"쥬스티노, 당신은 왜 안 늙는 거야."

쥬스티노는 환갑이 훌쩍 넘은 예순 다섯이다. 환갑이 훌쩍 넘은 파일럿을 상상하기는 쉽지 않은 일인데, 사실 겉보기는 활력 넘치는 40대 중반쯤이어서 첫 인상이 그리 놀랍지는 않았다.

그를 처음 만났을 때부터 함께 있었던 4인승 경비행기 '아에로쥬스'가 옆에서 함께 빙그레 웃고 있다. 이제는 군데군데 칠이 벗겨진 낡은 비행기이지만 여기저기 험한 오지로 날 데려다 주는 그 녀석을 아직도 나는 굳게 믿고 있다.

그런데 문득 옆으로 눈을 더 돌려보니 못 보던 녀석 하나가 날개를 활짝 펴고 서 있는 것이 아닌가. 쥬스티노가 내 눈을 좇아 쳐다보며 흐뭇한 표정으로 말한다.

"새 식구 아미고로꼬야."

말끔한 모습으로 수줍은 듯이 서 있는 '아미고로꼬'는 지난 15년 동안 10,000시간이 넘도록 변덕스러운 아마존 열대기류와 싸워가며 10년 만기 적금을 부어 얼마 전 새로 산 경비행기란다. 그 15년의 세월이 쥬스티노 옆에 반짝거리며 있다. 쥬스티노의 새 친구는 이제 나와도 안면을 트고 친하게 지내야 할 터였다.

이날 쥬스티노는 두 가지 새로운 소식을 알려줬다. 브라질 남부의 한 자본가가 싱구의 경계지점에 있는 한 지류에 고급 낚시꾼들을 끌어 모으기 위해 새로운 간이 비행장을 개설해서 싱구강 뱃길과 그 비행장이 연결되었다는 것과, 싱구 강 야웨찌 부족 추장의 아들이 꾸이꾸루 부족 추장의 딸에게 장가를 가서 두 부족이 사돈이 됐다는 것이다. 둘 다 기쁜 소식이다.

돈이면 뭐든지 해결되는 세상이라 아마존도 예외일 수는 없겠지만, 우선 새로운 간이 비행장은 촬영을 끝내고 나갈 때 요긴하게 쓰일 것이다. 원래 촬영을 마치고 싱구 인디오 보호구역 밖으로 나가기 위해서는 경비행기를 불러야 하는데, 보통은 부족 마을에 설치된 단파라디오를 이용해야만 한다.

쥬스티노. 항상 활력있고 푸근한 느낌이 든다.

그런데 이 단파라디오라는 것이 브라질 인디오 보호 관리를 담당하는 정부기관인 후나이의 지역본부를 통해야만 조종사와 연결이 가능한데, 나는 후나이의 정식허가 대신 추장이 초대한 형식으로 보호구역 내에 들어가 촬영하는 터라 후나이와 맞닥뜨려서 좋을 게 없다.

일이 잘못돼서 후나이가 자신들의 규정만 내세워 문제를 삼기 시작하면 돈으로 막는 수밖에 없기 때문이다. 이럴 때, 새로 생긴 간이 비행장이 있으면 보호구역 경계까지 싱구 강을 따라 보트로 이동한 뒤, 새로 만들어진 활주로 통제소에서 전화로 조종사를 부르면 간단히 문제를 해결할 수 있게 되는 것이다.

게다가 이번엔 첫 번째 촬영 예정지인 꾸이꾸루 부족 취재가 끝난 후, 추장에게 사돈이 된 야웨찌 부족 추장 소개를 부탁할 수도 있다. 사돈끼리 사이가 좋아야 할텐데. 쥬스티노가 알려준 두 좋은 가지 소식으로 나는 벌써 이번 촬영이 즐거워졌다.

조종사 쥬스티노는 30년 동안 브라질 하늘을 누볐다. 환갑이 훌쩍 넘은 쥬스티노가 경비행기를 조종하는 모습을 보면 정말이지 '노인'이라는 생각이 들지 않는다. 싱구 부족들 중에 응급환자라도 생기면 부리나케 달려가 기름값만 받고 시내병원까지 실어다 주는 쥬스티노의 심성을 보면, 그의 살아온 세월이 그대로 묻어난다.

사실 싱구 부족들에겐 그 나마의 기름값도 아주 큰돈이기 때문에 싱구 보호구역내 14개 부족의 밀린 외상값이 경비행기 한 대 값은 되고도 남는다고 쥬스티노의 아들은 가끔 볼멘 소리를 한다. 하지만 쥬스티노는 전혀 신경 쓰지 않는 모양이다. 그런 마음 씀씀이 때문일까. 쥬스티노만큼 오지 구석구석에 친구가 많은 사람을 나는 본 적이 없다.

쥬스티노의 생기 있고 푸근한 얼굴을 보면, 나이가 들어서는 심성이 외모로 나타난다는 말을 진정으로 실감하게 된다. 나도 쥬스티노처럼 나이가 들어 그런 얼굴을 가질 수 있을까. 이런 생각을 하며 새 친구 '아미로꼬로'에 올라선다.

옷을 벗으니 인간이 보인다

싱구 지역을 인류 최후의 에덴동산이라고 부르는 가장 큰 이유는, 싱구에 사는 모든 부족이 태초의 아담과 이브처럼 '옷'을 입지 않기 때문이다.

그들이 걸치는 것이라고 해봐야 여자들은 '울룰리'라고 해서 '찬비라' 속살을 얇게 꼬아 허리춤에 차는 것뿐이고 남자들 역시 정글칼을 꽂기 위해 허리춤에 차는 장식끈이 있을 뿐이다.

우리의 의류학적 상식으로 보자면, 결국 다 벗고 허리에 벨트 하나만 달랑 찬 모습이니 말 그대로 순도 100%의 '나체 부족'인 셈이다.

사실 웬만한 남자 열이면 열 다 투명인간이 된다면 제일 먼저 가보고 싶은 곳이 '여탕'이라고 대답할 테고, 여자 연예인들의 누드 사진이 억 단위로 팔려나가는 데가 서울이다 보니 내가 싱구 부족을 취재하러 간다고 하면, 다들 첫 마디가 "좋은 구경하겠네~"다.

좋은 구경이라. 나도 처음 그곳에 갈 때는 마음속으로 눈길을 어디다 둬야 눈총을 받지 않을까 상당히 고민도 하고, 특히 인디오 여자

들을 대할 때는 눈만 쳐다보고 말하는 연습까지 해 둔 터였기 때문에 사람들의 반응을 십분 이해하고도 남는다.

하지만 그곳에 도착하자마자 이상하게도 그 생각은 모두 쓸데없는 걱정이었음을 알게 된다. 물론 처음 10분간은 마치 노천탕을 (그것도 혼탕을) 그대로 옮겨 놓은 듯한 풍경에 눈이 자꾸 아래로 향하고 이리저리 옮겨다니는 시선을 추장에게 고정시키느라 애를 먹기도 한다.

그러나 그런 증상은 곧 사라지고, 나는 그들의 벗은 몸을 그야말로 무심하게 쳐다볼 뿐이다. 아니 오히려 옷을 입고 있는 나와 스텝들이 스스로 이상하게 생각된다. 마치 목욕탕 안에서 티셔츠와 청바지를 입고 앉아 반신욕을 하고, 때를 밀며 샤워를 하는 기분처럼 말이다.

야웨찌 부족 사람들

왜냐하면 그들은 자신들의 벗은 몸을 부끄러워하지 않는다. 감추지 않는 게 당연하니, 표정에 거리낌이 없고, 그런 그들의 모습은 나 역시 그것을 당연하게 받아들이도록 만든다. 모든 것은 상대적이니까.

싱구 부족들은 '몸'을 가장 아름다운 '옷'이라고 생각한다. 그래서 우리처럼 '옷'으로 예의범절을 따지고 '옷'의 브랜드로 '능력'을 가늠하며 '옷'에 몸을 맞추기 위해 과도한 다이어트를 하지 않는다.

몸짱 따위도 없다. 34-24-36 같은 강박적인 사이즈도, 배에 하나쯤 새기고 싶은 '왕'자도 그들의 머릿속에는 자리조차 잡고 있지 않다. 옷을 벗고 자신을 보여주고 있는 것이다. 살아있는 현재의 자신을 '몸'이 보여주는 '인간' 그 모습 그대로를 내 놓고 있을 뿐이다.

4부_ 인류 최후의 에덴동산, 싱구

'찬비라' 속살을 얇게 꼬아 허리춤에 차는 '울룰리'.
이 울룰리의 갯수로 처녀, 유부녀, 과부를 구분 짓기도 한다.

옷을 입지 않기 때문에 뒷모습 몸매만 보면 누군지 알 수 있어 재미있다. 게다가 여자들이 허리에 차는 '울룰리'는 유부녀와 처녀를 구분하고 있어 여러모로 가장 필요한 기능만 갖추고 있는 셈이다.

울룰리만 하고 삼삼오오 떼지어 웃고 있는 싱구 부족 여자들을 보고 있노라면, 백화점 바겐세일 때마다 북새통을 이루고 명품족이 되고 싶어 가장 명품 같은 '짜가' 파는 곳을 찾아 돌아다니는 숱한 사람들이 생각나 씁쓸하다. '몸'은 명품도 없고, 짜가도 없다. 바겐세일도 필요 없고, 브랜드 대신 나의 이름이 붙어 있을 뿐이다.

싱구 부족들의 모습은 내게 묻는다.

'왜, 인간으로 태어나 자신의 몸을 즐기지 않고 옷을 즐기는가?' 라고.

옷을 벗으면 인간이 보인다. 돈을 받고 벗으면 몸매만 보이지만 자연 속에서 자연으로 벗고 있으면 '자연'이란 이름의 인간이 보이는 것이다.

울줄리를 양쪽으로 연결하는 조개껍질장식을 만들기 위해 구멍을 뚫고 있다.

촬영을 진행하면 할수록, 나도 옷이 벗고 싶어졌다. 저들의 자유를 감출 것이 하나도 없기 때문에 즐길 수 있는 저 자유를 나도 느끼고 싶어진 것이다. 마지막 날 나도 결국 벗고 뛰어다니기로 결심한다.

그 때의 자유로움, 옷을 벗고 정글 속을 뛰어다니는 그 자유로움은 아무도 없는 아파트 안에서 벗고 있는 것과 차원이 다르다. 그것은 그저 한 겹의 옷을 벗어 던진 것이 아니라, 나를 구속하던 가장 근원적인 규칙들의 껍질을 벗어 던진 것이다.

그 짧은 자유가 끝나자, 나는 다시 옷을 입을 '용기'가 필요했다.

권력보다 더 강한 '권위'의 힘

많은 사람들이 '추장' 이야말로 '절대 권력'의 상징이 아닐까 생각하지만, 실제로 싱구 아마존의 '추장'이 가진 권위는 우리가 생각하는 '권력'과 사뭇 다르다.

우리가 인식하는 권력은 인디오 부족 사회에서는 존재하지 않는다. 그것은 공동체의 공동 이익에 희석되어 있다. 어떤 누구도 권력으로 이득을 취하려 하거나 권력을 남용하지 않고 또한 어떤 누구도 명령하려는 욕구를 가지지 않는다. 추장은 구전으로 내려오는 전통의 영속성을 책임져 과거와 현재를 잇는 역할을 할 뿐 권위의 존재는 아니다. 우리의 문명화된 사고로는 우두머리, 또는 수장이라는 것은 어쩔 수 없이 권력을 함축하고 있지만 인디오들의 그것을 우리의 리더십과 혼동하여서는 안 된다.

나도 처음에는 '추장'이 조선시대 고을 사또 정도는 되겠지라는 생각에 추장에게 이것저것 부탁해보기도 했지만, 추장은 마을의 공동기금을 관리하거나 중대한 결정을 내릴 때, 그 과정을 관장하는 식의 역할을 수행할 뿐 부족 구성원들에게 명령을 내리거나, 그들을 구속하는 식의 권력을 행사하지는 않았다.

더욱 놀라운 것은 그런 절대적인 구속력이 없는 데에도 부족 구성원들이 '추장'의 권위를 존중하고, 그가 필요할 때 자신의 역할을 수행하는 것에 대해서 그 어떤 반발도 하지 않는다는 것이었다.

마치 〈웰컴 투 동막골〉에서 '뭘 좀 많이 먹여야지'라고 중얼거리는 촌장을 연상시키는 추장의 권위는 그렇기 때문에 이들 부족 사회를 질서 있게 유지시키는 상징이자, 핵심이 되어준다.

권력이 아닌 '알맞은' 위엄이 추장의 주요한 특징이다. 그래서 인지 추장은 어려서부터 또래들과의 장난을 심하게 하지 않고 자라난다. 추장은 과거 역사의 연결고리 역할 뿐만 아니고 빠제(샤만이나 무당을 뜻함)와 공동체간의 연결고리 역할을 하는데, 그 자신이 빠제가 될 필요는 없고 초자연적인 실체를 직접 경험할 필요도 없다. 그는 단지 그 실체를 공동체의 구성원들에게 전달할 뿐이지만 모두가 받아들인다.

위대한 추장이 되는 것은 뛰어난 웅변가가 되는 것이다. 추장은 반드시 말하는 기술을 알아야 한다. 그는 지시하거나 벌주거나 법을 제정하거나 하는 어떤 종류의 명령도 하지 않는다. 그는 도량이 넓어야 하고 사려 깊으며 사람들에게 명령이 아닌 조언을 해줄 수 있어야 한다. 우리가 쓰는 말로 하면 그는 인간관계의 미묘한 균형을 끊임없이 인식하는 경험 많은 연설가이다. 그는 부족의 조화를 지키지만 어떠한 심각한 논쟁에도 중재할 필요가 없다. 그것은 같은 공동체 안에서 다툼이 거의 없고, 또한 그렇게 하는 것은 어쩔 수 없이 사람들 사이

싱구 부족 추장. 어려서부터 우까우까를 한 탓에 귀가 많이 일그러져있다.

에서 불만을 초래하기 때문이다. 공동체인들 사이의 평화 상태를 책임지는 것은 추장이 아니다. 그것은 내부 분쟁은 무한한 괴로움이 될 거라 믿는 초자연의 존재를 모두가 인식하기 때문이다.

필요할 때만 발휘되는 권위는 비리를 양산하지 않는다. 음주운전을 하고도 "얌마~ 내가 누군 줄 알아!" 하고 밑도 끝도 없는 으름장을 놓고, 아들을 군대에서 빼주거나, 주가를 조작하고, 부동산 투기를 하는 데 사용하는 우리의 권력은, 시도 때도 없이 그 힘을 발휘하기 때문에 비리를 양산하고, 모두가 그 권력을 꿈꾸고 갈망한다. 권

력이 없으면 피해자가 되니까.

마을에는 3명의 추장이 있는데, 추장, 2추장, 3추장이라고 부르며 부족의 인원수를 고려해서 2추장, 3추장을 추장이 임명한다. 물론 추장이 죽더라도 2추장이 추장이 되는 게 아니라 잠깐 대행만 할 뿐 추장은 추장 아들이 승계 한다. 결국 2,3추장 아들은 영원히 2,3추장 직만 물려받는 것이다. 그러나 마을의 현안을 결정할 때에는 추장 단독이 아니라 3명의 추장이 협의해서 결정한다.

하지만 싱구 부족의 일원으로 사는 데 '권위'를 가지지 않았다고 피해를 볼 일은 없다. '권위'는 개개인의 삶을 송두리째 흔들 수 있는 '힘'으로서의 역할이 아니라, 부족들을 위한 '질서'와 '모범'으로서의 역할을 할 뿐이다.

욕심을 내지 않으면, '권위'가 '존경'을 부르고, 그 권위가 세습된다고 해도 아무도 이의를 제기하지 않는다.

노블리스 오블리제, 따뜻한 카리스마. 그 잘난 문명인들이 꿈꾸는 이 두 단어는 이 오지의 싱구 부족의 추장들이 오래 전부터 생활처럼 실천해오던 것이다. 그래서 나는 싱구 부족의 '추장님'들이 좋다.

가끔 내 인생이 왜 이렇게 꼬이나 싶을 때는 조용 조용 나를 다독이며 내 머릿속을 정리해주는 '추장님' 식 조언이 듣고 싶다. 위에서 누르는 권력보다 옆에서 기댈 수 있게 해주는 권위, 그 힘을 나는 경험했기 때문이다.

Everyday New Life,
'히니'

야빨로비찌 부족을 촬영하기 위해 카누에서 내렸을 때다. 부족 마을 입구부터 피비린내가 진동을 한다. 무슨 바람이 불어 아침부터 사냥이라도 한 것일까. 궁금해하며 코를 부여잡고 걷는데 여자 하나가 말로까 뒤에 아이를 세워놓고 뾰족한 물건으로 아이의 온몸을 긁어대며 피를 내고 있다.

내가 모르는 새로운 성인식의 일종이라고 하기엔 아이가 너무 어리고 아이가 무슨 대역죄인이라도 되어서 받는 벌이라면 벌주는 분위기가 묘하게 평화롭다.

그런데 더욱 놀라운 것은 내가 가까이 다가가면 갈수록 더 자세히 볼 수 있는 아이의 표정이었다. 온몸에 피가 줄줄 흐르고 피부를 긁어대는 부욱부욱하는 소리는 듣고만 있어도 마치 내 심장을 긁어대는 소리 같아 소름이 돋는데도 아이는 아파하기는커녕 신기하게 쳐다보는 내가 쑥스러운지 머쓱하게 살짝 웃고 있을 뿐이다.

게다가 부족 마을 입구부터 나는 피비린내의 근원은 이 가족뿐만

이 아니었다. 여기저기서 마치 우리가 아침마다 세수를 하듯이 온몸을 긁어대고 있는 것이 아닌가? 이 이해불가하고 가히 충격적인 풍경이 내가 '히니'를 처음 본 것이었다.

나는 지금도 '싱구' 하면 이 '히니'가 제일 먼저 떠오른다. 즐겁게 온몸을 긁으며 피를 내는 가족들의 모습은 내가 가진 고정관념이 얼마나 뿌리깊은 것인지 깨닫게 했을 뿐만 아니라, 하루 하루를 받아들이는 그들만의 방식을 가장 잘 이해하게 만들었기 때문이다.

'히니'는 호롱박 같은 단단한 나무 껍질에 날카로운 피라냐 이빨을 촘촘히 박은 '아얍'으로 온몸을 긁어서 피를 내는 의식을 말한다. '싱구' 쪽에만 남아 있는 이 의식은 사실 의식이라기보다 아침이나 저녁마다 하는 생활 습관이라고 보는 편이 더 낫다. 순식간에 동물의 뼈만 남긴다는 피라냐의 날카로운 이빨이 훑고 지나간 살은 금방 점선처럼 길게 상처가 나며 방울 방울 선명한 피가 맺혀 나온다.

언제 봐도 신기한 것이 허벅지에 피로 줄무늬를 그리는 것처럼 피가 흘러내리는데도 '히니'를 하는 인디오들의 표정은 결코 고통스러워 보이지 않는다는 것이다. 그것은 어린 아이라도 마찬가지다. 오히려 우리가 이태리 타올로 벅벅 문질러 온몸의 각질을 벗겨냈을 때의 상쾌함을 느끼는 것처럼 기분 좋고 시원해 보인다.

그들은 이 '히니'를 통해 매일 매일 몸에서 더러운 피를 빼내고, 혈액순환을 좋게 만든다. 마치 우리가 체했을 때 손가락을 따서 상한 피를 빼내듯이 이들은 아침 저녁으로 온 가족이 모여 묵은 피를 습관처럼 빼내면서 몸을 정화하는 것이다. 특히 부모들의 경우에는 이 '히니'가 아이들의 성장에 꼭 필요하다고 생각하기 때문에 성장기

아이들이 있는 집은 어김없이 아침마다 '히니'를 해서 말로까 뒤에 비릿한 피냄새가 풍겨나온다.

싱구 강 유역의 어떤 부족을 촬영해도 이 '히니'는 일상처럼 만나는 풍경이라 나도 몇 번 이 '히니'를 해 본 적이 있다. 예리한 피라냐의 이빨이 내 살갗을 할퀴고 지나가는 느낌이 머리끝까지 찌릿하게 만든다.

내 살 속에 갇혀 있던 피가 바깥 공기 속으로 뿜어져 나오는 순간, 인디오들이 고개를 흔든다. 내 피에서 이상한 냄새가 난다는 것이다. 오염된 냄새, 찌든 담뱃 냄새 같은 것들이 뒤섞여 있다며 걱정스런 눈초리로 나를 쳐다본다. 하긴 어찌 오염되지 않았겠는가.

내 눈빛이 이들보다 한없이 탁한데 내 속에 감춰진 피라고 해서 깨끗할 리가 있겠나 싶어 씁쓸하게 웃을 수밖에. 이들은 내 허벅지에 '히니'를 해주고 나서 소염 작용을 하는 약초를 문질러서 상처가 덧나지 않게 주었다.

이 '히니'는 노인을 제외한 모든 이들이 하는데, 여자들은 축제 때를 제외하고 일상적으로는 하체에만 하고, 남자들은 온몸에 다 한다. 그래서 싱구 부족들을 보면 온몸에 히니 자국이 옅게 나 있는 것을 볼 수 있다. 특히 여자들은 허벅지 옆쪽은 세로로 길게 히니 자국이 나 있고, 허벅지 앞쪽에는 찬비라 속살을 말아 울룰리와 바구니를 만드느라 생긴 줄자국이 가로로 까맣게 나 있는 게 무척 인상적이다.

'히니'는 매일 매일 전 날의 묵은 피를 빼내면서 몸을 맑게 하고 건강하게 만드는 것임과 동시에 매일 매일 새롭게 태어난다는 뜻을 내포하고 있다. 처음에는 고통스러웠을 히니가 하루 하루가 지나면서

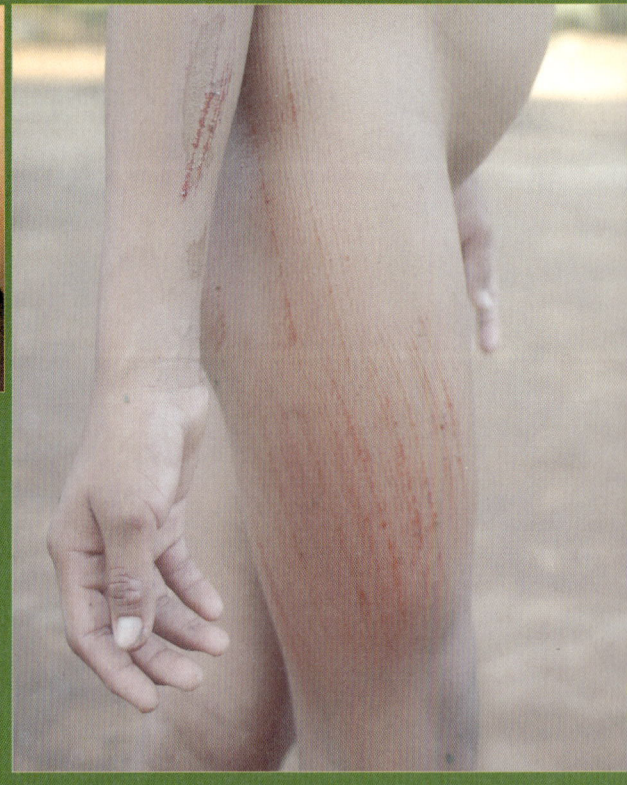

싱구 부족 사람들은
대략 7살부터 시작하는
'히니'를 자연스러운
습관처럼 여긴다.

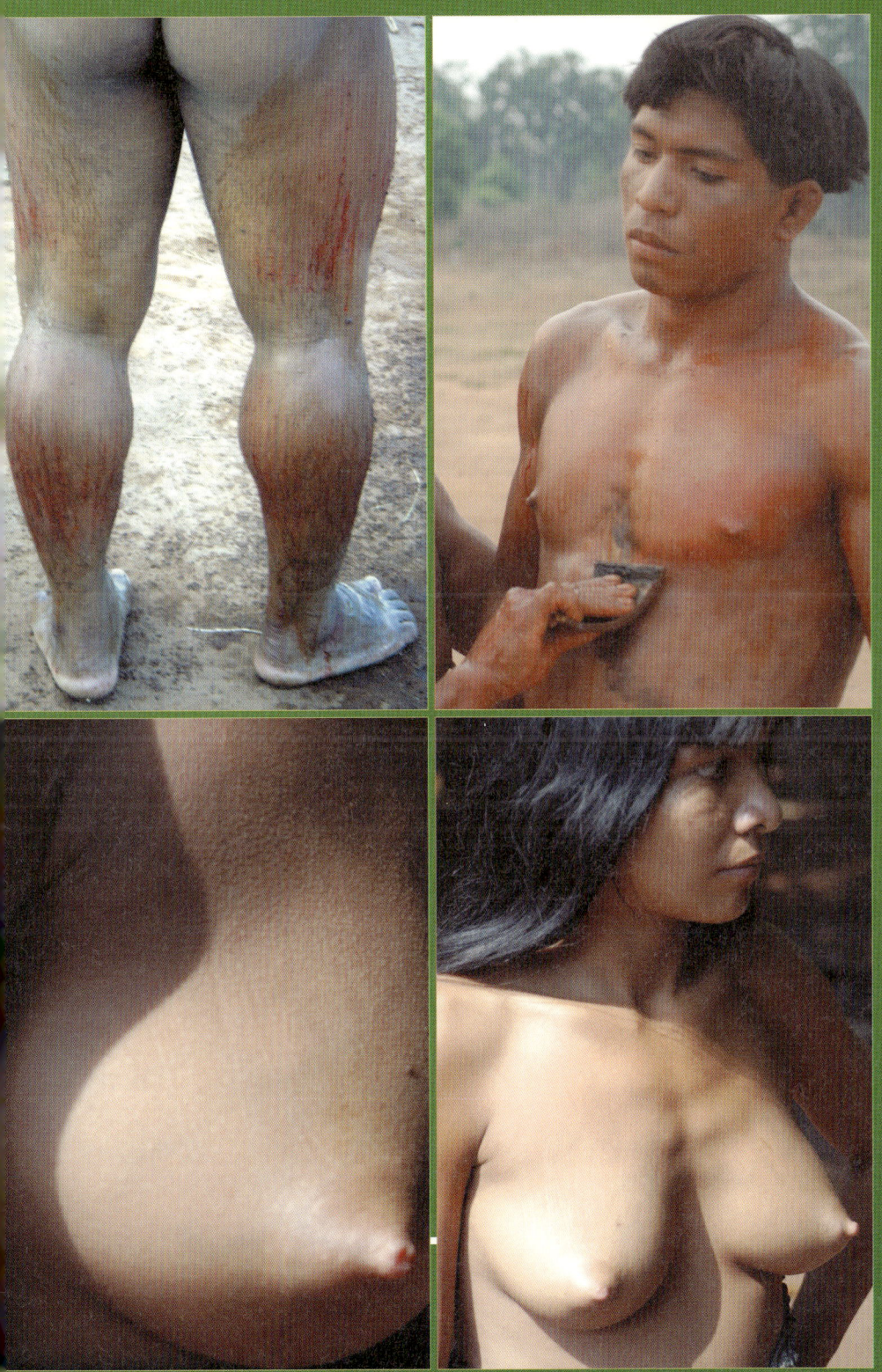

익숙해지는 걸 느끼면서 아이들은 점점 강해지는 스스로를 깨닫게 될 것이고, 정글에서 겪게 되는 크고 작은 위험과 상처를 이겨낼 힘을 얻게 되는 것이다.

'히니'를 하면서 웃는 인디오들을 보며 나는 생각한다. 매일 매일 새롭게 태어난다고 믿는다면 어찌 즐겁지 않겠는가. 내 피가 살 속에 고여 썩은 냄새를 풍기는 것은 내 삶 역시 물 흐르듯 흘러가지 않고 익숙한 습관과 아집 속에 고여 있기 때문이 아닌가 하고. 온몸에 상처를 내며 '히니'를 하지는 않더라도 나 역시 매일 매일 새로 태어나는 의식이 필요한 게 틀림없다.

인내라는 이름의
'성인식'

아마존 인디오들에게는 '나이 값도 못한다' 라는 말은 없다. 그들은 인생의 중요한 시기마다 그 성장을 완성시켜주는 의식을 치르기 때문이다.

만 18세 생일이 지나면, 저절로 성인이 되는 식의 '안이한 성장'은 정글 속에서 살아남아야 하는 인디오들에게는 결코 용납되지 않는 일종의 직무유기다.

싱구 부족에서 태어난 남자아이들은 태어난 지 3일이 지나면 모두 귀를 뚫는다. 귀는 남자만 뚫는 것으로, 이 귀를 통해 유년기의 남자아이들은 수시로 작은 성인식 같은 것을 되풀이하면서 성장한다.

1년에 한번 하는 '뿌흐까' 의식이 있다. 이 의식은 우선 부모가 가장 용맹하다고 알려진 재규어의 뼈로 아이의 온몸을 문질러준다. 재규어의 뼈로 아이의 몸을 문지르고 얼굴에는 나무를 태운 재로 재규어처럼 줄무늬를 그려주면서 부모는 아들에게 재규어의 용맹함과 남성스러움을 불어 넣어주는데, 아마존 인디오들에게 가장 큰 칭찬은 바로 '용감하다'이기 때문에 재규어의 용맹함을 갖춘 아이로 성장하기를 비는 부모의 마음까지 아이는 느낄 수 있다.

그런 후 부모가 어른 손 한 뼘만큼 길이로 나뭇가지를 부러뜨려 양쪽 끝을 뾰족하게 하여 그 한쪽 끝으로 아이의 귀를 뚫고 꼽는데, 남자아이만이 할 수 있는 이 과정을 통해 아이는 스스로 남자임을 확인하게 된다.

그리고는 준비한 나무토막의 가운데 부분은 아이의 입에 물린다. 특히 이 의식의 뜻을 물었을 때 그들이 한 이야기를 잊을 수가 없다.

이 뿌흐까의 최종 목적은 아이에게 '말을 조심해야 한다' 는 것을 반복적으로 가르치는 것이었다.

한 말로까에서 공동체 생활을 하고, 부족 모두를 합쳐봐야 몇 명이 되지 않는 작은 사회에서도 말을 통제하지 못하면 부족간의 분란을 감당할 수 없다는 것이다. 맞는 말이다.

말이 씨가 되고, 말이 화를 부른다. 서점을 점령한 처세술 책들의 대부분이 성공하는 대화법을 가르치고 있는 문명인들의 고민과 다툼의 대부분도 역시 말에서 비롯되는 것 아닌가.

인디오들은 '입'에서 모든 문제가 시작된다고 믿고 있다. 아무리 멋진 말이라고 해도 어떤 말을 100가지 하는 것보다 말을 가려서 해야 한다고 여기는 이들은 아이의 입에 나무를 물린 다음 3일 동안 침묵하는 연습을 시킨다. 밥을 먹을 때만 나무를 빼내고, 식사 시간을 제외하고는 사흘 동안 입에 나무를 물려놓는 것으로 이 아이는 72시간 동안 침묵하는 습관을 들이는 것이다. 인디오들은 모두가 어릴 때부터 묵언으로 참선을 하는 스님들인 셈이다.

백 번 천 번 말조심하라고 가르치는 것보다, 조상 대대로 내려온 이런 의식이 아이에게는 완벽한 교육이 된다. 아이에게 말조심하라고 해 놓고 부부싸움에서 할 말 못할 말 해대는 부모를 본다면, 그것이 교육이 될 리가 없다. 인디오들에게 너는 너대로, 나는 나대로의 교육은 없다. 인디오들의 모든 교육은 실제적이며 부모가 모범이 되고, 누구나 다 거쳐가는 통과의례로서 예외가 없기 때문에 또 실패도 없다.

만약 우리도 이들처럼 이렇게 침묵의 힘을 알고, 실천할 수 있다면, 숱하게 사회면을 장식하는 험한 기사의 50%는 사라지지 않을까.

싱구 부족 외에도 아마존의 다른 부족들도 성인식을 치른다. 소년이 자신의 신체의 굳건함과 정글에서 살아가는 기술을 증명해야 하는 혹독한 절차를 거친다. 소년은 개미가 우글대는 개미밭에 묶일 수도 있고, 재규어 사냥에서 일정한 사냥기술을 보여야 하거나, 정글에서 정해진 기간동안 굶으며 참아야 한다. 형식이나 의미는 다양하지만 모든 성인식이 요구하는 것 중 가장 중요한 것이 바로 '인내'다. 거꾸로 말하면 '인내' 하지 못하면 '성인'이 될 수 없는 것이다.

그 중에 한 성인식에서는 남자아이들의 손에 나뭇잎으로 장갑을 만든 다음 그 장갑 속에 독을 지니고 있는 불개미를 집어넣어 끼운다. 이 불개미는 장갑 속에 갇힌 채로 계속해서 아이의 손을 물어대는데, 이 의식을 치르는 남자아이는 수백 마리의 불개미가 무는 고통을 참으며 춤을 춰야 한다. 그냥 개미도 아니고, 독을 품고 있어 물기만 해도 손이 퉁퉁 부어오르는 불개미를 손 전체에 붙이고 춤을 추는 아이들은 놀랍게도 고통스러운 표정 하나 짓지 않고 태연하게 춤을

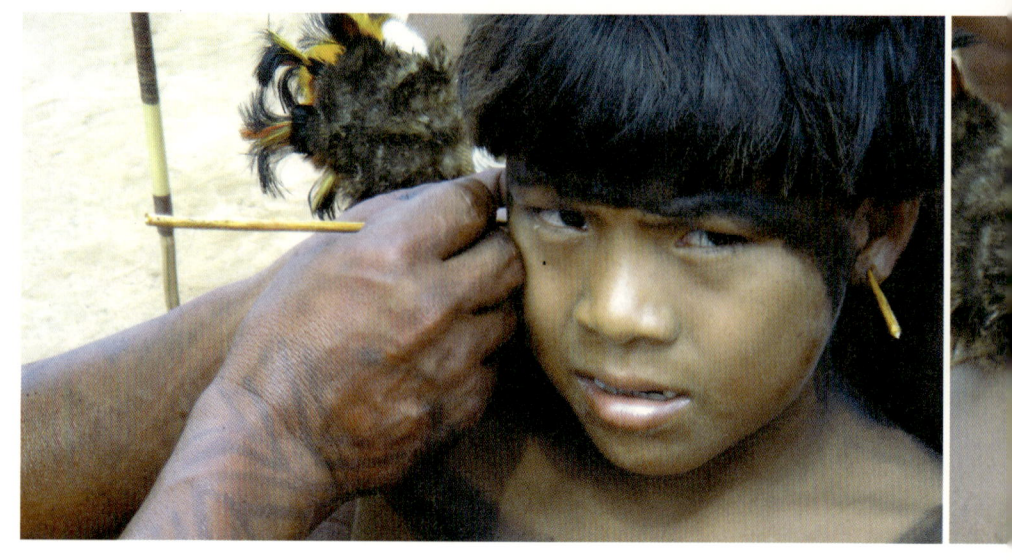

춘다. 우리로 치면 이제 중학교에 올라갈 정도의 나이인 13살, 14살 짜리들이 나로서는 상상만 해도 몸서리가 쳐지는 고통을 그토록 의연하게 견디고 있는 걸 보고 있으면 나보다 한참이 어린 아이들에게 경외심을 느끼게 된다.

예전 같으면 손가락 끝에 가시 하나만 박혀도 짜증스럽던 나 역시 이런 성인식을 숱하게 본 이후에는 웬만한 상처는 신경도 안 쓰거나, 병원 문턱을 더더욱 싫어하게 돼 가족들의 걱정을 사곤 한다. 언제나 느끼는 것이지만, 나처럼 너무나 상반된 문화와 분위기를 갖고 있는 두 곳을 왔다갔다하는 사람이 중도를 걷기란 참으로 어려운 일이 아닐 수 없다.

어쨌든 불개미 장갑춤 외에도 개미가 주는 고통은 성인식에 다양하게 활용된다. 성인식을 치러야 하는 남자아이를 데려다 불개미가 집을 짓고 사는 나무 밑에 눕혀 놓는 것이다. 그리고 나무에 있는 불

아이들은 아버지 등에 업혀 말로까로 가서 묵언수행을 시작한다.

개미집을 아예 부셔버리는데 집이 부셔졌으니 불개미들은 후두둑 떨어지며 아이의 전신을 공격하기 시작한다. 생각만 해도 끔찍한 이 형벌 같은 의식을 아이는 몇 시간이고 고통을 견디며 치르는 것이다.

좀 더 심한 고통을 주는 성인식 중에는 물면 피가 날 정도로 큰 '추까가히' 개미가 사는 개미밭에 아이를 눕혀놓는 것이다. 나도 한번 이 개미에게 물려봐서 그 아픔의 정도를 안다. 실제로 그 개미에게 물리고 나면 정말 세상에 이렇게 아픈 게 어디 있을까 싶을 정도로 엄청난 고통에 시달린다. 그런 개미가 한 마리도 아니고 득시글거리는 개미밭에 던져진 아이들은 대부분 아픔을 참다가 그대로 혼절해버리곤 한다. 이 성인식은 촬영을 하면서도 내가 온몸이 아픈 듯해서 참기가 힘들었다.

어떻게 보면 무모할 정도로 가학적인 이런 성인식조차 인디오들은 성인이 되는 하나의 통과의례로 여길 뿐이다. 성인이 되고 싶다면,

따뚜아쟁 의식전에 여자끼리 '씨출라미 춤'을 춘다.

누구나 이 과정을 통해 성인으로 인정받기 위한 '인내'를 스스로 증명해야 하는 것이다.

여자아이들은 초경을 전후해서 성인식을 치른다. 싱구의 소녀는 14살이 되면 성인식을 치르는데, 팔뚝에 서네 줄을 가로로 긋는 문신을 새기는 '따뚜아쟁' 의식을 치른다. 콜롬비아 띠꾸나 부족은 초경이 끝난 여자아이의 머리를 주위 사람들이 한 올 한 올씩 뽑는데, 머리가 뽑힌 부분이 거의 직경 8센티가 될 정도로 뽑아낸다. 아이가 어릴 때부터 갖고 있는 배냇머리를 뽑아 과거와 결별한다는 뜻도 있고,

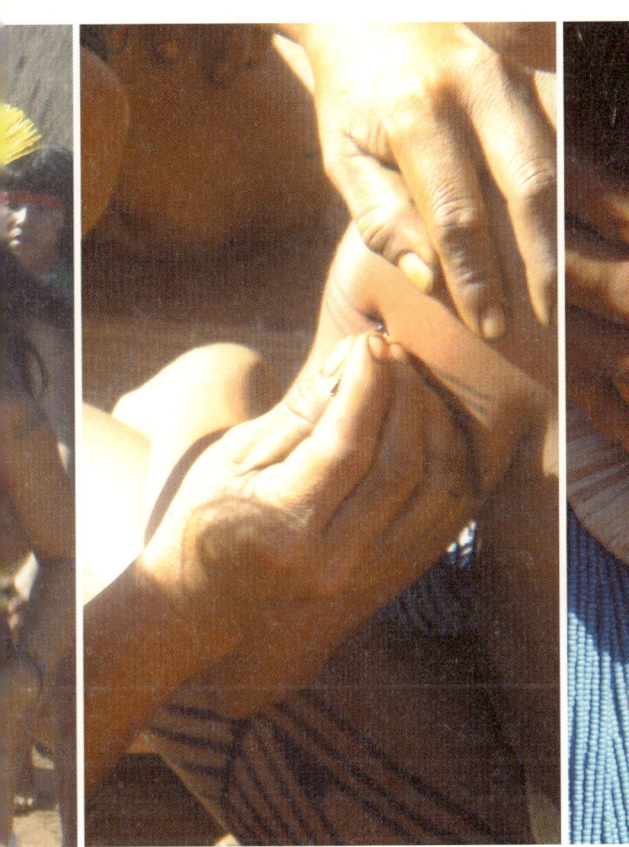
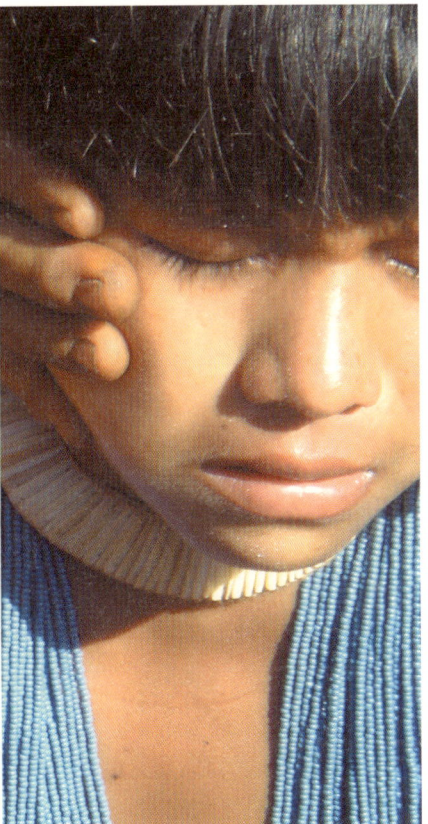

추장 직계 소녀들에게만 행해지는 따뚜아쟁

계속해서 머리가 뽑히는 고통을 참고 인내하는 것으로 성장이라는 힘든 과정을 통과하게 만드는 것이다. 생머리를 그렇게 뽑아대니 당하는 아이가 얼마나 아프겠는가.

페루 마누정글의 마치갱가 부족은 성인식을 할 때, 여자아이를 움막에 가둬놓고 사흘 동안 굶기면서 목화로 일정 양의 실을 짜면 그때서야 불러낸다. 그리고 나무칼로 머리카락을 잘라낸 다음 마누 강에 떠내려보내고 아이의 온몸을 씻긴다.

이들에게 과거의 머리카락을 자르는 의식은 지난 시간과의 단절을 뜻하고, 깨끗이 씻으면서 성인으로 새롭게 태어난다는 것을 의미한다.

이렇게 이들의 성인식은 방법은 조금씩 다르지만 공통점은 어린 아이로 어른들의 보호를 받았던 과거를 버리고, 스스로를 책임지고 정글에서 혼자 생존할 수 있는 성인으로서의 '인내' 와 '용맹성' 을 갖게 만드는 것이다.

마치 백수의 왕, 호랑이가 자신의 새끼를 벼랑 끝에서 밀어버린 다음, 살아남은 새끼만 키우는 것 같은 이런 성인식은 이 의식을 견뎌내는 아이에게 단 하나의 교훈을 남겨준다.

'네가 혼자 일어설 수 있고, 이 모든 극한의 고통을 견뎌낼 수 있다면 너는 성인으로 인정해준다.'

아마존 인디오들은 우리네 부모들처럼 돈을 남겨주거나, 지위를 안겨주지 않는다. 세상을 살아가는 방법을 가르치고 남겨주는 것이다. 재벌 2세, 재벌 3세로 세습되는 돈은 언제고 사라질 수 있지만, 어떤 위험과 난관도 헤쳐나갈 수 있는 '인내' 라는 선물은 아이의 영혼에 깊이 박혀 사라지지 않는다.

그들의 성인식을 보며 나는 스스로에게 묻는다.

나는 내 아이에게 무엇을 가르치고 있는가? 무엇을 남겨주기 위해 살고 있는가?

순간순간 바쁘게 바뀌어 가는 문명의 시류에 편승하는 요령만 가르치고 있지는 않은가. 자기 앞에 닥쳐 올 운명을 헤쳐나갈 '인내' 라는 선물을 가르치긴 한 것인가. 그리고 나는 그것을 가르칠만한 진정한 성인이 된 것인가 하고 말이다.

'욕심'이 없으면, '욕망'이 생기지 않는다

싱구 부족들은 혼전순결을 굉장히 중요하게 생각한다. 아니 중요하다기보다 당연하게 생각한다고 말하는 게 더 맞는 말이다.

특히 결혼하기 전 여자들은 마치 씨를 뿌리기 전 밭을 묵게 하고 좋은 퇴비를 주어 땅을 최고의 상태로 가꾸듯 몇 달 동안 집 안에 두고 쉬게 하면서 살을 토실토실하게 오르게 한다. 늘 태양에 까맣게 그을렸던 피부는 이 기간 동안 제 살색으로 곱게 돌아오고 석양 무렵 우까우까를 즐기면서 결혼하기 위해 튼튼한 몸을 만든다.

또한 온종일 말로까 안에서 하루 다섯 차례의 목욕과 피부를 문지르면 샴푸처럼 거품이 나는 '아빨리따' 뿌리로 피부를 매끄럽게 하고, 예비 신랑을 위해 해먹 짜기를 한다.

이렇게 부모들이 결혼 전 관리를 하기 때문에 혼전 순결 문제는 자연스럽게 해결이 되기도 하지만, 실제로 남자 건 여자 건 결혼하기 전 성관계에 대한 인식 자체가 거의 없다.

내가 몇 번 물어봐도 무슨 말인지 잘 모르는 걸 봐도 결혼하기 전

결혼하는 날 소녀의 아버지는 딸의 머리카락을 신랑이 보는
앞에서 자른다. 아마존 부족의 머리카락을 자르는 관습은
과거와의 단절을 의미한다.

순결을 지켜야한다는 규범이 있다기보다 당연히 모든 사회 구성원들이 그렇게 살아왔고, 그것이 일상으로 받아들여지기 때문에 '성'에 대한 헛된 욕망이나 욕심 자체가 처음부터 생겨나지 않는다.

이렇게 결혼하기 전 조신하게 집에 있던 처녀는 결혼을 하고 첫날밤을 치른다. 첫날밤 남편은 아내가 울룰리에 꽂아 가랑이 사이로 차고 있던 브릿지 끈을 칼로 끊어주는데, 이런 상징적인 과정을 통해 첫날밤은 시작된다. 이것은 여자만의 첫날밤도 아니고, 남자에게도 똑같은 첫날밤이다.

그들은 결혼하고 난 후에도 다른 여자와 다른 남자를 쳐다보는 일이 없다. 이것은 우리처럼 남녀를 구분하는 성적 차이도 없을 뿐만 아니라, 사회 전체에 깔린 '욕심없는 문화'가 이들의 '성생활'과 '성의식'에서도 드러나는 것을 볼 수 있다. 운명으로 이어진 아내와 남편은 서로가 각자의 역할을 수행해가며 다른 상대를 꿈꾸거나 탐하지 않는 것이다.

이런 문화는 가정이 파괴되지 않게 만들고, 가정이 파괴되지 않으니 사회 전체 역시 건전하고 탄탄하게 유지될 수밖에 없다. 개방적인 것은 좋으나 우리의 성문화는 어딘가 모르게 심하게 뒤틀려 있다. 이렇게 늘 흔들리는 것이 가정이니 사회가 멀쩡할 리가 없고, 사회가 멀쩡하지 않으니 그 속에 살고 있는 사람들이 행복할 리가 없는 것이다.

싱구의 청춘남녀들이 서로의 마음을 확인하는 방법 역시 우리의 시각에서 보면 귀엽기 그지없다. 총각들이 한 처녀의 집에 몰려가 처녀가 누워있는 해먹을 신나게 흔들어대는 '아마까' 놀이는 일종의 재미있는 청춘남녀들간의 탐색전 같은 것이다.

준비 춤인 치까치까(남자들이 기차놀이 비슷하게 열을 지어 '치카치카' 소리를 지르며 추는 춤)는 남자들이 간다는 신호로 여자들은 이 소리가 나면 해먹에 누워서 기다리라는 메시지를 전달하는 뜻의 춤이다.

말로까 안에 도착하면 크게 원을 이루어 발을 구르며 소리를 친 후, 여인에게 관심이 있는 남자들이 따로 손을 잡고 돌면서 해먹에 접근한다. 해먹의 앞뒤에 달라붙어 해먹을 흔들고 매달리면서 장난스럽게 관심을 표현하는 과정은 자연스러우면서도 흥겹다.

이렇게 좋아하는 여자를 흔들어보고 그 여자의 눈빛으로 마음을 확인하는 과정이 끝나면 자연스럽게 혼담이 오가기도 하고, 또다른 경우는 여러 부족이 모이는 모이따라 때 여자들끼리 모여서 수다를 떠는 동안 어느 집 아들과 어느 집 딸이 결혼할 나이가 되었다는 정보들이 공유되면서 결혼이 성사되기도 한다.

싱구 부족의 결혼식은 의식은 없고 예단만 있는데, 이 예단이라는 게 말 그대로 예의를 차리는 정도다. 깨끗한 토기 두어 개와 화살 몇 개, 그리고 장가오는 남자가 잘 해먹을 잘 짜서 가지고 오는 정도가 끝이니 결혼 예단으로 다투고 고민할 이유가 전혀 없다.

이렇게 단촐하고 소박한 짐을 들고 와 남자가 여자 쪽 집에서 결혼을 치르면, 그 날 축제를 하는데 온 부족 사람들이 모여 앉아 잔치음식으로 물고기죽을 나눠

해먹을 짜면서 결혼하기 전 몇 달 동안 집 안에서 머무르는데 머리가 턱까지 기르게 된다.

먹는다. 이 단란한 모습이 바로 피
로연이고 결혼 파티가 되는 것이다.

아빨리따 뿌리

　이렇게 소박하고 자연스러운 결
혼 의식도 마음에 들지만, 내가 가
장 인상깊었던 것은 싱구 부족들
의 '의만풍습'이다.

　이들은 아이를 낳을 때, 해먹에
서 혹은 돗자리에서 낳기도 하는
데 아내가 분만으로 인한 고통에
시달릴 때 남편이 옆에 누워 분만의
고통을 흉내내며 그 아픔을 나누는 의식을 말한다. 그리고 여자가 며
칠 동안 산후조리를 하는 동안에도 남편 역시 계속 말로까에 머무는
데, 아이를 나서부터 모든 과정을 남편이 함께 하며 아내의 아픔을 나
누려고 하는 이 의만풍습은 나 자신을 무척이나 반성하게 만들었다.

　세상에 태어날 아이를 기다리며 아이 낳는 아내의 고통을 당연히
나누려고 노력하는 모습을 보면서 그렇게 하지 못한 내가 미웠다. 바
로 그 순간이 가족의 끈끈한 정을 서로가 최고조로 나눌 수 있는 순
간일텐데, 나는 그런 순간을 그저 넘겨버리고 말로만 고맙다는 말을
했을 뿐이었다고 생각하니 다시 그 순간으로 돌아가고 싶어지기도
했다. 물론 아내는 펄쩍 뛸 테지만.

　이들의 이런 풍습과 의식들은 아내와 남편을 더 없이 자연스럽게
엮어주며 다른 이에게 한 눈을 팔게 만들지 않는다. 더욱이 남자나
여자나 모두 옷을 벗고 지내는 터라 음흉한 욕심이나 욕망 따위가 애

4부_ 인류 최후의 에덴동산, 싱구

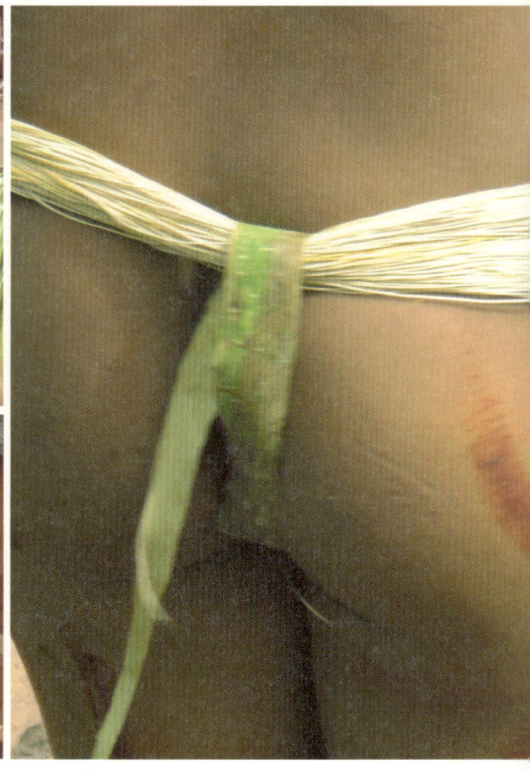

부드러운 싸빨까꾸 껍질로 여성을 보호한다. 싱구는 모계사회로 남자가 장가를 온다. 다만 추장의 장남은 추장의 직을 승계하기 때문에 여자가 시집을 온다. 그리고 자매가 한 남자와 결혼하는 다처일부제가 행해지기도 한다. 이는 한 남자가 여러 여자를 거느리는 가부장적 일부다처제와는 전혀 다르다.

초에 생기지 않는다. 금기시 되어 있으면 더 보고 싶고 알고 싶은 게 사람 마음이라 이렇게 모든 것이 자연 그대로 열려있는 상태에서는 신기하게도 마음이 더 편안해진다.

 하긴 모두들 이렇게 옷을 벗고 지낸다면 바람 피우는 커플도 줄어들고 세상은 평화로와 지겠지만 누드집으로 돈 버는 사람들과 꽃뱀이나 제비들은 설 자리가 없겠다. 그런데 그들은 어차피 필요없는 인간들 아닌가?

'아마꺄' 놀이는
일종의 재미있는 청춘남녀들간의 탐색전 같은 것이다.

'놀이'와 '산업'의 차이

싱구 부족들의 놀이는 대부분 남자 중심으로 이루어지는데, 그 이유는 '놀이' 라는 것이 '사냥' 에 필요한 용맹성과 기술을 익히기 위한 것들이기 때문이다.

부족 남자들이 모두 모여서 하는 '때구' 는 지켜보는 것만으로도 제법 재미있다. 브릿지 줄기를 계속 감아서 도너츠 모양으로 만든 링을 화살로 맞추는 놀이다. 난이도는 링의 크기로 조절하는데 두 팀으로 나눈 후, 상대편이 던진 링이 굴러와 바닥에서 완전히 멈추기 전에 링의 테두리를 화살로 쏴서 맞추어야 된다. 이 때구는 보통 사냥 전날 하는데 사냥 전에 재미있게 화살을 쏘는 놀이를 하면서 다음날 있을 사냥 예행연습 겸 집중력을 높이는 것이다. 때구에서 이긴 팀과 성적이 가장 좋은 사람은 다음날 사냥에서 우선권을 얻어 더 좋은 사냥감을 포획할 수 있다.

'까뚜가이쭈그 아기따그' 는 고무공으로 하는 놀이이다. 이 고무공을 만드는 과정이 압권이다. 이 놀이를 하기 전에 남자들은 고무나무에 칼집을 낸 다음 흘러나오는 고무액을 자신의 팔과 다리, 혹은 배에 길게 펴서 바른다. 이 고무액이 체온으로 서서히 마르기 시작하면 동그란 나뭇잎 뭉치를 고무 위에 굴려서 점차 두텁게 고무를 묻혀간다. 어느 정도 공의 형태가 갖춰지면 안의 나뭇잎을 빼내는데 여기서 계속해서 고무를 덧붙여 구멍을 메우고 고무공을 완성한다.

고무공이 완성되고 나면 두 편으로 나눈 후 양쪽에 타원형의 선을 그리고 상대편이 던진 공을 무릎으로 쳐서 두 선의 가운데를 통과해 던진 사람의 머리위로 넘어가면 환호성을 지르고 진영을 바꾼다. 이 경기 전에는 몸에 뱀이나 재규어 모양의 무늬를 그리고 '유까우' 라는 삐끼열매에서 채취한 기름을 바르는데, 이 유까우 기름은 모기 등의 벌레를 쫓는 역할도 한다.

항상 촬영을 갈 때마다 부족들 놀이에는 빠짐없이 참석하는 나는 처음에는 영 실력이 늘지 않더니 몇 년 후부터는 서당개 삼 년에 풍월을 읊는다고 요령이

때구는 구르는 링을 화살로 맞추는 놀이인데, 그 솜씨가 상상을 초월한다.

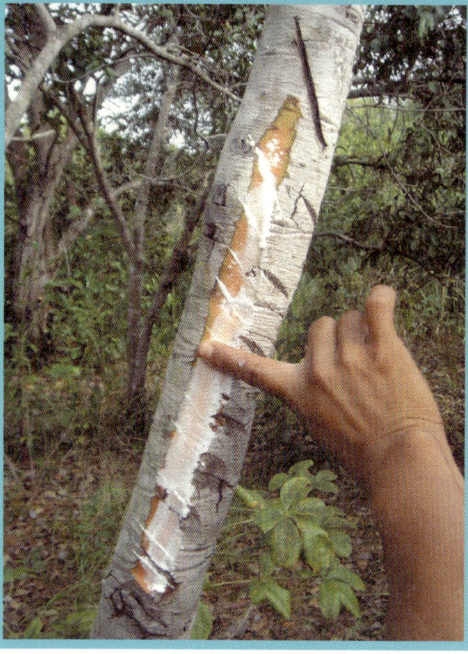
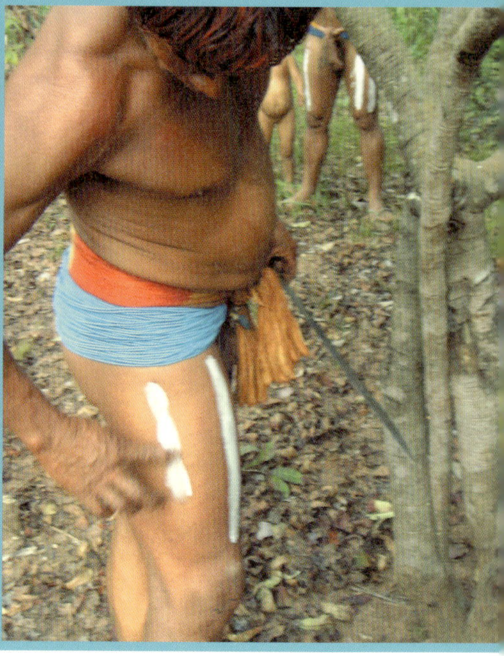
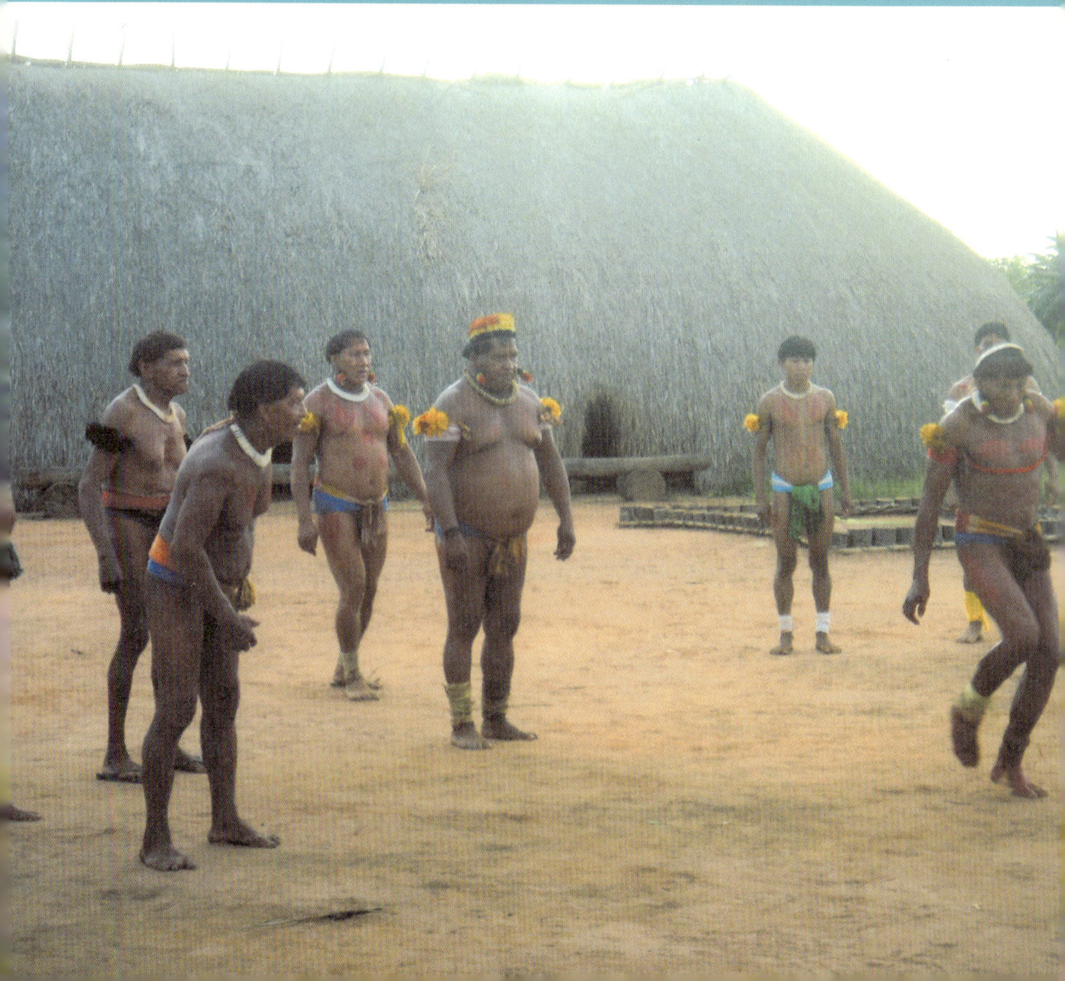

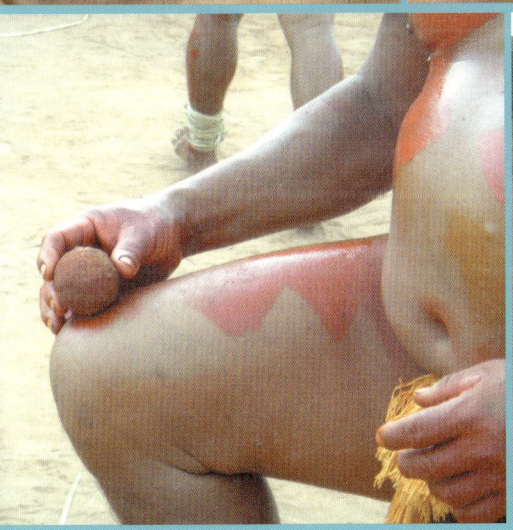

북부, 남부 구분없이 아마존 어느 지역을 가나 고무공을 이용한 놀이가 있다. 이 고무공이 어느날 느닷없이 철퇴가 되어 인디오들의 목숨줄을 끊어놓았으니……. 침략자들에게는 노다지였던 고무액은 '인디오들의 하얀 피'라 불리었다. 고무나무 1톤에 인디오 7명이 목숨을 잃었다고 한다.

늘어서 명중률이 제법 늘었다.

이렇게 천진하게 고무를 가지고 갖가지 놀이를 만들어 즐기는 싱구 부족들을 보고 있으면 가끔 소름이 끼치기도 한다. 이들에게는 그저 놀이의 도구였을 이 '고무'가 어느 날 유럽인들의 욕망의 물건이 되어 인디오들을 죽음으로 몰아넣는 물건이 되리라고 꿈에서라도 상상이나 했을까.

고무나무에서 조금씩 고무를 추출해서 딱 필요한 크기의 공을 만드는 이들의 모습을 보고 있으면, 자동차 타이어를 만들기 위해 나무를 통째로 자르고, 필요한 만큼이 아니라 만족할 만큼을 끊임없이 긁어대는 문명인들의 욕심이 오버랩 되어 보인다.

주먹만한 고무공으로 하루를 즐겁게 살면 그만이었을 인디오들은 고무산업으로 떼돈을 벌려는 문명인들의 욕심에 그들의 목숨을 잃었다.

'놀이'는 무엇이고 '산업'은 무엇인가.

'즐거움'은 무엇이고 '돈'은 무엇인가.

그 거대한 차이 속에, 나는 고무공을 만들면서 잠깐 파르르 치를 떤다.

'죽음'과 '삶'이 축제에 녹아나다

싱구 부족들의 모든 의식과 축제는 산 자만을 위한 것도 아니고, 죽은 자들만을 위로하는 것도 아닌 삶과 죽음, 그리고 그 모두를 품고 있는 자연에 대한 숭배로 이어진다.

인생의 각 시기마다 이어지는 숱한 의식과 축제들은 죽은 이들을 대상으로 하는 것에도 그 모양이 다양하게 나타난다. 어떤 집단은 단순히 죽은 자를 매장하는데서 끝나지만, 싱구 부족들은 매장 후 일정 기간이 지나면 묻어 놓은 뼈를 다시 파내 공동의 마당에 재매장한다.

아마존 북서쪽에서는 장례의식 기간 동안 조상들의 정령들이 돌아온다고 믿고 있는데, 그렇다고 해서 안데스 지역의 부족들처럼 시신을 말려 건조시키거나 미이라를 만드는 등 시신을 신격화하지는 않았다. 과거 남부아마존의 투피족은 아예 매장하지 않고 공동 납골당에 시신을 모아 두기도 했고, 기아나의 부족들은 화장을 행했다. 동북부 아마존의 야누마미 부족은 죽은 사람을 화장한 다음 그 재를 토속 음료에 타서 산사람이 마시는 의식을 갖기도 했고, 아차과족은 플

룻 같은 목재악기를 불며 죽은 자를 땅에 묻은 후 1~2년 뒤 시신을 다시 파내어 화장하고 재는 치차에 타서 마을사람들이 골고루 나눠 마셨다.

그 모양과 형태는 다양할 지라도 죽은 이와의 소통을 시도하고, 산 자들이 끊임없이 죽음을 추모하고 기억하려는 기본 정신만은 다르지 않다.

죽은 자를 위한 다양한 의식은 통상적으로 개인과 가족의 일이었지만, 가끔 부족 전체의 의식으로 행해지기도 한다.

거의 모든 의식과 축제는 마을 한 가운데에 있는 '남자의 집'에서 시작한다. 남자들은 부족의 대소사와 다른 부족간의 외교 문제 등 부족을 이끌어 가는 모든 일들을 항상 남자의 집에 모여 상의한다.

'과루삐 축제'는 죽은 자를 위해 행하는 의식인데, '자바리'와 '삐끼' 축제와 함께 3대 축제 중에 하나이기도 하다. 싱구의 아마존에서는 남자의 집 앞에 말뚝을 도끼모양의 사각형으로 박아놓고 사람이 죽으면 그 밑에다 묻는데 워낙 덥고 습한 날씨 탓인지 1년이 지나면 시신이 완전히 부식되어 뼈만 남는다.

아와라웁 춤을 추는 추장과 빠제

그렇게 1년이 지나 뼈만 남게 되면 땅을 파 그 뼈를 꺼내 마을 중앙의 공동마당에 이장하게 된다. 이런 식으로 세월이 흐르게 되면 마을 안의 공동마당은 전체가 산 자의 광장이자, 죽은 자의 쉼터인 묘지로서의 역할을 함께 한다.

이장하기 전의 시신이 말뚝 안에 매장되어 있을 때에만 '까시끼(추장)'와 제를 담당하는 '빠제(샤만)'가 말뚝 앞에서 망자를 위로하는 주문을 외우고, 나머지 사람들은 공동마당에 한 줄로 길게 늘어서 춤을 춘다.

죽은 자를 위한 이 춤은 처음에는 조용히 시작하지만 금새 활기를 띠면서 즐거운 춤으로 바뀐다. 처음부터 끝까지 곡소리로 시작하고, 곡으로 마무리하는 우리와는 달리 죽음이란 슬픈 것이 아니라 받아들여야 하는 삶의 과정이라고 생각한다. 그래서 이들은 죽음을 두려워하기보다는 죽음을 인정하고 즐거운 춤으로 마무리하는 것이다.

이 춤이 끝나고 나면 부족 사람들이 모여서 생선죽을 비쥬(만주오까 가루로 만든 빈대떡)에 싸서 나눠먹는다. 이 과루삐 축제 때 먹는 생선 죽은 '꾸아'라는 물고기로 만드는데, 재미있는 것은 이 꾸아라는 물고기를 가져오거나 굽는 작업은 오직 추장들만이 할 수 있도록 엄격하게 규정되어 있다.

꾸아라는 녀석은 성질이 급해 지나다니는 길에 말뚝을 촘촘히 박아 막아 놓기만 하면 말뚝 너머에 대기하고있는 카누 속으로 뛰어들어 날 잡아가슈 한다. 추장이 물고기가

과루삐 축제에서 꾸아물고기를 훈제하고있다

우리의 지신밟기와 비슷한 의식인 '따꾸와라'

'괴루삐 축제' 동안은 새벽부터 밤까지 둔탁한 대형 퉁소 소리가 온 마을에 울린다.

야무리꾸마 춤. 율동과 함께 조상과 자연에 감사하는 노래를 부른다.

이 생선을 비쭈에 싸서 먹는다

가득 찬 카누를 수거해 가는 것으로 낚시 끝.

다만 꾸아는 부족사람들이 신성시하는 물고기로, 잡은 꾸아를 실어올 수 있는 것은 추장만이, 또 꾸아를 먹기 위해 굽는 것은 제2,3 추장만이 할 수 있다. 또한 의식에 쓸 꾸아를 실어오고 굽는 장소에 여자들은 절대 출입할 수 없는데, 요리라고 해도 의식에 쓰이는 것은 남자들만이 할 수 있게 역할이 분할되어 있기 때문이다.

제2,3 추장들에 의해 한번 구워진 꾸아는 다시 만주오까 가루와 함께 오랜 시간 끓여 점성이 생기게 한 다음 생선죽을 만드는데, 과루삐 축제가 있는 날은 이 음식만을 먹는다.

그리고 나면 축제가 벌어진다. 과루삐 축제를 하는 동안 수백 명의

남자들이 함께 모여 땅이 '둥둥둥' 하고 울릴 정도로 힘차게 땅을 발로 밟는다. 이것은 땅 밑에 있는 죽은 자의 마음을 산 자가 이어받고, 산 자의 마음을 이 울림을 통해 죽은 자들에게 전해주는 것으로 산 자와 죽은 자의 연결고리를 만들어 가는 것이다.

6~7시간 계속되는 남자들의 군무가 끝날 즈음, 해가 밀림 숲에 딱 걸리고 하늘 전체가 벌게지면 이제부터 여자들의 춤인 '야무리꾸마 춤'이 시작되고 과루삐 축제는 막바지로 치닫는다.

석양 무렵 춤을 추는 여자들의 그림자가 길게 늘어서 있는 모습을 보면 그것만으로도 장관이라는 생각이 들 정도로 아름답다. 석양 무렵 그림자의 연출까지 생각해낸 이들의 지혜를 보고 있으면 춤 하나에도 자연의 빛을 가장 잘 활용할 줄 아는 이들의 멋에 또 한번 탄복하게 된다.

과루삐가 죽은 자들을 위한 의식이라면, '자바리 축제'는 전사들이

전사의식을 고취하기 위한 자바리 축제

살아있음을 즐기는 축제다.

사냥과 전쟁, 전사들을 기리는 축제인 만큼 분장도 터프하고 강렬하다. 자바리 축제 역시 여러 부족들이 참여해 춤을 추고 서로의 사냥 실력을 겨루는데, 사냥 실력을 가늠하는 방법은 주로 그들만의 다양한 스포츠로 하게 된다. 그래서 부족들은 자바리 축제가 열리는 전날에는 전야제 같은 행사를 미리 치르며 다음날 있을 경기에 대비해 연습을 하곤 한다.

자바리 축제는 맨 처음 여자들이 각각 남자의 팔을 잡고 함께 춤을 추는 사냥 전사들의 춤이 있고, 큰 돌에 창을 꽂는 시늉을 하거나, 빗나가는 흉내나 사냥감을 놓치는 모습 등 다음날 있을 사냥을 상상하며 즐거워하는 해학적인 동작들을 한다. 그 다음으로는 서로 촉이 없는 창을 던지고 피하는 게임을 한다. 마지막은 모두 모여 강강수월래처럼 원을 그리며 돌다가 한 사람 한 사람 재미있는 동작을 하고 나머지는 따라하는 춤이 끝나면 소리를 지르며 마무리한다.

3대축제의 하나인 '삐끼 축제'는 삐끼의 수확철인 9~10월에 열리는 축제이다. 삐끼 열매는 주먹 두 개를 합한 만큼의 크기로 샛노랗다. 열매 속을 저민 후 바나나 잎으로 차곡차곡 잘 싸는데, 그 싼 모양이 꼭 두레박 같다. 이렇게 싸서 묶어 강물 밑의 땅속에 묻거나 서늘한 곳에 보관한다. 나중에 이것을 강물 밑에서 꺼낸 후 물에 타서 마시

아직 익지 않았을 때의 삐끼.

면 삐끼 주스가 된다.

삐끼는 말 그대로 버릴 것이 하나도 없는 과일이다. 열매 속에 있는 빨간색의 조그만 씨알에서는 삐끼기름을 얻는다. 이 기름은 '우루꿍'이란 빨간 열매에서 추출한 붉은 색 염료에 섞어 축제 때 붉은 색으로 몸을 치장할 때 쓰기도 한다. 또 하나 삐끼 씨앗은 불을 피워서 바짝 말린 후에 껍질을 벗겨 먹는다. 이 삐끼씨는 오랫동안 저장이 가능하고 영양가가 풍부하기 때문에 싱구 부족들의 훌륭한 영양식이 된다.

삐끼씨. 비타민과 무기질이 풍부하다.

삐끼 축제에는 삐끼를 아주 좋아하는 여우과 동물인 '하뽀사'나 '따마누와' 처럼 분장을 하고 동물 흉내를 내며 '삐끼 씨를 줘', '삐끼가 먹고싶어'라고 외치며 온 마을을 돌아다닌다.

삐끼철이 아닐 때에는 사람들이 삐끼를 먹을 수 없으므로 수확철을 기다리며 놀이를 하는데, 하뽀사 분장을 한 무리가 난리를 치며 집으로 쳐들어가 이렇게 소리를 지르면 주인은 저장해 놓았던 삐끼씨를 내놓는다. 이것은 삐끼 축제에서 생긴 일종의 놀이이다.

축제나 의식을 할 때 여자들도 항상 바디 페인팅을 하며 몸을 치장한다. 이들은 몸이 가장 좋은 옷이라고 생각하고 문양을 정성껏 그린다. 부족마다 문양이 조금씩 다르지만 대부분 자연의 일부를 그리며 인간이 자연에 속해있음을 자각한다.

남자들은 대부분 용맹성을 상징하는 재규어나 기러기 문양을 그리며 앵무새 깃털로 화려하게 장식을 하지만, 여자들은 숲 속의 나무들의 모양이나 땅속 개미들이 다니는 길을 상징하는 까만 선을 그려 생산의 상징으로서의 여자의 몸을 표현하고 부족에 행운이 깃들고 악운이 사라지길 기원한다.

축제 외에도 특색있는 의식이 있는데, 내가 꾸이꾸루 부족을 취재하면서 보게 된 '따꾸와라'는 마치 우리의 지신밟기와 비슷한 의식이다. 해 뜨고 난 후부터 해가 질 때까지 땅에 끌릴 만큼 길다란 긴 통소 모양의 목조악기를 들고 마을의 모든 말로까를 돌아다니면서 말로까 안의 나쁜 귀신을 쫓아내고 가족을 지켜주는 조상들의 영혼을 위로해주는 것이다. 남자 두어 명이 그들의 전통 악기를 불고 여자들은 각각 그들의 어깨에 한 손을 올린 채 함께 마을을 도는데, 과루뻬 같이 큰 축제 때에는

남자들이 코가 긴 '따마누와' 동물 분장을 하고 흥내를 내면서 삐까씨를 달라고 하자 여자들이 쫓고 있다.

318

남녀가 흥겹게 추는
'따라와나라' 춤

여러 조를 이루어 아침부터 해질 때까지 계속해서 전체 말로까를 돌아다니며 조상의 영혼을 위로한다.

내가 이들의 의식 중에서 가장 신기하게 여긴 것은 바로 '그라띠'이다. 이것은 부족 중 누군가가 지치고 병들었을 때 정신적으로 사람을 치료하는 의식으로 마을의 지혜로운 원로들이 병든 사람을 눕혀놓고 신비한 연기로 온몸을 감싸면서 주문을 외우며 쓰다듬는다. 이들은 이렇게 쓰다듬으면 몸 속의 나쁜 기운들이 뭉쳐져 볍치 만한 덩어리가 되어 빠져나온다고 믿는데, 이것을 빠제들이 뽑아내 주면 병이 낫는다고 여기는 것이다.

물론 그라띠를 할 때마다 빠제들이 보여주는 덩어리는 실제로 그들의 몸에서 빠져나왔다기보다 눈으로 확인시켜주며 마음이 안정되는 효과를 노리는 것이다. 그런 사실을 모두 알고 있다고 해도 신기하게도 그라띠를 통해 치료를 받은 이들은

4부_ 인류 최후의 에덴동산, 싱구

축제나 의식을 할 때 여자들도 항상 바디 페인팅을 하며 몸을 치장한다.
이들은 몸이 가장 좋은 옷이라고 생각하고 문양을 정성껏 그린다.
여자들은 숲 속의 나무들의 모양이나 땅속 개미들이 다니는 길을
상징하는 까만 선을 주로 그린다.

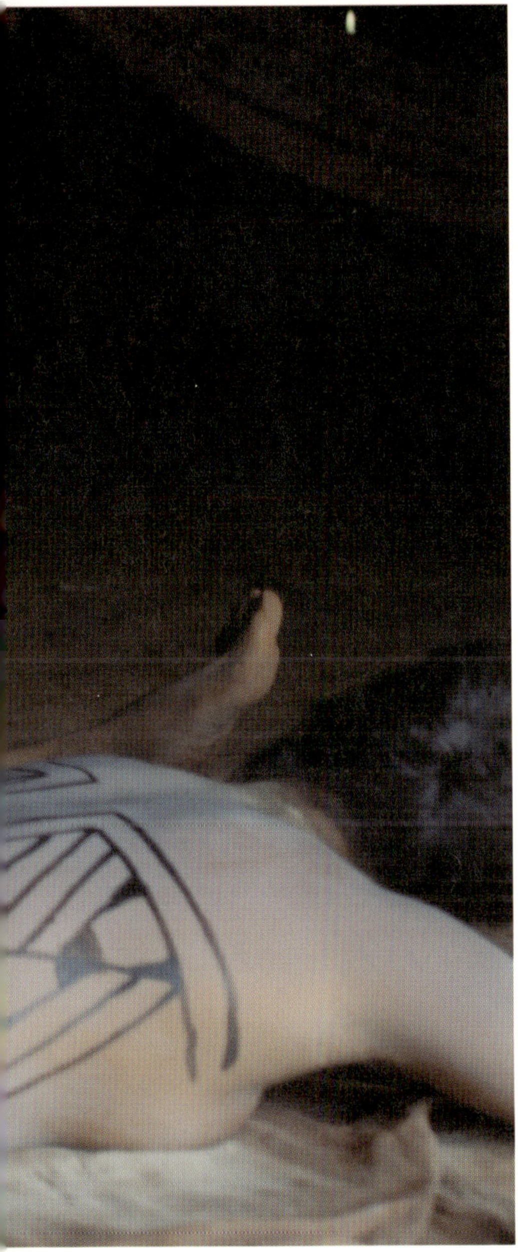

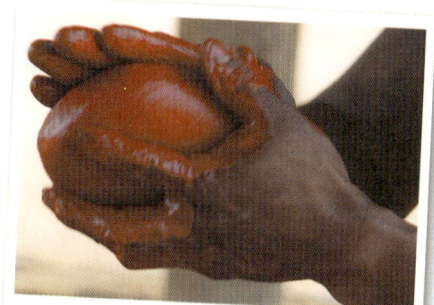

'우루꿍' 열매에서 추출한 붉은 색염료를 빠끼기름과 섞는 모습.

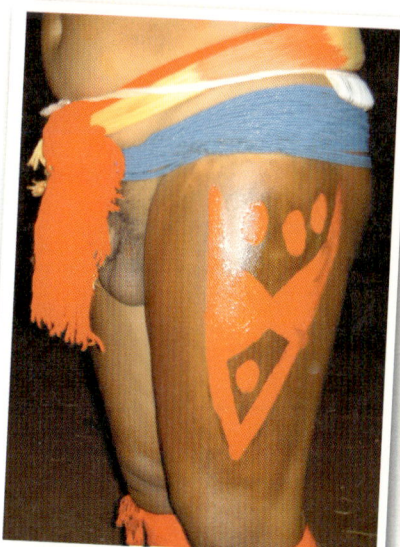

자바리 축제 전에 남자들이 뱀 문양을 그린다.

이상하게 몸이 나아지는 기분을 느끼게 된다. 일종의 플라시보 효과처럼 정신적인 치유효과일 것이다.

인디오들의 모든 축제와 의식은 개인의 성공이나 소원성취가 아니라 부족 전체의 평화와 안녕을 위한 마음을 모으는 일이다. 모두 다 잘되는 것, 그것은 경쟁이 없는 사회의 평화로운 단면이다.

모두가 행복하게 해 달라고 비는 사람이 있을까. 언제나 내 코가 석자인 우리가 '집단주의'라는 무시무시한 단어로는 절대 설명되지 않는 이들의 '의리'를 이해할 수 있을까.

대학 입시 때마다 합격기원 100일기도라고 여기저기 붙어 있는 플랜카드들. 남의 자식이 떨어져야 내 자식이 붙는 무한 경쟁 시대에 모두다 잘 되길 빈다는 말은 영원히 허영 섞인 빈소리일 뿐이다.

무덤에 들어가는 순간까지도 제 가족의 안녕만 빌어야 하는 나의 태생이 가끔은 그래서 숨이 막힌다.

주어진 것에 **만족**하라

나는 인디오 여자들이 무심히 땅에서 잘 자란 '만주오까'를 쓱 뽑아 머리에 이고 오는 모습을 볼 때마다 그 평화로운 풍경이 너무나 부럽다.

아마존 부족들의 주요 식량이 바로 만주오까인데, 이 만주오까는 유럽인들이 침략하기 이전에는 싱구를 포함한 브라질의 중남부 열대우림지역에서만 재배되던 작물이었다. 만주오까는 가루를 내어 녹말 성분인 '빠린하'라는 분말을 만들 수 있는데, 이 분말 가루는 장기간 저장이 가능하기 때문에 침략자들의 약탈 원정이 시작되면서 그들에 의해 아마존 서쪽 및 중앙 아메리카까지 급속히 확산되었다.

식민지 시대에 유럽인들이 아마존의 자원을 수탈하기 위한 수단으로 유럽인들은 인디오들에게 사탕수수, 바나나, 쌀 등의 재배식물도 도입하도록 했다. 그 대신 유럽인들은 아마존의 고무, 삼림, 야생 호두 등 경쟁하듯 유럽 본토로 채집해 갔다.

하지만 인디오들은 쌀만은 결코 받아들이지 않았는데, 쌀을 재배하기 힘든 열대우림의 토양 탓도 있지만, 그냥 꽂아두면 다시 자라는 만주오까의 특성에 비해 너무나 손이 많이 가는 쌀농법이 비효율적이었기 때문이다.

만주오까는 큰 고구마처럼 생긴 뿌리열매인데 사람 키 만한 나무 하나에서 큰 양동이를 가득 채울 만큼 많은 만주오까를 캐낼 수 있다.

만주오까 밭은 마을에서 인정받는 남자 노인이 관리하고 있다. 만주오까가 천혜의 먹거리가 되는 이유가 뿌리를 떼고 난 후 나무 줄기를 툭툭 잘라서 땅에 꽂기만 하면 한달 뒤 다시 수확이 가능하기 때문이다. 김매기도 거름도 필요 없이 처음부터 끝까지 자연이 경작해서 열매를 내준다. 그리고 남자 노인이 부족의 만주오까 텃밭을 관리하는 까닭은 남자만이 줄기를 땅에 심을 수 있기 때문이다. 대부분의 아마존 부족사회에서 남자는 하늘이고 불이어서 씨를 뿌리는 일은 하늘의 몫이다.

캐낸 만주오까는 껍질을 벗겨서 촌따나무 가시를 이용해 콩비지처럼 갈아낸다. 그리고 나무로 만든 요리 틀에 넣고 비틀어 물기를 짜낸 후 메주덩어리 만하게 토닥거려서 햇볕에 잘 말려 부수면 고운 가루가 된다.

이 가루를 큰 토기로 만든 판 위에 넓게 펼쳐놓고 밑에서 불을 때서 구우면 가루들이 서로서로 달라붙어 커다란 라이스 페이퍼처럼 변한다. 이것을 '비쥬'라고 한다.

만주오까를 헹궈낸 물은 버리지 않고 한참을 끓이게 되면, 녹말성분 때문에 액체에 점성이 생겨 우리의 식혜 같은 음료가 된다. 이것을 '누까가' 라고 하는데 서늘한 곳에서 식혀서 음료수로 마신다.

그 외에도 인디오들은 만주오까를 아주 다양한 방법으로 요리해 먹는다. 우리 음식으로 치면 밥은 발효시킨 분말을 빈대떡 모양으로 부쳐먹는 '비쥬', 송편은 촌따나무잎으로 싸서 찐 '알미동', 백설기는 물기를 덜 뺀 만주오까로 얼기설기 익힌 '마래이', 찹쌀떡은 개떡만하게 주물러 뻘라따니노잎의 김으로 익힌 '와래'인 식이다.

이렇게 수 천년 동안 정글에 살면서 다양한 조리법을 개발해 온 인디오들은 코카와 만주오까를 키울 밭만 있으면 걱정이 없다. 어디든 부족이 함께 살 마을의 터를 잡을 때에는 정글에 불을 지른 후 집짓기에 앞서 먼저 가까운 정글에 만주오까 밭부터 일군다.

이렇게 모내기에서 추수까지 숱한 공정과 수많은 병충해와 싸워야 하는 우리네 쌀농사와는 근본부터 다른 만주오까 재배는 비옥한 정글 흙에 만주오까 씨눈 하나라도 살려서 그 줄기를 땅에 푹 꽂기만 하면 어김없이 열매를 맺는 식이다.

그저 시간이 흐르기만 기다리면 거저 쌀독이 채워지니 화수분이 따로 없고 신의 선물이 아닐 수가 없다.

대신 싱구 부족들은 섭취하는 음식 대부분이 부드러운 만주오까와 생선이라서 소화 기관이 약하다. 그래서 위를 튼튼하게 해주는 약초인 '깐혜꾹'으로 만든 액체로 계속 위를 씻어내는데, 이 깐혜꾹을 한 사발씩 마시고 토해내는 '토아낑예'를 하면 약한 위를 세척하고 소화가 잘 된다고 한다.

나도 촬영 때문에 신경을 쓰거나 하면 소화가 되지 않아 가끔 깐혜꾹을 마시고 속을 비워내는데, 이것은 위에 음식이 남아있지 않는 아침식사 전에 해야한다. 내가 해보고 효능을 장담한다고 했더니, 의아

여자들은 '만주오까'를 뽑은 후 남자들의 심는 일을 도와 줄 요량으로 줄기를 꺾어 놓는다.

뙤약볕에 '만주오까'
메주덩어리를 하루종일
말리면 적당히 발효가
되면서 독성이 중화된다.
비쥬 빈대떡에서는
시큼한 효모냄새가 난다.

이른 새벽 '토아낑예'를 하는 처녀

해하던 리포터나 스텝들도 며칠째 속이 안 좋을 때는 깐혜꾹을 마시고 토하는 토아낑예를 하여 낫기도 했다.

 '만주오까'로 먹는 걱정이 덜어지고 나면, 사는 걱정은 '말로까'가 덜어준다. 부족들의 공동가옥인 말로까는 한 채를 짓는데 평균 8개월이 걸리며 나무껍질로 잘 엮어서 뼈대를 만들고 우리나라의 짚 같은 '싸베'라는 풀을 얹어 이엉을 하여 집을 짓는다.

 비가 새지 않도록 이 싸베를 계단처럼 위에서 아래로 꼼꼼히 겹쳐 엮어서 지붕을 만드는데, 마치 우리나라의 초가집 같다. 가장 크고 긴 나무는 집 지붕의 양쪽 끝으로 뿌리가 나오도록 멋을 부린 모습이 세계의 유명 건축가들이 보고서도 감탄할 정도로 기능과 디자인적인 면이 우수하다.

 하나의 말로까에 30명 정도의 4대 가족들이 모여서 함께 산다. 이런 공동체 생활은 아이들이 자라면서 자연스럽게 어른들의 행동을 그대로 모방하면서 필요한 의식, 춤, 악기, 규율 등 모든 것을 배울 수 있기 때문에 교육이 따로 필요 없다. 당연히 교육을 받지 않는다 하더라도 현대의 핵가족 시대가 갖고 있는 여러 가지 병폐는 찾아볼 수 없다.

골조만 완성된 말로까. 전형적인 싱구의 말로까는 30~40m의 길이에 너비가 16m, 높이가 9m 정도이다. 지붕의 두께가 30cm 정도로 여름에는 시원하고 상쾌하며 겨울에는 따뜻하고 쾌적하다. 그리고 그 수수한 웅장함은 놀라움과 경외감을 불러일으킨다.

특이한 것은 말로까 뒤에 수많은 샛길이 있다. 이렇게 30여명이 함께 사는 것으로 공동체 생활을 하지만, 각자의 사생활은 바로 그 샛길을 통해서 지켜진다. 말로까 뒤에 나 있는 수많은 샛길은 그들만의 약속이다. 각 샛길은 실제로 그 주인과 용도가 다 정해져 있어 그 길을 사용하는 주인이 아닌 이상 다른 사람이 그 길을 가지는 않는다.

어떤 샛길은 각각 부부들이 부부관계를 맺는 장소로 가는 통로 역할을 하기도 하고, 어떤 샛길은 아침에 가족들마다 용변을 보러 가는 길이기도 하고, 샛길 가운데 좀 더 큰 샛길은 강가로 가는 길, 사냥하러 가는 길, 다른 부족으로 가는 길이다. 해서 만약 이 길이 헷갈린다고 하면 서로서로 못 볼 꼴을 보게 될 지도 모를 일이지만 그런 일은 일어나지 않는다.

싱구 부족들에게 부부관계란 그야말로 가장 즐거운 유희인데, 말로까에 앉아 있으면 거의 매일 저녁 부부들끼리 해거름에 손을 붙잡고 자신들만의 샛길로 사라지는 모습을 볼 수 있다. 익숙한 길을 따라 조금 걸어간 뒤, 커다란 쁠라따니노 나뭇잎을 두 개 잘라내 정글 바닥에 깔면 그걸로 잠자리가 완성된다. 그 얼마나 간단하면서도 낭만적인 부부생활인가.

말로까 뒤로 난 샛길

그들의 로맨틱한 사랑은 혼자 촬영을 떠난 나에게는 꿈일 뿐이지만, 만약 내가 총각이라면 신혼여행을 아마존 정글로 오고 싶다는 생각도 든다.

아마존의 풍요로움과 여유는 이 곳 특유의 과일에서도 찾아볼 수 있는데, 내가 가장 기억에 남는 것은 '글라다니아' 라는 과일로 '올챙이 알' 이라고 부른다.

글라다니아는 안에 씨가 있고 그걸 감싼 과육이 굉장히 투명하고 달아서 껍질을 까서 먹으면 입 안에 향긋하게 퍼지는 그 맛이란 정글의 기운이 그 작은 과일 안에 다 들어 있는 것 같은 느낌이 든다.

글라다니아. 올챙이 알처럼 생긴 속을 빨아먹고 씨는 뱉는다.

아마존의 먹이사슬은 아주 특이한데, 많은 과일이 물고기를 통해서 씨앗을 퍼뜨린다는 것이다. 내가 유일하게 좋아하는 아마존의 생선인 '땀빠끼' 역시 열매를 먹고사는데 구워서 먹으면 영락없는 쏘가리 맛이다.

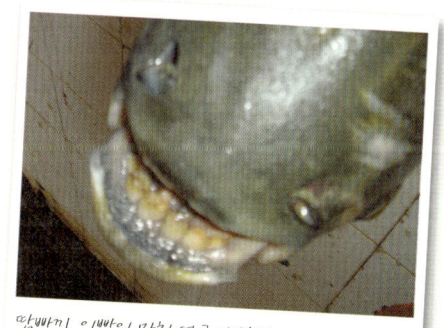

땀빠끼. 이빨이 마치 어금니 같다.

그 맛있는 녀석을 아마존강이 오염되어 가는 탓에 수가 줄어 점점 먹기 힘들어 지는 게 서글프지만, 인간이 지은 죄인지라 땀빠끼 입장에서 보면 생의 터전을 잃어 가는 마당에 내가 먹거리 없어진다고 투덜거릴 수는 없는 일이다.

아마존 강의 명물인 '빼라루꾸(일명 빠이쳴로 수십만 년을 같은 종으로

4부_ 인류 최후의 에덴동산, 싱구 331

유지해온 화석어'는 세계에서 제일 큰 민물고기로 길이가 5미터 정도 된다. 크기가 이 정도다 보니 무게도 200~300kg 정도로 육중하다. 삐라루꾸의 비늘로는 손톱소재를 할 정도니, 그 크기를 짐작할 수 있다. 이 삐라루꾸는 육식 물고기라 썰어 놓으면 육질이 마치 쇠고기나 돼지고기 같아서 누가 말해주지 않으면 그냥 정육점에서 사온 고기로 착각할 정도다. 실제로 삐라루꾸로 매운탕을 끓이면 생선의 비린 맛은 전혀 없고 맛 자체도 돼지고기 찌개와 똑같다.

또 빼놓을 수 없는 아마존을 상징하는 물고기는 '피라냐' 인데, 우리나라의 피라미처럼 넓게 분포되어 있는 피라냐는 피냄새를 어찌나 잘 맡는지 강물에 핏물이 떨어지는 고기덩어리를 던져 놓으면 순식간에 수천 마리가 달려와 물어뜯기 시작한다. 소고기 조각을 미끼로 낚시를 하면 정말 1초에 한 마리씩 올라올 정도다. 사냥하듯이 잡은 피라냐는 튀겨 먹으면 바삭하고 얇은 맛이 일품이라 누구든 한 번 먹어보면 맛있다는 말을 연발한다. 위험한 만큼 맛있는 놈이랄까.

하지만 이렇게 지천에 맛있는 음식들이 깔려 있어도 그들은 '과잉' 이란 없다. 또한 자연에서 채취하여 자연으로 되돌려 줄 뿐 '인공' 이란 없다. 아마존 정글이 문명의 침식으로 점점 오염되어 가는 것을 보며, '주어진 것에 만족하라' 는 정글의 지엄한 교훈이 얼마나 생생한 진리인지 깨닫게 된다.

왜 문명은 손에 쥔 것에 만족하면 도태될 것 같은 느낌이 들도록 인간을 길들여 가는 걸까?

수컷의 상징, 우까우까

아마존 문화의 일반적인 특징은 타 문명에 비해 태어나서 죽을 때까지 아주 적은 수의 도구들을 사용한다는 생활의 단순함과 사회나 정치의 형태가 열대우림이라는 환경과 생태에 적응하면서 특별한 방식으로 변해간 과정에서 보여진다.

주식인 만주오까 뿌리 구근을 화전농업을 통해서 얻어내는 방법은 언제든지 손쉽게 녹말 음식을 풍부하게 확보할 수 있게 해 주고, 그 외에 필요한 단백질원은 사냥과 낚시를 통해 얻는다. 이런 식생활은 부족 구성원들의 행동을 결정하는 사회적 인식과 문화의 성격에 큰 영향을 끼치게 된다.

재배가 간단해서 단조롭기까지 한 만주오까 덕분에 남자들은 자신들의 힘과 야생성으로 사냥과 낚시에 치중할 수 있었고, 이들의 넘치는 에너지는 이들만의 원기왕성한 스포츠를 고안하고 즐기게 만들었다.

'우까우까'는 우리가 알고있는 씨름이나 레슬링과 비슷한 운동이

'우까우까' 챔피언은
부족 여자들에게도 최고의
인기남이 되는데,
그들에게는 '용맹함'이
가장 큰 능력이 되기 때문이다.

다. 두 명이 마주 보고 원을 그리며 돌다가 서로의 목을 잡고 엉겨 붙은 다음 각자의 힘과 기술을 사용해 상대방의 등이 자신보다 먼저 땅에 닿도록 하면 승리하는 경기다.

싱구의 인디오들은 기어다니기 시작하는 갓난쟁이 때부터 우까우까를 하며 체력을 단련해 온 터라 어린아이라고 해도 힘이 장사다. 실제 AD 재훈이가 13살짜리 부족아이랑 우까우까를 한 적이 있는데, 10초만에 나가 떨어졌다. 힘도 힘이지만 상대방에게 위압감을 주기 위해 강렬하고 화려하게 몸 치장을 하고 우까우까를 하며 뒤엉켜 흙먼지를 일으키는 인디오들의 모습을 보고 있으면 말 그대로 남자의 힘이 느껴진다.

부족간에 모여서 하는 교류의 핵심은 '모이따라' 와 '우까우까' 다. 우까우까를 하며 남자들이 내는 소리는 '우우우' 하는 낮은 단음으로 뱃속에서부터 울리는 공명이 마치 거대한 동물의 경고처럼 들린다. 이런 울림과 몸끼리 턱턱 부딪치는 소리와 함께 우까우까를 보면, 씨름 기술만큼 기술의 종류가 다양하다. 단순히 힘만으로 챔피언이 되는 게 아니라, 순간적인 판단력과 순발력까지 요구되는 격렬한 스포츠라 우까우까의 챔피언은 마을사람들의 존경을 받기도 하는 존재가 된다.

'우까우까' 챔피언은 부족 여자들에게도 최고의 인기남이 되는데, 그들에게는 '용맹함' 이 가장 큰 능력이 되기 때문이다. 그렇다고 우까우까에서 진 사람이 용맹함이 없다는 뜻은 아니다. 다만 힘이 모자랄 뿐이라며 서로를 격려한다.

어느 대학을 나왔느냐 유학은 갔다 왔느냐 부모의 재정 상태는 어떻고 할 줄 아는 외국어의 몇 개며 입고 있는 수트의 상표가 어떤 것이며 여자에게 사줄 수 있는 명품 핸드백의 수가 몇 개고 회사에 들어갈 때 수위가 경례를 붙이느냐 그냥 쳐다볼 뿐인가에 따라 남자의 능력을 따지는 이 사회와는 근본부터 다르다.

용맹함이 능력이 되는 사회는 부모가 어떤 사람이건, 집의 크기와 재정상태가 어떠하건 동창회 수첩에 어떤 대학의 이름이 적혀있는지는 고려하지 않는다. 그저 그 스스로가 얼마나 자신의 한계를 잘 극복해왔는가, 앞으로 자신과 가족에게 닥칠 위험에 얼마나 잘 대처할 수 있느냐, 그의 배경이 키워준 능력이나 후광이 아니라, 그의 가장 기본적인 인간적인 능력에 경의를 표하는 것이다.

만약 문명인들에게 '우까우까' 가 네 능력의 잣대가 될 것이라고 말하

'모이떼라(물물교환)'. 이는 우까우까와 함께 부족간에 모여서 하는 교류의 핵심이다.

면, 그들은 당장 '우까우까' 완전정복 학원을 만들고 '우까우까' 잘하는 사람들의 일곱 가지 습관이라는 말도 안 되는 내용의 책이 날개 돋친 듯이 팔리고, '우까우까'의 결과를 두고 벌이는 내기가 라스베가스에 성행하고 뒷돈과 어두운 거래가 판을 치지 않을까.

현대 사회에 수컷의 상징 따위는 없다.

그저 돈의 상징만 있을 뿐 —.

아마존이여 영원하라!

나는 원고를 출판사에 맡긴 후 아마존에 다시 들어갔다. 그곳에서 한 달 동안 머물면서 지난 10년 간 내가 다녔던 발자취를 따라 아마존 부족마을을 찾았고 인디오들을 만났다.

아마존에 말로까를 짓고 살고 있는 인디오들은 이제 고작 10만 명 내외이다. 하지만 머지않아, 10년 혹은 20년 이내에 아마존 인디오들은 모두 사라질지도 모른다. 문명인들의 욕심이 끝나지 않는다면 말이다.

과거 문명인들의 침략은 아마존 인디오들의 학살로 이어졌지만, 오늘날의 문명인들의 침략은 자본에 의해서 이루어지고 있다. 인디오들은 점차 자본의 노예가 되고 있다. 내 눈에는 확실히 그렇게 비쳤다.

이번 방문에서도 저녁 노을이 비추는 강가에서 바라보는 아마존의 풍경은 여전히 아름다웠지만, 나는 왠지 서글픈 상념에 젖었다.

말로까 앞마당에 트랙터가 버젓이 서 있고, 자전거를 타고 다니는 인디오들도 생기고 있다. 트랙터를 이용하여 말로까를 짓는다면 시

간은 벌 수 있겠지만, 트랙터를 유지하기 위해서는 기름이며 돈이 필요할 것이다. 자전거를 타고 샛길로 다닌다면 빠르고 안전할 수 있겠지만, 문명인들에 대한 의존도 역시 빠르게 늘어갈 것이다. 아마존 인디오들에게 문명의 껍데기를 자꾸만 입히고 있는 것이다.

　북부 아마존의 인디오들은 돈을 벌기 위해 벌써 도시로 빠져나가고 있다. 도시에서 살다가 적응하지 못하고 다시 아마존에 돌아온 파라과이 샤마꼬꼬 부족도 있다. 하지만 문명의 꿀에 한번 빠진 이들은 아마존의 인디오들로도 살지 못한다. 그들은 도시의 사람도 인디오도 아닌 것이다.

　지구의 마지막 오지, 살아있는 화석, 인류 최후의 에덴동산이라는 아마존에 인디오들이 살지 않는다면 무슨 의미가 있겠는가?

아마존 인디오들은 때묻지 않은 순수요, 자연 그 자체이다. 이른 아침 안개를 헤치며 하는 목욕은 강물에 활력을 준다. 아마존의 강물은 차가운 새벽 공기와는 다르게 따뜻하다. 인디오들은 앵무새 치장을 하고 발을 동동 구르며 나무의 영혼을 깨우는 소리를 내며 춤을 추며 하루 하루를 살아간다. 인디오들에게는 우리가 이해하는 날, 주, 달, 해 같은 시간이 존재하지 않는다. 시간은 태어나 존재하고 죽을 때까지 조용히 흐르는, 영원한 현재일 뿐이다. 과잉도 욕심도 그들에게는 없다.

사람이 꽃보다 아름다운 것이 아니라, 사람도 꽃이고, 산이며, 물이라는 것. 모래와 바람과 아나콘다와 함께 사람도 자연의 하나라는 것. 촬영이 끝나고 부족 사람들과 석양녘에 둘러앉아 피우는 담배 연기 속에 나는 한숨보다 깊고 깊은 내 안의 욕심과 찌꺼기를 비워내는 법을 배웠다.

인디오들에게도 자꾸만 문명의 옷을 입히려고 하지만, 문명인들이 인디오들에게 문명의 껍데기를 자꾸만 입히는 의도는 불을 보듯 뻔하다. 아마존에 인디오들이 없다면, 아마존의 자원을 더 쉽게 취할 수 있기 때문이다. 문명인들은 개발이라는 '개' 같은 명분으로 마음 편하게 아마존을 황무지로 만들어 버릴 것이다. 그것이야 말로 문명인들이 가장 잘 할 수 있는 일이니까.

아마존 인디오들은 갈매기를 신성시하여 얼굴에 갈매기 문양을 그린다. 갈매기가 이방인이나 침략자들의 침입을 알려주는 파수꾼이라 믿기 때문이다. 그러나 갈매기가 보지 못하는 문명인들의 자본을 인디오들이 어찌 볼 수 있겠는가.

참된 미래의 삶. 우리는 그것을 아마존에서 찾을 수 있을 것이다. 지금 당장 우리가 문명의 옷을 벗어 던지고 자연으로 돌아갈 수는 없다하더라도 그들의 삶의 태도, 삶의 방식을 배울 수가 있지 않겠는가.

하필 내가 왜 아마존과 인연을 맺게 되었을까? 나는 이제 아마존의 자연이, 아마존의 인디오들이 사라질까 두렵다. 아름다운 자유와 평화와 낙원이 사라질까 두렵다. 그렇다고 나의 이런 운명을 탓할 수는 없다.

아마존이여 영원하라!

빌고 또 빌어본다.

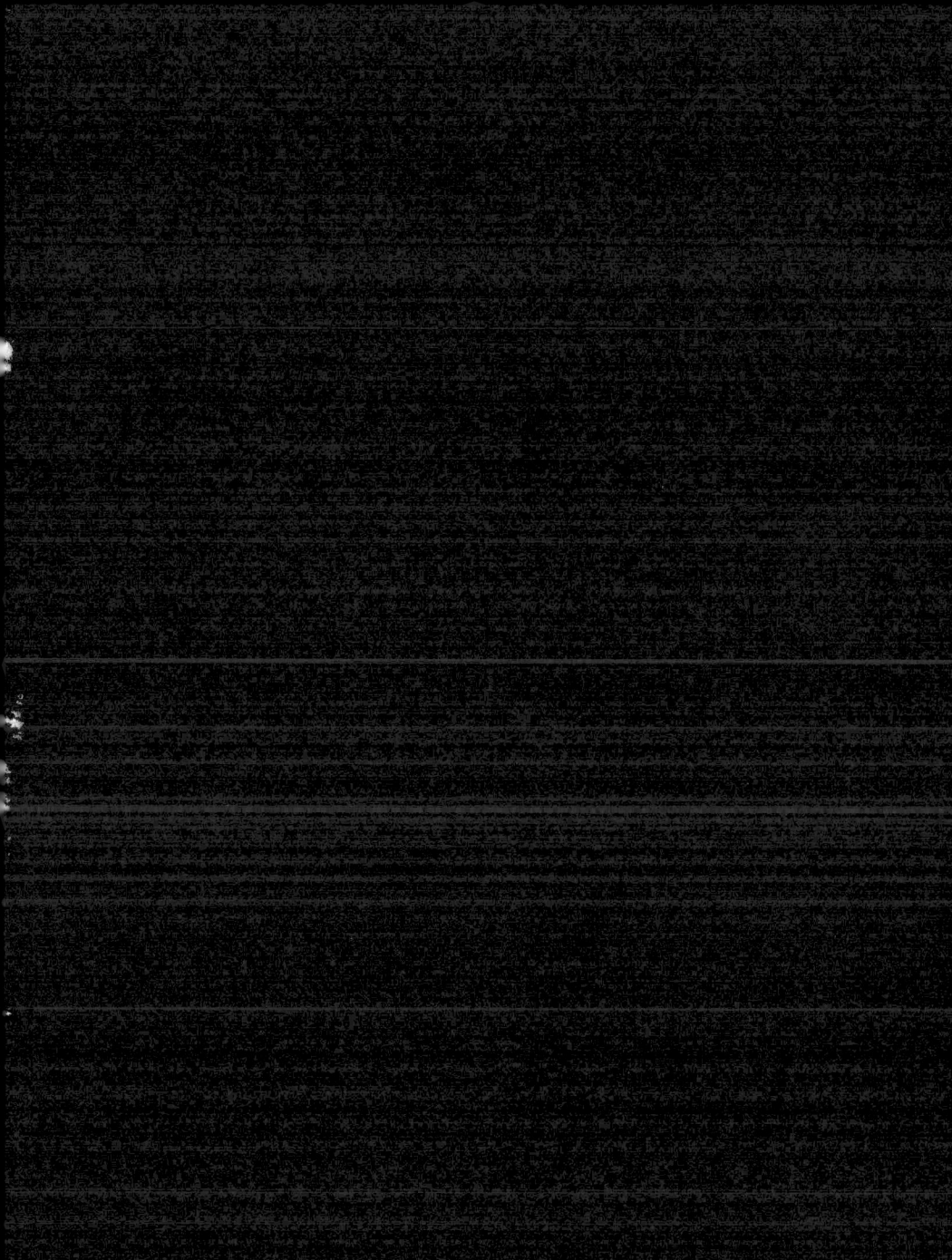